Autonomie und Verantwortung

Akzente der Entwicklung sozialer Arbeit in Gesellschaft und Kirche

herausgegeben von
Ulfrid Kleinert und Klaus Schneider-Danwitz

Band 2   Ulfrid Kleinert/Klaus Schneider-Danwitz (Hg.)
Autonomie und Verantwortung – Ziele sozialer Arbeit

Ulfrid Kleinert
Klaus Schneider-Danwitz (Hg.)

Autonomie und Verantwortung

Ziele sozialer Arbeit

 EVANGELISCHE VERLAGSANSTALT

Umschlagabbildung: Steffen Giersch

Die Deutsche Bibliothek – CIP-Einheitsaufnahme

Autonomie und Verantwortung : Ziele sozialer Arbeit / Ulfrid Kleinert ;
Klaus Schneider-Danwitz (Hg.). – Leipzig : Evang. Verl.-Anst., 1997
  (Akzente der Entwicklung sozialer Arbeit in Gesellschaft und Kirche ; Bd. 2)
  ISBN 3-374-01654-5

ISBN 3-374-01654-5
1. Auflage 1997
© by EVANGELISCHE VERLAGSANSTALT GmbH Leipzig
Printed in Germany · H 6541
Satz: Kontext – Satz & Layout, Lemsel
Druck und Binden: Druckerei zu Altenburg

Inhalt

Vorwort

Der im vergangenen Jahr mit dem Titel *Herausforderung „neue Armut"* erschienene erste Band zum Thema *„Motive und Konzepte sozialer Arbeit"* soll um einen zweiten Band zum Thema „Ziele sozialer Arbeit" ergänzt werden. Während der Band des Vorjahres sich auf die Frage konzentriert, warum Menschen sich entschließen, soziale Arbeit zu leisten, widmet sich der diesjährige Band vornehmlich dem vielschichtigen Problem, welche Ziele Sozialarbeit und Diakonie verfolgen sollten. Die Definition dieser Ziele hängt in vieler Hinsicht vom jeweiligen Arbeitsfeld und der konkreten Problemlage ab. Welche Ziele eine sozialarbeiterische Intervention konkret verfolgen sollte, ist für die unterschiedlichen Arbeitsfelder und die verschiedenartigen Problemlagen der Klienten differenziert zu beurteilen. Die Frage nach den Zielen sozialer Arbeit wird von den Autoren dieses Bandes infolgedessen in unterschiedlichen Kontext gestellt und unter verschiedensten Gesichtspunkten beleuchtet.

Herbert Effinger erörtert in seinem Beitrag, ob und in welchem Umfang die Herstellung einer „Autonomie der Lebenspraxis" das Ziel sozialarbeiterischer Interventionen sein sollte. Er beleuchtet dabei, welche Auswirkungen diese Orientierung sozialer Arbeit für die Definition der Sozialarbeitswissenschaft und die weitere Professionalisierung der Sozialarbeit hat.

Sabine Schmerschneider untersucht, welche Ziele Sozialarbeiterinnen in der Arbeit mit Behinderten und deren Familie verfolgen sollten.

Ingemarie Neufeldt erforscht, ob soziale Arbeit in erster Linie auf eine Einzelhilfe oder auf eine Veränderung des Gemeinwesens abzielen sollte, wie diese unterschiedlichen Ansätze zueinander im Verhältnis stehen und welche Methoden zur Verfolgung der verschiedenen Ziele geeignet sind. Sie macht deutlich, daß die Bestimmung des Ziels sozialarbeiterischer Interventionen davon abhängt, ob der Sozialarbeiter in erster Linie klientenorientiert, familienorientiert oder gemeinwesenorientiert vorgehen möchte. Sie stellt diese unterschiedlichen methodischen Ansätze dar, vergleicht sie miteinander und macht die unterschiedlichen Konsequenzen für die Praxis deutlich, wobei sie wie Frau Schmerschneider die Auswirkungen sozialarbeiterischer Interventionen auf die gesamte Familie betont.

Günther Robert diskutiert an Hand von Beispielen aus der Praxis, welche Ziele in Projekten des zweiten Arbeitsmarktes durch Sozialarbeit verfolgt werden können.

Ulfrid Kleinert setzt sich mit dem Problem auseinander, in welchem Maße durch den Abbau von Sozialleistungen der soziale Friede in Deutschland und anderen europäischen Ländern bedroht ist und in welcher Weise soziale Arbeit auf die Bewältigung von Konflikten und die Erhaltung des sozialen Friedens abzielen sollte.

Peter Wild und *Volkmar Hadamus* beleuchten die Frage nach dem Ziel sozialarbeiterischer Interventionen für den Bereich des Strafvollzugs. Unter Berücksichtigung ihrer praktischen Erfahrungen mit der Sozialarbeit im Strafvollzug analysieren die beiden Autoren, welche Ziele der sogenannte Täter-Opfer-Ausgleich hat und unter welchen Bedingungen diese Ziele erreicht werden können. Sie legen dar, von welchen Faktoren die erfolgreiche Durchführung des Täter-Opfer-Ausgleichs abhängt und welche Risiken er birgt.

Wolfgang Deichsel weist in seinem Aufsatz darauf hin, daß die Bewältigung von Konflikten ein wesentliches Ziel sozialarbeiterischer Tätigkeit ist und daß diese Konfliktbewältigung rechtlichen Vorgaben unterliegt, mit denen Sozialarbeiter umgehen müssen. Er macht deutlich, daß Juristen und Sozialarbeiter das Ziel der Konfliktbewältigung auf unterschiedlichen Ebenen verfolgen und daß die Verschiedenheit der Fachsprache die Verknüpfung beider Ebenen der Konfliktbewältigung erschwert. Er weist darauf hin, daß Sozialarbeiter ihren Klienten einerseits juristische Hilfe zukommen lassen wollen, aber andererseits selbst mit der Rechtssprache nur wenig vertraut sind, wobei er die Gegensätze zwischen der „sozialen" Sprache und der Rechtssprache analysiert und auf deren unterschiedliche Funktionen hinweist. Eindrücklich belegt er auch die Verschiedenheit zwischen der Rechtssprache und der Umgangssprache für verschiedene Rechtsgebiete jeweils mit konkreten Beispielen, die er sowohl aus juristischer wie aus soziologischer Sicht umfassend beleuchtet.

Ulfrid Kleinert   *Klaus Schneider-Danwitz*

Herbert Effinger

Soziale Arbeit zwischen Einschränkung und Erweiterung der Autonomie von Lebenspraxis[1]

1. Fragen und erste Klärungen zum Begriff der Autonomie von Lebenspraxis

Mit der These, daß „die Einschränkung der Autonomie von Lebenspraxis (…), nach professioneller Hilfe juristischen, medizinischen, seelischen und sozialen Typs"[2] verlangt, sind eine Vielzahl indirekter z.t. philosophisch-anthropologischer Fragen aufgeworfen, von denen ich zunächst einige, für mich wesentliche, erörtern möchte.

Danach werde ich dann auf die Frage, ob die „Herstellung der Autonomie von Lebenspraxis die Aufgabe Sozialer Arbeit angemessen bestimmt" und ob darin auch ein „Ansatz für die Soziale Arbeit als Wissenschaft zu sehen ist"[3], eingehen.

Zunächst möchte ich klären, was man eigentlich unter Autonomie der Lebenspraxis verstehen kann? Handelt es sich dabei um einen wünschens-werten Zustand, den man herstellen kann – also um ein Problem der Güter-ethik – oder beschreibt Autonomie von Lebenspraxis einen Prozeß bzw. eine notwendige Bedingung, um ein befriedigenderes bzw. „gelingenderes Leben" (Thiersch) führen zu können? Und wer ist dann der bzw. sind dann die Produzenten der Autonomie von Lebenspraxis, oder wer wacht darüber, daß diese Bedingung eingehalten wird? Ist das Problem autono-mer Lebenspraxis allein durch eine professionelle Pflichtethik und Hand-lungslehre oder auch durch unmittelbare Aushandlungsprozesse zwischen den professionellen Helfern und den „Leidenden" also durch eine Art der Diskursethik zu lösen?

Der Begriff Autonomie ist bei uns im allgemeinen ja sehr positiv besetzt. Autonom sein, selbständig sein, sein eigener Herr oder seine eige-ne Herrin sein, das gilt als etwas Gutes und Erstrebenswertes in unserer Gesellschaft. In der Sozialen Arbeit findet sich diese Bewertung z.B. in

---

[1] Bei diesem Text handelt es sich um eine leicht überarbeitete und ergänzte Fassung meiner Probevorlesung am 6. 4. 94 an der Evangelischen Fachhochschule für Sozialarbeit Dres-den.

[2] So die mir für die Probevorlesung vorgelegte und hier etwas verkürzte These, die sich wahrscheinlich auf Positionen und Publikationen von Oevermann und Sahle beziehen.

[3] Zitiert nach dem Einladungsschreiben für die Probevorlesung.

den Zielformulierungen von der „Erziehung zur Mündigkeit" oder der „Hilfe zur Selbsthilfe" wieder.

Gleichzeitig hören wir immer wieder Klagen über zuviel Autonomie, zuviel Vereinzelung, Egoismus und Narzißmus. Das wird dann – wie beispielsweise im 8. Jugendbericht – unter den soziologischen Begriffen der Individualisierung der Lebensführungen und der Pluralisierung der Lebenslagen zusammengefaßt (vgl. Achter Jugendbericht, 1990).

Damit meint man, daß das Individuum in unserer Gesellschaft immer weniger von tradierten Normen geprägt wird und immer weniger von familiären und tradierten gemeinschaftlichen Bindungen abhängig ist oder sich auf diese verlassen kann.

Ob das Individuum damit von gemeinschaftlichen Bindungen überhaupt unabhängiger wird, ist jedoch fraglich. Fraglich ist auch, ob damit der Grad der Autonomie, also der Selbstbestimmung oder Selbstregulierung gegenüber der Heteronomie, der Fremdbestimmung oder Fremdregulierung, eher ab- oder eher zunimmt. Unumstritten ist jedoch, daß das Individuum zunehmend gezwungen wird, die ihm durch diese Entwicklung auferlegten Entscheidungsspielräume selbst auszufüllen, um sein Leben nach Wahl der ihm zugänglichen oder von ihm selbst zu entwickelnden Normen zu gestalten. Es wird also quasi zur Autonomie gezwungen. So kann die Erweiterung der Autonomie von Lebenspraxis von den Betroffenen auch als eine Einschränkung empfunden werden und Leiden hervorrufen. Die Individualisierung der Lebensführungen und die Pluralisierung der Lebenslagen erweitert die Handlungsmöglichkeiten der einzelnen Menschen, aber sie erhöht auch ihre sozialen Risiken, indem sie ihnen mehr individuelle Verantwortung für die Gestaltung ihres Lebens auferlegen.

Es ist also höchst fraglich, die bloße Herstellung der Autonomie der Lebenspraxis und die bloße Aufhebung ihrer Einschränkungen allein schon als einen erstrebenswerten Zustand oder als ein hinreichendes Ziel professioneller Hilfen anzusehen.

Nun wird in der o.g. These davon ausgegangen, daß die Einschränkung der Autonomie der Lebenspraxis nach professionellen Hilfen verlangt, wenn diese zum Leidensdruck führt. Kann nicht aber auch die Erweiterung der Autonomie und der Zwang zur autonomen Lebenspraxis in modernen Gesellschaften zu einem wachsenden Bedarf an professionellen Hilfen führen? Wird dies nicht gerade in Ostdeutschland deutlich? Hat in der ehemaligen DDR nicht gerade die Einschränkung der Autonomie der Lebenspraxis personenbezogene Dienstleistungen, wie wir sie aus dem Westen kennen, „überflüssig" sein lassen? Führt nicht gerade die Einführung und Ausweitung der Regulierung einer Gesellschaft nach den Gesetzen des Marktes zu einer enormen Ausweitung der Nachfrage nach solchen Dienstleistungen, eben weil der gewünschte, aber auch der erzwungene Gestaltungsspielraum des einzelnen zunimmt?

Ich erinnere nur an die Unzahl von Beratern aus dem Westen, die nach der Wende wie die Goldgräber über das Land des aufgehenden Dienstleistungsbedarfes herfielen.

Durch die Freisetzung aus traditionellen sozialen Bindungen und Normen und der damit verbundenen Aufhebung von Einschränkungen der Autonomie von Lebenspraxis wächst doch offenbar der Bedarf an professionellen Experten, die helfen sollen, sich in der Unübersichtlichkeit moderner individualisierter Gesellschaften leichter zu orientieren und wieder soziale Geborgenheit und Sicherheit zu erhalten. Wenn man den unterschiedlichen Grad der Versorgung mit personenbezogenen Dienstleistungen in traditionellen und modernen Gesellschaften vergleicht, ist das jedenfalls so.

Soll ein individuelles oder soziales Leiden durch professionelle Hilfen gemildert werden, stellt sich weiterhin die für die Strukturierung personenbezogener Dienstleistungen wesentliche Frage, nämlich: Wer ist eigentlich das Subjekt, das über die Qualität eines Zustandes oder einer Bedingung entscheidet, den oder die man als die Autonomie der Lebenspraxis einschränkend ansieht? Gibt es dafür und für die Bewertung des Leidens objektive, vernünftige und in allen biographischen Phasen ebenso wie in allen historischen Epochen unveränderliche, objektive Kriterien, wie dies beispielsweise Staub-Bernasconi mit der Bestimmung Sozialer Arbeit als Menschenrechtsprofession versucht? (vgl. Staub-Bernasconi 1995, 413 ff.) Ist dies allein eine Frage der subjektiven Bewertung durch die jeweils Betroffenen, entscheiden das letztendlich die professionellen Helfer stellvertretend für ihre Schutzbefohlenen nach ihren Normen, oder kann dies nur ein Resultat von Aushandlungsprozessen und von kommunikativem Handeln zwischen professionellen Helfern, Betroffenen und anderen gesellschaftlichen Instanzen sein, also eine Aufgabe der sog. Diskursethik (Habermas; Apel)?

Zwar gibt es wohl so etwas wie einen grundsätzlichen gesellschaftlichen Konsens darüber, daß die professionellen Helfer im Rahmen der „Würde des Menschen" (GG, Art. 1)) und ihrer jeweiligen Berufsethik grundsätzlich gehalten sind, die Autonomie der Lebenspraxis ihrer Adressaten weitgehend zu respektieren. In vielen Bereichen können sie auch dazu beitragen, daß ihre Adressaten einen möglichst großen Spielraum für die autonome Gestaltung ihrer Lebenspraxis erhalten. Aber es gibt auch immer wieder Entwicklungsstadien im Leben eines Menschen – etwa bei Kindern oder bei Pflegebedürftigen – in denen ein solcher Freiraum eher als Last oder als Bedrohung erscheint. Und es gibt immer wieder Situationen, in denen professionelle Helfer durch Erziehung, Verwahrung und Kontrolle die Autonomie der Lebenspraxis von Menschen einschränken müssen, weil diese durch die Inanspruchnahme dieser Autonomie die psychische oder körperliche Integrität anderer durch Unkenntnis, Unvermögen, Fahrlässigkeit oder bewußte körperliche und psychische Gewalt gefährden.

Damit ist ein Zentralproblem, wenn nicht sogar *der* „Grundwiderspruch" Sozialer Arbeit aufgeworfen. Wann darf oder muß eine Sozialarbeiterin oder ein Sozialpädagoge, die angestrebte oder unterstellte Mündigkeit und Autonomiefähigkeit ihrer Adressaten selbst einschränken? Wie verhalten sie sich, wenn ihre Adressaten in wesentlichen Punkten nicht mit dem Wertesytem und den Normen der Professionellen übereinstimmen und sie in der Anwendung dieser Normen eine soziale Gefährdung sehen – etwa bei rechtsradikalen Jugendlichen? Dürfen sie ihre Adressaten bewußt zur Übernahme ihrer eigenen Werte oder der Werte ihres Anstellungsträgers anhalten oder gar zwingen? Mit anderen Worten: Wie geht man als Sozialarbeiterin und als Sozialpädagoge mit diesem Paradoxon und der Gefahr einer normativen Verführung um?

Meinen weiteren Erörterungen möchte ich zunächst drei zusammenfassende Thesen voranstellen und damit zur Frage nach möglichen Ansätzen für die Theorie und Praxis Sozialer Arbeit überleiten:

(1) Autonomie an sich ist kein erstrebenswerter und hinreichender Zustand, der per se eine menschenwürdige Gesellschaft ergibt bzw. beschreibt. Autonomie ist ein notwendiges Mittel oder eine Bedingung, um nach selbstgewählten Normen, die für eine menschliche Gesellschaft notwendigen Bindungen und Beziehungen mit anderen Menschen eingehen zu können. „Der Gegenpol (von Zwang) ist nicht, vom Schicksal, von der Natur, von den Menschen frei, sondern mit ihm, mit ihr, mit ihnen verbunden und verbündet sein; um dies zu werden, muß man freilich erst unabhängig geworden sein, aber die Unabhängigkeit ist ein Steg und kein Wohnraum." (Buber 1986, 26)

(2) Gleich wie man die gegenwärtige gesellschaftliche Entwicklung interpretiert, ob als Einschränkung oder als Erweiterung der Autonomie von Lebenspraxis, ob als Leiden verursachendes oder als befreiendes Moment, in allen Fällen kann dies sowohl einen Bedarf an professionellen Hilfen hervorrufen als auch hinfällig erscheinen lassen.

(3) Der Grundwiderspruch, das Paradoxon Sozialer Arbeit, daß die Erweiterung der Autonomie der Lebenspraxis durch professionelle Hilfen oft auch mit deren Einschränkung verbunden ist, läßt sich nicht auflösen. Dieses Paradoxon – oft auch mit dem Begriff des „Doppelten Mandats" umschrieben – ist konstitutiv für die Soziale Arbeit, deren gesellschaftliche Funktion m.E. vor allem in der Mediation und Moderation zwischen den verschiedenen Anforderungen gesellschaftlicher Systeme und Subsysteme besteht. Die Professionellen müsen diese intermediäre Funktion ihren Adressaten gegenüber deutlich machen und sich von falsch verstandener Parteilichkeit, aber auch Loyalität gegenüber ihrem Auftraggeber distanzieren können. Kurz: Sie müssen

mit diesem Problem leben lernen und es durch eine offene und partnerschaftliche Gestaltung ihrer Beziehung im Bearbeitungsprozeß handhabbar machen.

Der von Buber angedeutete Ausweg zwischen einer individualistischen Güterethik und einer professionellen Pflichtethik, setzt voraus, daß wir Autonomie nicht als einen idealen Zustand betrachten, sondern nur als ein Mittel oder einen Weg, um aus einem Zustand der Vereinzelung in einen Zustand der Verbundenheit zu gelangen.

Eine Soziale Arbeit, die sich einem solchen Ziel verpflichtet fühlt, muß ihr Augenmerk darauf legen, daß ihre Adressaten möglichst viele Handlungsoptionen und möglichst große Gestaltungsspielräume erhalten und entwickeln können. Sie muß gleichzeitig dafür Sorge tragen, daß dies weder zu einer Überforderung für die Betroffenen noch zu einer Belastung für Dritte wird, und sie muß dafür sorgen, daß die Adressaten sich in Gemeinschaft mit anderen Menschen verbunden, eingebunden und nützlich fühlen können. Neben die Kategorie „Autonomie" rückt so immer wieder die Kategorie „Verantwortung" für sich selbst und für den anderen.

In unserer Gesellschaft gibt es m.E. weniger ein Problem eines allgemeinen Werte-Verlustes als vielmehr ein Problem eines allgemeinen Wert-Verlustes des einzelnen Menschen durch die Auflösung sozialer Bindungen, die znehmende Entwertung menschlicher Arbeitskraft und die Freisetzung aus dem gesellschaftlichen Arbeitsprozeß. Der Werteverlust ist allenfalls eine Folge der gesellschaftlich produzierten Freisetzung des einzelnen aus Verantwortung.

Soziale Arbeit kann das nicht grundsätzlich verhindern, aber doch eine Vielzahl unterschiedlicher Angebote machen, die den Adressaten bei der Suche nach ihren individuellen und sozialen Ressourcen helfen.

2. Autonomie der Lebenspraxis als strukturierendes Moment Sozialer Arbeit mit Erwerbslosen

Diesen Ansatz möchte ich nun am Beispiel personenbezogener Dienstleistungen für und mit Erwerbslosen konkretisieren. Zunächst möchte ich dafür der Frage nachgehen, was es mit der Einschränkung oder Erweiterung der Autonomie von Lebenspraxis von Erwerblosen auf sich hat. Im allgemeinen lassen sich drei wesentliche Ebenen unterscheiden:

(1) *Die ökonomische Ebene*

Der Ausfall des Erwerbseinkommens und die Umstellung auf ein sog. Transfereinkommen führt für Erwerbslose kurzfristig zu erheblichen Einkommensverlusten und damit zu einer Einschränkung der Konsumtions- bzw. Lebensqualität. Mittelfristig kann diese Einschränkung sogar zum Verlust der Wohnung führen und langfristig auch die Qualität der Absicherung sozialer Risiken im Alter verschlechtern.

(2) *Die soziale Ebene*
Der Verlust des Arbeitsplatzes ist in unserer nach wie vor arbeitszentrierten Gesellschaft auch mit einer objektiven Einschränkung – wenn nicht sogar mit dem Verlust – der sozialen Anerkennung verbunden. Erwerbslose erscheinen oft als nutzlose und überflüssige Mitglieder der Gesellschaft, die den Arbeitsplatzbesitzenden nur auf der Tasche liegen.

(3) *Die psychosomatische Ebene*
Die Einschränkungen auf der ökonomischen und der sozialen Ebene können – müssen aber nicht zwangsläufig – zu psychischen und gesundheitlichen Einschränkungen führen. So ist Erwerbslosigkeit häufig mit der Einschränkung oder sogar mit dem vollständigen Verlust des Selbstwertgefühls verbunden. Erwerbslosigkeit kann z.b. Depressionen, Streß und Magengeschwüre auslösen und Alkoholismus begünstigen. Solche psychosomatischen Erkrankungen infolge der Erwerbslosigkeit können eine Spirale weiterer Einschränkungen auch auf der ökonomischen und der sozialen Ebene nach sich ziehen. Die Art der subjektiven Verarbeitung von Erwerbslosigkeit entscheidet also wesentlich über die psychosoziale Dynamik dieses gesellschaftlich verursachten Problems.

Die Möglichkeiten, diese Einschränkungen mit professioneller Hilfe bzw. mit personenbezogenen Dienstleistungen abzuwehren oder zu mindern, sind äußerst begrenzt.

So hat die Soziale Arbeit beispielsweise keinen unmittelbaren Einfluß auf die ökonomische und soziale Ebene. Sozialarbeit und Sozialpädagogik können keinen gleichwertigen Arbeitsplatz schaffen. Sie können die Entstehung von Erwerbslosigkeit nicht verhindern. Sie können auch nur begrenzt gegen die Einschränkung der sozialen Anerkennung agieren. Ihnen bleibt im wesentlichen die psychosomatische Ebene und der Versuch, die äußeren Einschränkungen autonomer Lebenspraxis zu mildern, indem sie die eingetretene Erwerbslosigkeit auch als Chance der Erweiterung der Autonomie von Lebenspraxis umzudeuten helfen.

Wo das Recht auf Arbeit nicht zu verwirklichen ist, läßt sich der psychosoziale Druck dadurch mindern, daß man ein Recht auf nicht erwerbsbezogene, nützliche Tätigkeiten einräumt. So kann zwar die Gründung von Selbsthilfegruppen oder von Beschäftigungsinitiativen das eigentliche, die Erwerbslosigkeit verursachende Problem nicht lösen, aber den Betroffenen helfen, gemeinsam mit anderen, alternative Formen der sozialen Anerkennung und der sozialen Verbundenheit, des Gefühls ihrer Nützlichkeit, Verantwortung und Werthaftigkeit und damit ihrer persönlichen Identität als sozialem Wesen zu entwickeln.

Ohne der Rede von dem sog. Freizeitpark Deutschland aufzusitzen, muß Soziale Arbeit diese Situation also auch als Möglichkeit zur Erweiterung der Autonomie von Lebenspraxis interpretieren und die Betroffenen dazu ermuntern, darin nach individuellen Möglichkeiten zu suchen, ihren bisherigen Handlungsspielraum zu erweitern. Der objektiven Einschränkung im Portemonnaie steht die objektive Erweiterung der „freien" Zeit gegenüber. Diesen Freiraum kann man nutzen, um sich beispielsweise beruflich neu zu orientieren und zu qualifizieren oder um das bisherige Umgehen mit Arbeit, mit sich und seiner Familie zu reflektieren.

Bei den professionellen Hilfen für Erwerbslose kann man vier wesentliche Konzepte unterscheiden:

(1) *Beratung*

Mit Hilfe von professioneller Beratung werden Erwerbslosen Hilfen bei der Durchsetzung ihrer Interessen und Ansprüche gegenüber den zuständigen Ämtern angeboten.

(2) *Qualifizierung*

Mit professioneller Hilfe wird versucht, die Erwerbslosen wieder an die veränderten Bedingungen des Arbeitsmarktes anzupassen, um dadurch ihre Chancen der Wiedereingliederung zu erhöhen.

(3) *Beschäftigung*

Mit professioneller Hilfe werden vorrübergehende und dauerhaft alternative Arbeitsgelegenheiten außerhalb des regulären Arbeitsmarktes geschaffen. Hier erhalten die Betroffenen zwar Beschäftigung, aber eben nur 2. Wahl.

(4) *Inszenierung von Selbsthilfe und Beratung*

Mit professioneller Hilfe sollen die psychosozialen Folgen der Erwerbslosigkeit aufgefangen und neue Sinnzusammenhänge gestiftet werden. Im Rahmen der Begleitung und Unterstützung von Selbsthilfeaktivitäten und politischen Aktionen können die Betroffenen eine neue Identität als nützliche und Verantwortung tragende Mitglieder von Gemeinschaft und Gesellschaft entwickeln.

Nach meiner Erfahrung handelt es sich bei diesen vier Konzepten nicht um sich ausschließende Alternativen. In vielen Bereichen bzw. Einrichtungen überschneiden und ergänzen sich diese Angebote. Welcher Ansatz für wen der richtige oder der ausreichende ist, muß von den Betroffenen selbst entschieden werden. So sind mir in meiner Praxis immer wieder Personen begegnet, die ganz froh waren, nicht mehr von der üblichen „Maloche" abhängig zu sein; die aus verschiedenen, durchaus akzeptablen und nachvollziehbaren Gründen nicht mehr in den regulären Arbeitsmarkt integriert werden wollten. Dagegen hatten sie den Wunsch, sich lieber auf einem niedrigeren Konsumtionsniveau mit Dingen zu beschäftigen, die sie subjektiv für sich oder für andere als nützlich ansahen – auch wenn dies von der Gesellschaft so nicht anerkannt wurde. Das war für sie wichtiger als ein hohes Einkommen oder ein gesicherter Arbeitsplatz. Ihr Problem bestand weniger in der Einschränkung ihrer Autonomie auf der ökonomischen Ebene als vielmehr in der mangelnden sozialen Anerkennung. Sie litten beispielsweise unter diskriminierenden Äußerungen in der Öffentlichkeit oder unter den vom Mißbrauchsverdacht geprägten bürokratischen Prozeduren auf den Arbeits- und Sozialämtern.

Wenn Sozialarbeiter und Sozialpädagoginnen sich weder zum Richter über den richtigen Lebensweg ihrer Adressaten noch zum bloßen Handlanger ihrer Adressaten oder ihrer Anstellungsträger machen (lassen) wollen, dann müssen sie Hilfsangebote entwickeln, bei denen die Betroffenen als mitverantwortliche Akteure bzw. als Koproduzenten einer personenbezogenen Dienstleistung in die Lage versetzt werden, eigenverantwortlich und selbstregulierend mit ihrer Situation umzugehen.

Welche institutionellen und professionellen Arrangements dafür am geeignetsten erscheinen, möchte ich im nächsten Abschnitt darstellen.

3. Autonomie der Lebenspraxis als Motor der Veränderung institutioneller und professioneller Arrangements im Wohlfahrtsdreieck

In unserer Gesellschaft werden soziale Dienstleistungen in verschiedenen gesellschaftlichen Bereichen mit jeweils unterschiedlichen Organisationsformen erbracht. Idealtypisch geschieht dies:
(1) in informellen Gemeinschaften,
(2) in erwerbsorientierten kommerziellen Unternehmen,
(3) in öffentlichen Einrichtungen und
(4) in gemeinnützigen Verbänden, Vereinen, Stiftungen, den sog. intermediären Organisationen.

In der Sphäre der *Gemeinschaft,* also in den Familien, den Nachbarschafts- und den Freundschaftsbeziehungen, den Initiativen und vielen Vereinen geschieht dies in der Regel unentgeltlich, sozusagen als gegenseitiger Freundschafts- oder Liebesdienst. Es kann sich dabei auch um eine solidarische bzw. caritative Hilfestellung handeln, die mehr oder weniger freiwillig, meist von Frauen, geleistet wird. Ob eine Hilfe gewährt wird, hängt davon ab, ob sich die Helferin persönlich betroffen und für das jeweilige Problem mitverantwortlich fühlt. Ein unmittelbar materieller Nutzen oder Vorteil ist für die Helferin dadurch nicht zu erwarten.
Für den Nutznießer besteht der Vorteil darin, daß diese Leistungen unentgeltlich sind und daß man keine unmittelbare Gegenleistung erbringen muß. Der Nachteil besteht z.B. darin, daß die Autonomie der Lebenspraxis durch den hohen Grad sozialer Kontrolle und den hohen moralischen Anpassungsdruck zur Einhaltung der Gemeinschaftsnormen einge-

schränkt werden. Außerdem kann man sich nicht immer auf diese Hilfe verlassen.

Auf dem *Markt* werden soziale Dienstleistungen dagegen auf der Basis von Verträgen im direkten oder symbolischen Tausch von Leistung gegen Leistung, in der Regel in Form von Geld, angeboten. Soziale Dienstleistungen sind hier nicht mehr Ausdruck einer solidarischen, caritativen oder altruistischen Haltung, sondern sie haben einen beruflich-professionellen und erwerbsbezogenen Charakter angenommen. Ob Angebote gemacht werden, wie z.B. in einem Altersheim, hängt davon ab, ob ein Anbieter solcher Dienstleistungen einen unmittelbar materiellen Nutzen oder Gewinn erwarten kann.

Der Vorteil marktgebundener sozialer Dienstleistungen besteht darin, daß sie auf der psycho-sozialen Ebene frei und ohne moralische Verpflichtung und damit ohne Einschränkungen der Autonomie zugänglich sind. Nachteilig ist aber, daß sich nicht jeder die entsprechenden Angebote leisten kann, weil Einschränkungen auf der ökonomischen Ebene bestehen.

Einen beruflich-professionellen Charakter haben auch die sozialen Dienstleistungen des *öffentlichen Dienstes*. Allerdings werden die dafür erforderlichen Mittel im wesentlichen von der Allgemeinheit, also vom Steuerzahler und nicht von den unmittelbaren Nutzern aufgebracht. Die Dienstleister werden vom Staat bzw. den Kommunen dafür bezahlt, daß sie einem gesetzlich definierten Personenkreis bestimmte Hilfestellungen nach gesetzlich festgelegten Kriterien anbieten oder verordnen. Eine Hilfeleistung kommt also erst dann zustande, wenn eine bedürftige Person einen Rechtsanspruch auf Hilfe nachweisen kann und eine Behörde einen Helfer beauftragt, diese Hilfe zu gewähren.

Der Vorteil öffentlicher Dienste besteht darin, daß sie für alle Berechtigten ohne erhebliche Eigenleistungen zugänglich sind. Nachteilig wirkt sich dagegen der hohe Grad bürokratischer Normierung und Regulierung aus, weil diese nicht nur den Kreis der Bedürftigen, sondern auch den Handlungsspielraum der professionellen Helfer einschränkt.

Betrachtet man die Entwicklung der bürgerlichen Gesellschaft, sieht man, daß zwischen Gemeinschaft, Markt und Staat quasi ein vierter, ein *Intermediärer Bereich* entstanden ist, der nicht eindeutig den Bereichen Gemeinschaft, Markt oder Staat zuzuordnen ist. Zu den intermediären Organisationen zählt man neben den Wohlfahrts- und Jugendverbänden beispielsweise auch die Sport-, Kultur- und Bildungsvereine. In den letzten Jahren ist neben diesen traditionellen Vereinen und Verbänden eine Vielzahl lokal operierender und Vereine entstanden, die immer mehr soziale Dienstleistungen, die sonst von den traditionellen Gemeinschaften, den Wohlfahrtsverbänden oder den öffentlichen Trägern übernommen wurden, anbieten.

16

Obwohl diese intermediären Organisationen keinen eigenständigen Sektor mit eigenen Regulationsprinzipien bilden, haben sie gegenüber reinen Initiativen, kommerziellen Betrieben oder öffentlichen Einrichtungen einen wesentlichen strukturellen Vorteil. Durch die ihnen eigentümliche Vermischung von gemeinschaftlichen, marktvermittelten und staatlich-administrativen Ressourcen, Regulationsprinzipien und Arbeitsformen können sie manche Nachteile der anderen institutionellen Arrangements vermeiden. Viele intermediäre Organisationen versuchen somit, die Partizipationsmöglichkeiten ihrer Adressaten und die Kooperationsmöglichkeiten ihrer MitarbeiterInnen zu erweitern. Sie versuchen, die zur Erweiterung der Autonomie der Lebens- und Berufspraxis geeigneten Momente aus den anderen Bereichen zu nutzen und jene, die Autonomie der Lebens- und Berufspraxis eher einschränkenden Momente, zu vermeiden.

Neben der quantitativen Zunahme intermediärer und kommerzieller Dienstleistungsorganisationen hat sich in den letzten Jahren vor allem auch die Qualität des Verhältnisses zwischen den Produzenten und den Konsumenten sozialer Dienstleistungen in allen Bereichen verändert. Dieses Verhältnis ist liberaler und ziviler geworden, d.h., es wird immer weniger von bevormundenden bzw. entmündigenden obrigkeitsstaatlichen oder hierarchischen Strukturen geprägt. Die Autorität der professionellen Experten muß sich dagegen immer mehr durch Fachlichkeit legitimieren. Auf der Basis vertragsähnlicher Kooperationsbeziehungen statt einseitiger Abhängigkeitsbeziehungen gegenüber den professionellen Anbietern sozialer Dienstleistungen nimmt der Einfluß des „Kunden" zu. Damit erweitert sich also der Spielraum für seine autonome Lebenspraxis. Welche Ansätze und Konsequenzen sich aus dieser Entwicklung für die Soziale Arbeit als Wissenschaft ergeben, möchte ich nun zum Schluß thesenartig andeuten.

4. Ansätze für die Sozialarbeitswissenschaft

Was heute unter dem Begriff Sozialarbeitswissenschaft verstanden oder als ihr Gegenstand begriffen werden kann und ob dies eine eigenständige wissenschaftliche Disziplin begründet, ist gegenwärtig recht umstritten. Kontrovers sind neben der Frage nach dem Ort dieser Wissenschaft in der deutschen Hochschullandschaft vor allem die Fragen nach ihrer Aufgabe und nach ihrer Ausrichtung für die weitere Professionalisierung Sozialer Arbeit. Ich kann nun in diesem Rahmen auf diese Kontroverse nicht näher eingehen und beschränke mich daher auf ein paar Anmerkungen zur Ausrichtung und zu möglichen Forschungsvorhaben (vgl. Effinger 1994 und 1996).

Bei der Kontroverse um die Ausrichtung der Sozialen Arbeit als Wissenschaft stehen sich – grob betrachtet – drei unterschiedliche Ansätze bzw. Lager gegenüber, die sich in unterschiedlicher Weise auf das Problem der Autonomie von Lebenspraxis beziehen lassen.

Zum einen handelt es sich um Versuche, durch die Reaktivierung der philosophischen und geisteswissenschaftlichen Grundlagen der Erziehungswissenschaft als der Leitdisziplin Sozialer Arbeit, den Einfluß der Sozialwissenschaften auf die Sozialpädagogik und die Sozialarbeit wieder zurückzudrängen. Es geht darum, Soziale Arbeit unter Anknüpfung an ein eher individualistisches Menschenbild von einem sich prinzipiell selbstregulierenden Menschen und an reformpädagogische Ansätze, wieder stärker auf die sog. Entfaltung des Individuums zu konzentrieren. Die vermeintliche Herstellung der Autonomie wird dabei in den Mittelpunkt einer professionellen Güterethik gestellt (vgl. Niemeyer 1994).

Andere versuchen die sozialwissenschaftliche Orientierung der Sozialpädagogik und Sozialarbeit zu festigen. Die Lösung des Problems der Autonomie von Lebenspraxis sehen sie vor allem in einer Stärkung der professionellen Kompetenz. Der Gefahr normativer Verführung wollen sie auf der Basis reflexiver Problematisierung der Berufsrolle und einer professionellen Pflichtethik (etwa bei Brumlik 1992; Dewe/Otto 1995 oder Gildemeister 1995) begegnen. Die Professionellen sollen sich in dieser Perspektive parteiisch, stellvertretend deutend oder advokatorisch für die Beseitigung oder Milderung negativer Umwelteinflüsse auf ihre Adressaten einsetzen. Grundlage ihrer professionellen Kompetenz soll danach entweder eine angemessene Kompetenz der Deutung der Lebenslagen und/oder der Lebensläufe ihrer Adressaten sein.

Demgegenüber konzentrieren sich die – vor allem in der Praxis der Sozialen Arbeit und an den Fachhochschulen weit verbreiteten – systemischen Ansätze weniger auf das Problem des „richtigen" Umgangs mit dem Problem der Autonomie von Lebenspraxis, sondern eher auf die Frage des – ich zitiere aus einer Erklärung der Deutschen Gesellschaft für Sozialarbeit – *„gelingenden und scheiternden Lebens und die alltägliche Daseinsgestaltung"*, also auf die Frage nach der Wirksamkeit sozialarbeiterischer Interventionen *„unter den gegebenen und veränderbaren ökonomischen, politischen, kulturellen und kommunikativen Bedingungen"* (Deutsche Gesellschaft für Sozialarbeit, 1993).

Diese Ansätze könnte man als Ansätze einer professionellen Diskursethik bezeichnen, die weitestgehend auf Aushandlungsprozessen beruht. Gegenüber den anderen beiden vermeiden sie zwar die Gefahr einer normativen Vorentscheidung oder Verführung, stehen aber vor dem Problem, wie sie für ihre eigene Arbeit und ihre Adressaten notwendige und allseitig akzeptable Orientierungsmuster und Handlungsziele entwickeln können.

Autonomie der Lebenspraxis – im Buberschen Sinne verstanden, als ein Steg der Herstellung von menschlicher Gemeinschaft und Verbundenheit

18

im dialogischen Verhältnis zwischen Professionellen und Adressaten – könnte ein Orientierungs- und Integrationsbegriff sein, der geeignet wäre, die z.T. widerstrebenden Ansätze einer professionellen Güter-, Pflicht oder Diskursethik miteinander wirksam zu verbinden und die Basis einer eigenständigen Handlungstheorie Sozialer Arbeit liefern.

Für die Forschung ergeben sich, ausgehend von der Praxis Sozialer Arbeit, eine Reihe von Ansatzpunkten, die geeignet wären, die verschiedenen juristischen, medizinischen, seelischen und sozialen Interventionsformen in Hinblick auf spezifisch sozialarbeiterische Handlungsstrategien zu integrieren. So liegen bisher kaum empirisch fundierte Studien vor, die beispielsweise danach fragen, in welchem sozialen Kontext und mit welchen institutionellen und professionellen Arrangements sich Autonomie von Lebenspraxis am günstigsten entfalten kann.

Meines Erachtens müßten mehr empirische Studien über die institutionellen Bedingungen Sozialer Arbeit, also über die ökonomischen, rechtlichen und strukturellen Probleme diskursiver oder dialogischer Ansätze durchgeführt werden. Im Rahmen von Handlungsforschungsansätzen müßten neue Organisations- und Finanzierungsmodelle entwickelt, erprobt und begleitet werden. Ansatz sozialarbeitswissenschaftlicher Forschung ist in diesem Rahmen auch die Frage nach angemessenen Qualifikationen und Handlungskompetenzen im Rahmen geeigneter, die Autonomie von Lebenspraxis fördernder, institutioneller und professioneller Arrangements. Es könnten beispielsweise praxisbegleitende Forschungen zur Weiterentwicklung von Supervision als Organisationsentwicklung und von Praxisevaluation durchgeführt werden.

Solche Forschungen könnten helfen, eigenständige und integrierte Methoden Sozialer Arbeit weiterzuentwickeln. Aus diesen Ansätzen, also von der Praxis her, ließen sich dann auch erweiterte Ansätze für die Theorie Sozialer Arbeit entwickeln. Als Ort für eine solche Forschung wären die Fachhochschulen mit ihrer engeren Verzahnung von Ausbildung und Praxis prinzipiell gut geeignet.

Literaturverzeichnis

Achter Jugendbericht 1990: Bericht über Bestrebungen und Leistungen der Jugendhilfe. Der Bundesminister für Jugend, Familie, Frauen und Gesundheit (Hg.). S. 28ff.

Brumlik 1992: Brumlik, Micha, Advokatorische Ethik. Zur Legitimation pädagogischer Eingriffe. Bielefeld 1992.

Buber 1986 : Buber, Martin, Reden über Erziehung (1953). Heidelberg 1986.

Dewe/Otto 1995: Dewe, Bernd / Otto, Hans-Uwe, Zugänge zur Sozialpädagogik. Reflexive Wissenschaftstheorie und kognitive Identität. Weinheim und München 1995.

Effinger 1994: Effinger, Herbert, Polygamie oder Autonomie – Anmerkungen zu den Perspektiven der Sozialen Arbeit als Wissenschaft, in: Nachrichtendienst des Deutschen Vereins für öffentliche und private Fürsorge, 74. Jg. 1994, S. 282-287.

Effinger 1996: Effinger, Herbert, Sozialarbeitswissenschaft als Teildisziplin einer Wissenschaft personenbezogener Dienstleistungen im Wohlfahrtsdreieck, in: Merten/Sommerfeld/Koditek (Hg.): Sozialarbeitswissenschaft – Kontroversen und Perspektiven. Neuwied/Kriftel/Berlin 1996, S. 185-207.

Gildemeister 1995: Gildemeister, Regine, Professionelles soziales Handeln – Balancen zwischen Wissenschaft und Lebenspraxis, in: Wilfing, Heinz (Hg.): Konturen der Sozialarbeit. Wien 1995, S. 25-40.

Niemeyer 1994: Niemeyer, Christian, Unzeitgemäße Sozialpädagogik. Erwägungen auf dem Weg zur Rephilosophierung einer Einzelwissenschaft unter Bezug auf Nietzsche, in: Zeitschrift für Pädagogik Nr. 4, 40. Jg. 1994, S. 627-645.

Staub-Bernasconi 1995: Staub-Bernasconi, Sylvia, Systemtheorie, soziale Probleme und Soziale Arbeit: lokal, national, international. Oder: vom Ende der Bescheidenheit. Bern/Stuttgart/Wien 1995.

Ingemarie Neufeldt

Soziale Arbeit als ganzheitliche Betrachtung von Mensch und Gesellschaft

Konzeptionelle und methodische Gemeinsamkeiten von systemisch orientierter Einzelhilfe und Gemeinwesenarbeit[1]

Soziale Arbeit steht heute im Spannungsfeld zwischen theoretischen Forderungen, welche die gegenwärtige Komplexität sozialer Wirklichkeit zu erfassen suchen, und Qualitätsproblemen in der Praxis des sozialen Hilfesystems. Zwei für unser Thema relevante Qualitätsprobleme sollen hier genannt werden:

Die Überspezialisierung der sozialen Hilfeangebote „mit immer weiter differenzierten individualisierenden Problembeschreibungen und immer spezielleren KlientInnengruppen" (Wolff, S.17) nimmt weiterhin zu. Gleichzeitig geraten ganzheitliche und sozialräumlich oder gemeinwesenorientierte Hilfeperspektiven aus dem oder gar nicht erst in den Blick.

SozialarbeiterInnen erfahren „erhebliche Vernetzungs- und Kooperationsschwierigkeiten" sowohl im gesamten Hilfesystem als auch im eigenen Handlungsfeld. (Wolff S.18)

Die Auffassung, daß eine Haltung nach dem Arbeitsprinzip Gemeinwesenarbeit (Oelschlegel), nämlich eine sozialräumlich oder am Wohnumfeld der Betroffenen orientierte Herangehensweise in der sozialen Arbeit von jeder sozialen Einrichtung aus möglich ist, hat sich in der Praxis nicht durchgesetzt.

Sozialökologische Konzepte werden aber in verschiedenen Theorievariationen angesichts zunehmender sozialarbeiterischer und finanzieller Probleme im Jugendhilfebereich um so dringender vertreten („Lebensweltorientierung konkret", Tagung der Internationalen Gesellschaft für erzieherische Hilfen IGfH, 29. 9. – 1.10.96 in Dresden).

---

[1] Bei diesem Text handelt es sich um eine sehr stark veränderte Fassung eines Referates, das ich auf der Dresdener Fachtagung „Lebenswelt konkret" der Internationalen Gesellschaft für erzieherische Hilfen gehalten habe unter dem Titel „Von der Einzelhilfe zur Gemeinwesenarbeit. Welche Kompetenzen benötigen Fachkräfte der Jugendhilfe?"
Grundlage für diese Ausführungen sind dreijährige Erfahrungen in einem Praxisprojekt „Stadtteilbezogene soziale Arbeit" in einem Plattenbau-Stadtteil einer ostdeutschen Großstadt in Zusammenarbeit mit SozialarbeitspraktikantInnen.

1. Sozialökologische Konzepte der sozialen Arbeit

Eine Theorievariante läßt sich dem Leitbegriff *Lebensweltorientierung* zuordnen, der – in den siebziger Jahren formuliert und in den achtziger und neunziger Jahren weiterentwickelt – nach wie vor vage ist und der Konkretisierung bedarf. Wenn Lebenswelt den Umstand meint, „wie ich als Subjekt allein oder gemeinsam mit anderen die Gesellschaft erfahre, wie ich sie biographisch erlebe", so hat es lebensweltorientierte soziale Arbeit „mit dem Eigensinn der Menschen zu tun und kann sich dem nicht entziehen." (Lothar Böhnisch, IGfH-Tagung „Lebensweltorientierung konkret", Dresden, September/Oktober 1996)

Der Lebensweltorientierung entsprechende, im Grundsatzpapier der IGfH 1996 formulierten Ziele und Grundsätze wurden bereits im 8. Jugendbericht 1990 benannt:

– *konsequente Regionalisierung* von Hilfen, d.h., alle MitarbeiterInnen sollten sich auf soziale Ressourcen des Sozialraumes beziehen und diese einbeziehen, und die Angebote sollen Kindern, Heranwachsenden und deren Familien im Alltag zugänglich sein;

– Förderung der Partizipation und Entwicklung der Selbshilfepotentiale von Betroffenen, d.h., auch den Umgang mit deren Beteiligungsrechten verbindlich regeln und die Freiwilligkeit der Annahme einer Hilfe als Basis für alle Hilfeangebote akzeptieren.

– *Der Grundsatz der Ganzheitlichkeit* meint Ausbau von integrierten Hilfen und Entspezialisierung, d.h., auch mit neuen Mitarbeitern einen flexiblen Einsatz vereinbaren. Aus einer ganzheitlichen Sicht müssen Hilfen auf die Realität der Heranwachsenden und ihrer Familien in ihrer Verflochtenheit gerichtet sein. (Grundsatzpapier der IGfH 1996)

Soziale Arbeit ist verantwortlich für Anregungen, Provokationen, Unterstützungen – aber nicht dafür, was die AdressatInnen damit machen: Sie leben ihr eigenes Leben. In diesem Sinne warnt Thiersch vor einer Kolonialisierung der Lebenswelt: „Das Ziel lebensweltorientierter sozialer Arbeit – der Respekt vor der Eigensinnigkeit von Deutungsmöglichkeiten und Ressourcen in der Lebenswelt –" (Thiersch S.23) ist in Gefahr, wenn SozialarbeiterInnen ihren AdressatInnen in offenen, niedrigschwelligen Angeboten unmittelbar zu Leibe rücken, wie z.B. in der Straßensozialarbeit.

Die *systemische Sichtweise*, eine zweite Theorievariante, ist der Lebensweltorientierung besonders nah, wobei ihre Theorie weitaus präziser ausformuliert und in daraus abgeleiteten methodischen Prinzipien und Verfahren konkretisiert ist.

Der Paradigmenwechsel in der sozialen Einzelhilfe von einem klientzentrierten zu einem prozessual-systemischen Konzept sozialer Arbeit wird folgendermaßen begründet: „Die Beteiligung verschiedenster gesellschaftlicher Funktionsbereiche an Problemlagen wie auch an Lösungsmöglichkeiten, also eine mehrseitige Verbundenheit und Abhängigkeit auf allen Komplexitätsstufen der Realität, und insbesondere die als Rahmenbedingung für Soziale Arbeit wirkenden Dimensionen der Sozialpolitik erfordern ein Denken und Handeln in überindividuellen Zusammenhängen." (Hollstein-Brinkmann S.13)

Die Theorie sozialer Systeme geht davon aus, daß alle Eigenschaften von Objekten bzw. Personen sich aus den Interaktionen, speziell der Kommunikation, ergeben und sich zusammen mit den Interaktionsmodi verändern, die Menschen also nicht unabhängig von ihren aktuellen Interaktionen in einem Milieu Eigenschaften „an sich" besitzen.

Nach neueren systemischen Theorien erzeugen sich soziale Systeme selbst, d.h., sind nicht gezielt veränderbar oder „instruierbar", sondern allenfalls verstörbar. „Beeinflußbar sind sie, wenn der ‚Einfluß' ihrer aktuellen Struktur entspricht. Systeme verarbeiten … nur Eigenzustände: Veränderungen werden also nicht kausal von außen bewirkt, sondern folgen auf Prozesse in den Beziehungen zwischen den Komponenten", sprich den Menschen.

Die miteinander in Wechselwirkung stehenden Menschen innerhalb eines sozialen Systems konstruieren aufgrund der Organisation menschlicher Wahrnehmung und Erkenntnis ihre eigene soziale Wirklichkeit, die weder Abbild einer objektiven Realität noch willkürliche oder beliebige Konstruktion ist. Sondern das Erkennen entspricht im Dienste der Lebenserhaltung den strukturellen Möglichkeiten und dem jeweiligen Zustand des Erkennenden. (Ferel S.364/65)

Die systemischen Konzepte richten ihr Hauptaugenmerk auf das sich ständig verändernde Beziehungsverhältnis zwischen Person und Umwelt, den gegenseitigen komplexen Austausch, d.h. die gegenseitige Beeinflussung und Veränderung. Sie sehen den einzelnen Menschen als ein sich in Entwicklung befindliches Wesen in einer differenzierten sozialen Umwelt, die als eine konzentrisch ineinander geschachtelte Anordnung von Strukturen oder Systemen (Mikro-, Mesos-, Exo- und Makrosysteme) gedacht wird. (Bronfenbrenner 1980, in: Schubert S.179)

Daraus ergeben sich die Hauptfunktionen der sozialen Arbeit, nämlich Verbindungen zwischen Menschen und den Ressourcensystemen herzustellen, die Interaktionen zwischen Menschen und Ressourcensystemen und innerhalb von Ressourcensystemen zu erleichtern und zu verändern und wirksames und humanes Vorgehen gesellschaftlicher Ressourcensysteme zu fördern. (Pincus/Minahan S.100-105)

Viele vermeintlich persönliche Konflikte sind tatsächlich Systemkonflikte. Wo soziale Probleme in negativen Systembeziehungen gründen oder sich darin ausdrücken und wo die Problemlösung durch negative Systembeziehungen erschwert wird, muß der Sozialarbeiter sich bemühen, die beteiligten Systeme in eine positive Beziehung zueinander zu bringen oder sie, wenn das nicht gelingt, voneinander unabhängig zu machen. (Lüssi S.74)

Der Mensch als ein „soziales Wesen" ist „Systemangehöriger" von zahlreichen „Sozialsystemen" (Familie, Firma, Krankenhaus usw.), nicht in seiner konkreten Totalität, sondern jeweils in seiner Rolle, d.h. interagierend mit anderen Systemangehörigen. (Lüssi S.66) Deshalb hat jedes soziale Problem eine *personelle Struktur* insofern, als die Personen, die hinsichtlich eines bestimmten Problems Positionen und Rollen einnehmen, nämlich die problemrelevanten Personen, eine große Bedeutung für die Entstehung und die Lösung des Problems haben. Man spricht auch von Problemsystemen. Diese problemrelevanten Personen lassen sich in Problembeteiligte, Problemzuträger und Dritte unterteilen. Dritte sind – zunächst – nicht ursächlich an dem Problem beteiligt, haben aber doch in irgendeiner Weise Bedeutung für bzw. Einfluß auf den problematischen Sachverhalt, z.B. Vertreter von Behörden und sozialen Ämtern, mit denen es Adressaten sozialer Arbeit zu tun haben, aber auch verschiedene soziale Einrichtungen sowie Nachbarn, Bewohner des Stadtteils usw. Sozialarbeiterinnen sollten sich bemühen, daß Dritte nicht zu Problembeteiligten, sondern möglichst zu helfenden Dritten werden (Lehrer, Nachbarn, freiwillige oder ehrenamtliche Helfer, Angehörige helfender Berufe), die sich bewußt für eine Problemlösung einsetzen.(Lüssi S. 88-98)

Die dargestellten Ansätze sozialer Arbeit lassen sich unter der Bezeichnung „Ökologische Perspektive" folgendermaßen zusammenfassen:

Dem ökologischen Ansatz kommt es darauf an, die Mensch-Umwelt-Beziehungen im Sinne hoher ‚Verantwortlichkeit' neu zu gestalten und die Situation einzelner Hilfsbedürftiger in einem wechselseitigen Verweisungszusammenhang ausgedehnter Fall- und Feldbeziehungen zu erfassen. „Das Gesamtgefüge von Beziehungen in einer Institution oder in einem Gemeinwesen wird genauso dargestellt wie das Gesamtgefüge der sozialen Kontextbeziehungen einer Person." (Wilfried Ferchoff S.213)

Diese Aussage macht deutlich, daß an neueren Konzepten orientierte soziale Einzelhilfe und Gemeinwesenarbeit nicht so weit voneinander entfernt sind, wie es auf den ersten Blick erscheint. Die Frage, der ich jetzt nachgehe lautet also: Wie komme ich von der Einzelhilfe zur Gemeinwesenarbeit, ohne die Einzelhilfe ad acta zu legen.

2. Einzelhilfe und Gemeinwesenarbeit in Entwicklung

Einzelhilfe in seiner klassischen, psychoanalytisch fundierten, therapeutischen Ausprägung, wie sie sich insbesondere in den USA in den 30er Jahren unter der Bezeichnung Casework entwickelt hat und in dieser Form in das Nachkriegsdeutschland importiert wurde, sucht die Ursachen des Problems im einzelnen Menschen. Im Zentrum des Denkens und Handelns steht „der Klient" und die lineare Beziehung Sozialarbeiter/in – Klient. Äußere Probleme werden in erster Linie als Symptome einer inneren, psychischen Problematik des Klienten und damit letztere als Ursache gesehen und bearbeitet. (Lüssi S.59) Und obwohl sowohl Mary Richmond Ende des vorigen Jahrhunderts in den USA als auch Alice Salomon am Anfang des Jahrhunderts in Deutschland in ihre wissenschaftlich begründete Diagnose das soziale Umfeld der Betroffenen und die sozialen Bedingungen schon stark einbezogen, wurde dieses Vorgehen nach dem 2. Weltkrieg nicht wieder aufgenommen, sondern die amerikanische, eher therapeutisch ausgerichtete Form des Casework übernommen. Die klassische Einzelfallhilfe macht auch noch heute einen großen Teil von Sozialarbeit in der Jugendhilfe aus.

Gegenüber dieser Form von Einzelhilfe wird in der Gemeinwesenarbeit gefordert, daß sich die Funktion sozialer Arbeit von einer „Einsatzstelle im Bereich des sozialen Zusammenbruchs mit der damit einhergehenden Mentalität einer nachgeordneten Instanz" zu einer sich in gesellschaftliche Prozesse einmischenden Instanz verändern muß. Danach müssen Fachkräfte in der sozialen Arbeit eine Fachkompetenz auch für nicht dem Sozialwesen zugerechnete Bereiche entwickeln, um sich in den Politikbereich mit einer je nach Bedarf konfrontierenden, integrierenden oder moderierenden Haltung einmischen zu können. (Hinte 1994 S.79)

Obwohl die Gemeinwesenarbeit im Nachkriegsdeutschland eine Entwicklung durchgemacht hat bis zu den heute gängigen emanzipatorischen, die Selbsthilfekräfte der Bewohner aktivierenden, die Partizipation betonenden und an den Bedürfnissen der Bewohner orientierten Konzepten wie das Arbeitsprinzip Gemeinwesenarbeit und stadtteilorientierte soziale Arbeit, welche von SozialarbeiterInnen ein weniger radikales und ausdrücklich konfrontierendes politisches Verhalten fordern als radikale und konfliktorientierte Konzepte der 70erJahre, scheint mir die dennoch vorhandene Einmischungserwartung für SozialarbeiterInnen in der sozialen Einzelhilfe – insbesondere in Ostdeutschland – zunächst eine nicht zumutbare Überforderung zu sein. Verlangt sie doch ein Umdenken, die Aneignung von neuen, in der täglichen Arbeit mit Kindern, Jugendlichen und Eltern scheinbar nicht geforderten Kompetenzen und die Übernahme von neuen Tätigkeiten, die Einarbeitung und damit Zeit erfordern.

Aus Sicht der Alltagspraxis beispielsweise von Allgemeinem sozialen Dienst, Sozialpädagogischer Familienhilfe, Altenhilfe u.a. wäre es naheliegender, an Weiterentwicklungen innerhalb der sozialen Einzelhilfe wie dem systemischen Konzept anzusetzen, um zu einer sozialräumlichen oder gemeinwesenorientierten Arbeit zu gelangen. Denn sowohl im systemischen Ansatz als auch in der stadtteilbezogenen sozialen Arbeit wird der Einzelfall im Kontext seines sozialen oder sozialräumlichen Umfeldes, sprich Stadtteil/Wohngebiet, gesehen. Und indem Gemeinwesenarbeit als „intermediäre Instanz" (Hinte) bezeichnet wird, hat auch systemisches Denken und Handeln in diese Arbeitsform sozialer Arbeit Eingang gefunden.

Nach diesem Verständnis von Gemeinwesenarbeit fordern SozialarbeiterInnen dazu auf und helfen dabei, den kleinsten gemeinsamen Nenner der jeweils agierenden Gruppierungen im Stadtteil zu suchen. Benachteiligte, entrechtete Bevölkerungsgruppen *und* eine an sozialstaatlichen Gedanken orientierte Politik sind nach Hintes Meinung verstärkt auf *vermittelnde Instanzen* zwischen der Lebenswelt und den Interessen der BürgerInnen im Stadtteil einerseits und den EntscheidungsträgerInnen und steuernden Instanzen in Politik, Verwaltung und Unternehmen andererseits angewiesen.

Gemeinwesenorientierte intermediär wirkende Sozialarbeiter sind auf drei „Praxisebenen" tätig: auf der Ebene des *direkten Kontakts* mit den KlientInnen, auf der „Bearbeitungsebene" in Verwaltung und bei freien Trägern und auf der „Entscheidungsebene" der Politik, z.B. Stadtrat, Jugendhilfeausschuß etc.

Soziale Arbeit als intermediäre Instanz meint eine strategisch immer wieder einzunehmende Position, d.h. einen eher labilen, je nach Kontext auszumachenden und zu besetzenden Standort *zwischen* verschiedenen Lebenswelten.

Während der systemische Ansatz in der Regel von Problemen einzelner ausgeht und von dort her alle problemrelevanten Personen des sozialen Umfeldes des Einzelnen und somit die Beziehungen zu weiteren sozialen Systemen, die nicht alle unbedingt zum Wohnumfeld der Betroffenen gehören, in die Arbeit einbezieht, arbeitet der gemeinwesenorientierte Sozialarbeiter sozialräumlich orientiert mit allen sozialen Gruppierungem und Institutionen eines Wohngebietes bzw. der Kommune und somit von ganze Bevölkerungsgruppierungen betreffenden Problemen ausgehend, wie beispielsweise Mängel in der sozialen Infrastruktur eines Stadtteils, stark präventiv. Beide begegnen und überschneiden sich in der Netzwerkarbeit, indem systemisch denkende und handelnde SozialarbeiterInnen bei der Erkundung und Aktivierung von sozialen Netzen im Stadtteil/Wohngebiet für einzelne Betroffene auf gemeinwesenorientierte SozialarbeiterInnen treffen und in Kooperation mit ihnen und engagierten BewohnerInnen an der Entwicklung von natürlichen (z.B. Nachbarschaftskontakten) und künstlichen Netzwerken (z.B. Selbsthilfegruppen, soziale Einrichtungen wie Jugendzentren, Bürgerzentrum, Mütterzentrum) arbeiten.

Während sich also die klassische Einzelhilfe und auch gegenwärtige Konzepte der Gemeinwesenarbeit diametral entgegenstehen, zeigt sich von neueren Ansätzen der Einzelhilfe wie dem systemischen her eine eher unbemerkte Annäherung an Gemeinwesenarbeit anzubahnen, unbemerkt insofern, als sie sich gegenseitig entweder gar nicht oder nur zum Teil zur Kenntnis nehmen.

3. Methodische Grundsätze und Vorgehensweisen für lebensweltlich und ganzheitlich orientiertes Handeln in der sozialen Arbeit

Ganzheitlich orientierte Konzepte der sozialen Arbeit, nämlich lebensweltorientiertes, systemisches und sozialräumliches Wahrnehmen und Handeln, stellt im Vergleich zu anderen Professionen außerordentlich hohe Anforderungen an die Kompetenzen der Professionellen in der sozialen Arbeit hinsichtlich des Umgangs mit unterschiedlichen Menschen, nämlich mit leidenden und überforderten Menschen, Vertretern von unterschiedlichen gesellschaftlichen Gruppierungen, mit einer Vielfalt von sozialen und politischen Funktionsträgern und verschiedenen Berufsgruppen. Systemisch gesehen schafft der Sozialarbeiter in jedem Problemfall ein *Problemlösungssystem*: er bringt sich selbst und seine Institution sowie in aller Regel weitere Personen und Sozialsysteme mit den problembeteiligten Personen in Verbindung.

Die im folgenden anhand eines Beispieles dargestellten systemischen methodischen Prinzipien und Vorgehensweisen und systemischen sozialarbeiterischen Methoden sind in der sozialen Einzelhilfe und in der Gemeinwesenarbeit *gleichermaßen* erforderlich. Darüber hinausgehende methodische Anforderungen innerhalb dieser Arbeitsformen oder gar deren unterschiedliche Strategien finden in diesen Ausführungen keine Berücksichtigung.

Fallbeispiel: Eine Mutter kommt zum Lehrer ihrer 11jährigen Tochter Kathrin (Mittelschule in einem Plattenbaustadtteil) und erzählt voller Empörung, daß ein 14jähriger Junge ihre Tochter gezwungen habe, ihm ihr neues Fahrrad zu geben, mit der Drohung, er würde sie krankenhausreif schlagen. Sie kenne den Jungen aus der Nachbarschaft, er heißt Peter. Seinen Vater kenne er nicht und die Mutter sei damals meistens betrunken gewesen, bevor er mit 9 Jahren ins Kinderheim kam. Von dort sei er zweimal abgehauen. Seit einem Jahr wohnt er wieder bei seiner Mutter mit zwei jüngeren Geschwistern (8 und 6 Jahre). Die läßt ihn wohl machen, was er will. Wie sie von anderen Nachbarn weiß, bleibe er nachts häufig weg. Der Junge habe in einer Clique von Jugendlichen gestanden, als das Mädchen mit ihren Freundinnen gegen 17.00 Uhr aus dem Kinderfreizeithaus kam. Die Clique trifft sich auf einem Spielplatz zwischen den Wohnblocks. Bewohner, insbesondere alte Leute, haben sich schon beim Ortsamt und der Wohnungsbaugesellschaft über die Clique beschwert. Sie wüßte, daß die Jugendlichen das Fahrrad verkaufen würden, um Geld für Drogen zu haben. Die Tochter und ihre FreundInnen hätten große Angst vor diesen Jugendlichen, die in dieselbe Schule gingen. Der Lehrer wendet sich nach diesem Gespräch sowohl an den ASD als auch an die Straßensozialarbeiter.

3.1 Komplexe Wahrnehmung

Ein Problem/Problemsystem in seiner Verknüpfung mit einer Vielzahl von Einflußfaktoren und Deutungen erfassen bedeutet:
- alle problemrelevanten Personen/Gruppierungen als VertreterInnen unterschiedlicher sozialer Systeme (informelle und formelle) feststellen/herausfinden;
- berücksichtigen, daß die Interaktion zwischen zwei problemrelevanten Personen sich auf das Verhalten aller Mitglieder aller problemrelevanten Systeme auswirkt (z.B. Lehrer informiert den Direktor, dieser bestraft den Jugendlichen usw.), und die Wirkung auf die Problemsituation analysieren. Der Denkfehler besteht darin anzunehmen, daß jedes Problem die direkte Konsequenz einer Ursache ist, z.B. das Verhalten der Jugendlichen in der Clique im Fallbeispiel als Ursache für die Unzufriedenheit von alten Menschen;
- das Problem abgrenzen, nämlich die Situation aus verschiedenen Blickwinkeln definieren, d.h. die unterschiedlichen Deutungen von allen problemrelevanten Personen einbeziehen, u.U. in gemeinsamen Gesprächen mit den Problembeteiligten. Ein Denkfehler besteht darin, anzunehmen, daß Probleme objektiv gegeben sind und nur klar formuliert werden müssen;
- die Dynamik erfassen, d.h., die zeitlichen Aspekte der einzelnen Beziehungen und einer Situation als Ganzes ermitteln und die Bedeutung der Beziehungen im Netzwerk erfassen. (Lotmar/Tondeur 1993, S.247)
Ähnlich sieht Hinte als Grundlage für kompetentes Handeln in sozialräumlich orientierten Handlungsfeldern eine „breit entwickelte Wahrnehmung für die Komplexität von Wirklichkeit" an, d.h. auch die Fähigkeit, den Kontext wahrzunehmen, in dem sich das Handeln der Professionellen jeweils abspielt. (Institut für stadtteilbezogene soziale Arbeit S.44)

3.2 Kontakt- und Kommunikationsfähigkeit

Aus der Sicht der systemischen sozialen Arbeit ist mit Kontakt- und Kommunikationsfähigkeit die Bereitschaft der SozialarbeiterInnen gemeint, mit unterschiedlichen Menschen (im Beispiel Ortsamtsleiter, Geschäftsführer der Wohnungsbaugesellschaft, Anwohner, Jugendliche der Clique usw.) in Kontakt zu treten, in der Regel auch zu „abweisenden, agressiven, paranoiden oder sonstwie beziehungsgestörten Menschen" als problemrelevante Personen den Zugang zu suchen und „die Kommunikation auch dann aufrechtzuerhalten, wenn es in der Beziehung zum Gesprächspartner zu Spannungen, Konflikten oder gar zu feindseligen Handlungen gekommen ist". (Lüssi S.194)

Empathie oder „empathische Erkenntnis" entstehe in und aus der Kommunikation und nicht aus einem besonderen Einfühlungsvermögen. Durch seine modellhafte Kommunikation und seinen gesamten Umgangsstil sollte die/der SozialarbeiterIn ein ‚kommunikatives Klima' schaffen. In manchen Fällen bedeutet allein schon die Kommunikation selbst, insbesondere die zwischen Problembeteiligten, eine wesentliche Verbesserung der Problemlage. (Lüssi S.254)

Für stadtteilbezogene soziale Arbeit gilt die Fähigkeit, auf die Befindlichkeit und das Interesse der Interaktionspartner einzugehen, als eine wichtige Komponente der Handlungskompetenz von SozialarbeiterInnen. Am Anfang jeder Stadtteilarbeit, welche die Grundsätze „Orientierung an den Bedürfnissen und Betroffenheiten der Bewohner" und „Stärkung des Selbsthilfepotentials" ernst nimmt, steht deshalb die „nicht zielgerichtete Kontaktaufnahme zu möglichst vielen Menschen aus dem Stadtteil", u.U. in Form einer aktivierenden Befragung, woraus sich unter Hilfestellung der Professionellen vielfältige Aktivitäten entwickeln können. (Hinte 1987 S.11) Erforderlich dafür ist eine Haltung der *nicht-intentionalen Kontaktaufnahme* den Bewohnern eines Stadtteiles gegenüber, nämlich mit ihnen „in Kontakt zu treten, ohne von vornherein ein Ziel für sie (die Betroffenen) festgelegt zu haben, zunächst nur zu hören, was bei diesen Menschen ist". (Institut für stadtteilbezogene soziale Arbeit S.44)

3.3 Neugierde und Gelassenheit

Aus systemisch-konstruktivistischer Sicht sollten SozialarbeiterInnen oder SozialpädagogInnen sich mit einer Haltung der Neugierde und des Interesses an die je eigene Wirklichkeit von einzelnen als Angehörige eines sozialen Systems annähern.

Systemische Neugier ist eine respektvolle Haltung. „Sie interessiert sich für die jedem System immanente Eigenlogik, die als weder gut noch schlecht, sondern schlicht als wirksam angesehen wird, weil sie sich für dieses System evolutionär bewährt hat." (von Schlippe/Schweitzer S.12) Indem SozialarbeiterInnen sich in einen Prozeß der Aushandlung von Deutungen hinsichtlich sozialer Wirklichkeit von Betroffenen hineinbegeben und mit angemessenen Verstörungen reagieren, gehen sie auf die Struktur und Dynamik des sozialen Systems ein. Die Vorstellung, die SozialarbeiterInnen könnten durch ihre Interventionen gezielt ganz bestimmte Veränderungen erreichen, wird damit zur Illusion, aber entlastet die

Fachkräfte zugleich. Im weiteren heißt das, auszuhalten, daß die sozialarbeiterischen Interventionen nicht bewirken, daß sich Beziehungen zwischen Betroffenen (in unserem Beispiel das Verhältnis Jugendlicher – Mutter, Jugendclique – Alte) auf das geplante Ziel hin verändern, zumindest zunächst nicht oder nicht wahrnehmbar oder anders als geplant oder womöglich erst nach Monaten/Jahren.

Hinte meint etwas Ähnliches, wenn er in der stadtteilbezogenen sozialen Arbeit den Begriff „Kreative Indifferenz" aufgreift. Damit ist gemeint „die Fähigkeit von Professionellen, wach und aufmerksam in der und für die Situation da zu sein, ohne schon festgelegt zu haben, was sie als nächstes tun werden; quasi auf dem Sprung zu sein, aber noch nicht zu wissen, wohin sie springen". (Institut für stadtteilbezogene soziale Arbeit S.44)

3.4 Interposition/Allparteilichkeit

Systemische Sozialarbeit ist ein Handeln zwischen Menschen, ist Interaktivität. Die SozialarbeiterInnen suchen also innerhalb des Problemfeldes eine Stellung zwischen den Problembeteiligten (in unserem Beispiel Jugendliche – Eltern der betroffenen Mädchen – Bewohner in der Nachbarschaft usw.) und bemühen sich, während des gesamten Problemlösungsprozesses darin zu bleiben, d.h., zu jeder problembeteiligten Person in ein Verhältnis zu kommen, dem sowohl das Moment der Nähe wie das der Distanz innewohnt. Diese Haltung ist besonders schwierig in Situationen, wo das Problem von ProblemzuträgerInnen – in unserem Beispiel durch den Lehrer und indirekt durch die Mutter – an die/den SozialarbeiterIn herangetragen wird und Konfliktcharakter hat, da der Problemzuträger Parteinahme von der/dem SozialarbeiterIn erwartet. Das Nähe-Distanz-Verhältnis soll möglichst ausgewogen sein. Nähe zu einem Betroffenen schafft zwar ein Vertrauensverhältnis, bedeutet aber als Parteilichkeit für einen Betroffenen Stellungnahme gegen andere Problembeteiligte. (Lüssi S.247-250)

Weniger vom systemischen Denken herkommend, als von einer pragmatischen Haltung her begründet, aber dem systemischen Denken entsprechend, fordert Hinte eine Abwendung vom Prinzip der Parteilichkeit, wie es die konfliktorientierten Gemeinwesenkonzepte vertreten haben. Er bezeichnet den dauernden Frontenkampf auf seiten der Benachteiligten gegen das Establishment als „naive Parteilichkeit" und setzt an deren Stelle die parteilichen VermittlerInnen, die kommunikativ kompetent und am Wohle des Stadtteils orientiert sind und zwischen vielen Macht- und Einflußsphären stehen, die wechselseitig voneinander abhängig sind und ständiger Abstimmung bedürfen. Als Begründung führt er an, daß es in der Gemeinwesenarbeit nur selten eindeutige, abgestimmte Interessenartikulationen von Bevölkerungsgruppen gibt, zu denen sich klare Parteilichkeiten entwickeln lassen. So stellt sich in unserem Beispiel die Frage, auf wessen Seite die SozialarbeiterInnen der genannten sozialen Einrichtungen in diesem benachteiligten Wohnquartier sind, auf der Seite der alten Leute (benachteiligte Randgruppe!), die ihre Ruhe brauchen, oder auf der Seite der Jugendlichen (benachteiligte Randgruppe!), die durch engen Wohnraum bedingt vor deren Fenstern Lärm machen.(Hinte 1994 S. 82)

3.5 Problemannahme

Dies ist ein weiteres wichtiges methodisches Prinzip, das für eine solche interpositionelle oder dazwischengehende Haltung unabdingbar ist und sowohl in der Arbeit mit einzelnen als auch mit Gruppen oder Gruppierungen im Gemeinwesen Relevanz hat.

Problemannahme bedeutet für die SozialarbeiterInnen, die Sichtweisen und Vorschläge aller lösungswichtigen Personen aufzunehmen und sich damit zunächst der Struktur und Dynamik der jeweiligen sozialen Systeme anzunähern, bevor sie versuchen, es mit angemessenen Verstörungen zu beeinflussen. So könnte in unserem Beispiel die jeweilige Sozialarbeiterin durch die Gesprächsmethode des aktiven Zuhörens den Problemen sowohl der BewohnerInnen in der Nachbarschaft als auch denen eines Vertreters der Wohnungsbaugesellschaft, des Ortsamtsleiters, des Lehrers/ der Schule, der Mutter/der Eltern der verängstigten Mädchen und der Jugendlichen Verständnis entgegenbringen, um dann zu einem späteren Zeitpunkt oder auch in weiteren Gesprächen vielleicht beispielsweise die Erwachsenen zu fragen, wie sie sich früher als Jugendliche verhalten haben oder was sie in der Situation als Jugendliche tun würden.

Wenn der/die SozialarbeiterIn aktives Interesse an den Problemen aller problembeteiligten Personen zeigt, vorerst nicht an dem Wahrheitsgehalt von deren Aussagen zweifelt, deren Probleme weder dramatisiert noch verniedlicht und bei aller Sachlichkeit teilnehmende Gefühle zeigt, so wirkt dieses Verhalten akzeptanzfördernd. Erst wenn jeder Problembeteiligte sich mit *seinem* Problem oder *seiner* Problemsicht durch den Sozialarbeiter ernst genommen fühlt, ist er jeweils bereit, sich an einer für alle wirksamen Problemlösung zu beteiligen. Handelt es sich dabei um einen Problemzuträger, so wird aus systemischer Sicht eine Umfeldberatung ein methodisches Erfordernis.

3.6 Umfeldberatung

Immer dann, wenn jemand (Nachbarn, Freunde, Bekannte, Verwandte, KollegInnen, ErzieherInnen, LehrerInnen usw.) Personen aus seinem sozialen Umfeld als auffällig bei sozialen Einrichtungen, Behörden oder sonstigen Institutionen meldet, so gehört er nicht mehr nur dem sozialen –

nicht identisch mit dem sozialräumlichen – Umfeld der Gemeldeten an, sondern wird darüber hinaus zu einem Teil des gesamten Problemsystems. Als Angehöriger des sozialen Umfeldes können Problemzuträger mit Unterstützung der SozialarbeiterInnen möglicherweise zum helfenden Dritten werden. Dies gelingt dann, wenn die/der ProblemzuträgerIn die Bereitschaft und die Möglichkeit zur Unterstützung hat. Meistens aber melden diese Personen aus einer ablehnenden Haltung heraus und wollen, daß professionelle SozialarbeiterInnen tätig werden.

Bei der Umfeldberatung geht es darum, ProblemzuträgerInnen in die Verantwortung zu nehmen. Dies kann folgendermaßen geschehen: Zunächst versucht die/der SozialarbeiterIn genauere Informationen über das von den ProblemzuträgerInnen jeweils definierte Problem, über ihre Motivation und ihr Verhältnis zu den gemeldeten Personen oder Gruppierungen zu erhalten und außerdem Verständnis bei den ProblemzuträgerInnen für die Probleme der Gemeldeten zu erreichen. Häufig stellt sich aber in der Umfeldberatung heraus, daß Problemzuträger entweder einen Anteil am Zustandekommen des Problems oder ein eigenes Problem haben oder über eine längere Zeit eine bereits äußerst negative Beziehung zu den gemeldeten Personen entwickelt haben, wie das häufig zwischen Nachbarn geschieht. In diesem Fall ist die Wahrscheinlichkeit, daß die ProblemzuträgerInnen zu einer unterstützenden Netzwerkbeziehung gehören oder werden, gering. Hier kann es allenfalls um eine Konflikteindämmung gehen. Auf jeden Fall sollten die ProblemzuträgerInnen in die Verantwortung für die Problemlösung einbezogen werden.

Im oben genannten Beispiel könnte die Sozialarbeiterin/der Sozialarbeiter sowohl mit einzelnen, nämlich dem Lehrer der Schule und der Mutter des betroffenen Mädchens, als auch mit Gruppierungen aus dem Stadtteil, z.B. mit allen Eltern der Kinder, die Angst vor den Jugendlichen haben, mit den älteren Anwohnern, die sich beim Ortsamt oder bei der Wohnungsbaugesellschaft über die Jugendlichen beschwert haben, Umfeldberatungsgespräche führen. Möglicherweise läßt sich der Ärger der jeweiligen ProblemzuträgerInnen auf eine konstruktive Aktivität zur Veränderung der Situation zugunsten der Jugendlichen, der Kinder, der Eltern und der alten Menschen in der Nachbarschaft umlenken. Die Aktivierung einiger Eltern, deren Kinder Angst vor den Jugendlichen haben, könnte z.B. dazu führen, daß die betroffenen Eltern verabreden, daß jeweils immer ein Elternteil sich bei Schulbeginn und Schulschluß auf dem Schulhof einfindet, um die Kinder notfalls zu schützen.

3.7 Kooperation und Konflikt

Kooperations- und Konfliktfähigkeit werden in einem Atemzug genannt, da sie sowohl in der sozialen Einzelhilfe als auch in der Gemeinwesenarbeit, die zu einem großen Teil aus Gruppenarbeit besteht (Aktionsgruppen, Bürgerinitiativen, Stadtteilrunden usw.), zusammengehören und nicht als Alternativen zu sehen sind. Hinte bezeichnet die Frage „Konflikt oder Kooperation" als eine anachronistische Alternative, die in den konfliktorientierten Konzepten der Gemeinwesenarbeit galt. Die Frage ‚Ab wann beginne ich einen Konflikt?' wird der Komplexität selbst kleinster Situationen nicht gerecht. Der Ameisenhaufen „Lebenswelt" läßt klare Grenzziehungen und Zuordnungen hinsichtlich Kooperation und Konflikt nur in wenigen Fällen zu.

In der systemischen Sozialarbeit heißt Kooperation die aktive Suche nach Zusammenarbeit mit Dritten, insbesondere mit potentiell helfenden Dritten wie KollegInnen aus anderen sozialen Einrichtungen, aber auch mit Vereinen, Behörden, politischen Gremien usw., und die Bereitschaft, auch bei Vorbehalten ihnen gegenüber mit ihnen zusammenzuarbeiten, wenn sie darum bitten.

Für die Gemeinwesenarbeit läßt sich eine solche grundsätzliche Kooperationsbereitschaft damit begründen, daß die jeweils beteiligten Interessengruppen – sowohl betroffene Bewohnerguppierungen als auch Institutionen wie die Stadtverwaltung oder eine Wohnungsbaugesellschaft – selten als monolithische Blöcke erscheinen, die sich einheitlich an einer Front präsentieren. Die Kunst besteht für SozialarbeiterInnen darin, innerhalb der jeweiligen Interessengruppen oder sozialen Systeme Schattierungen auszumachen, Bundesgenossen auch auf der jeweils anderen Seite zu finden, die in den jeweiligen Parteien an einer Lösung Interessierten an einen Tisch zu bringen. (Hinte 1994 S. 82)

3.8 HelferInnenkonferenz

Die Organisation einer konzertierten Problemlösung, in der die lösungsbeteiligten Betroffenen und Drittpersonen ihr Handeln auf ein gemeinsames Ziel hin ausrichten und untereinander abstimmen, wird in der systemischen Sozialarbeit mit einzelnen und Familien als Helferkonferenz oder als ein vom Sozialarbeiter organisiertes Aktionssystem bezeichnet, das bei kontinuierlich stattfindenden Treffen eine eigene Struktur und Dynamik entwickelt. Vor allem müssen beteiligte Professionelle und Betroffene zu einer solchen Zusammenkunft durch die/den initiierenden SozialarbeiterIn erst motiviert werden, insbesondere wenn es bereits Spannungen und Konflikte zwischen Problembelasteten und HelferInnen bzw. unter den professionellen HelferInnen gibt, was u.U. einen erheblichen Aufwand bedeutet.

Die wichtigsten Ziele der HelferInnenkonferenz sind: Austausch von Wahrnehmung, Sichtweise und Einschätzung der Probleme oder der Situation; Förderung der Aktivität, Selbstverantwortlichkeit und Selbstbestimmung der Betroffenen durch das Ernstnehmen und die Berücksichtigung ihrer Bedürfnisse, Wünsche und Sichtweisen; Bereinigung von Mißverständnissen und Klärung von Konflikten unter den HelferInnen einerseits und zwischen HelferInnen und Betroffenen andererseits; klare Absprachen hinsichtlich der Zuständigkeiten der HelferInnen, Koordination der Hilfen und möglicherweise Reduzierung der HelferInnenzahl.

Erfahrungen mit HelferInnenkonferenzen in der Einzelhilfe helfen, Fähigkeiten zu entwickeln, die SozialarbeiterInnen in der Gemeinwesenarbeit als wichtige Kompetenz zur Organisation von Kooperationszusammenkünften auf Stadtteilebene dienen.

In unserem Beispiel könnten nach eventuellen Einzelgesprächen mit den Problembeteiligten im weiteren Verlauf von der Sozialarbeiterin/dem Sozialarbeiter mehrere (kleine) Helferkonferenzen oder Aktionssysteme in unterschiedlicher Zusammensetzung einberufen bzw. gebildet werden, entweder als Einzelhilfe für die beiden betroffenen Mädchen, den Jugendlichen und jeweils deren Familien z. B. in der Zusammensetzung StraßensozialarbeiterIn, SozialarbeiterInnen des ASD und des Jugendclubs, betroffener Jugendlicher, dessen Mutter, der zuständige Lehrer, oder als stadtteilbezogene soziale Arbeit ein Aktionssystem in der Zusammensetzung StraßensozialarbeiterIn, SozialarbeiterIn des Jugendclubs, die Jugendlichen, Vertreter von Wohlfahrtsverbänden, des Jugendamts, des Jugendhilfeausschusses als politisches Gremium usw., mit dem Ziel der Schaffung von Freizeitmöglichkeiten für die Jugendlichen.

3.9 Prinzip der Verhandlung

Im Zentrum der systemischen Sozialarbeitsmethodik steht die Kunst zu verhandeln, und zwar in Form der direkten Verhandlung, bei der möglichst viele problemrelevante Personen anwesend sind, und in Form der reinen Verhandlung, bei welcher der Sozialarbeiter nicht als Stellvertreter eines Konfliktbeteiligten auftritt, sondern als Verhandlungsleiter oder Moderator eine Vermittlerfunktion innehat. Es ist nicht die Aufgabe von Sozialarbeitern, selbst die Lösung zu finden oder gar Partei zu ergreifen. Die methodischen Kompetenzanforderungen (dazu gibt es spezielles methodisches Wissen aus der systemischen Sozialarbeit/Familienberatung und der sozialen Gruppenarbeit, z.B. Gruppen moderieren), die ein solches Verhandlungsgespräch stellt, sind dann insbesondere hoch, wenn die Menschen als Persönlichkeiten und von ihrem sozialen Status her völlig verschieden sind, außerdem aggressive Gefühle gegeneinander hegen und gegenteilige Meinungen vertreten. (Lüssi S. 288/89 u. 404 ff.)

In der Gemeinwesenarbeit (GWA) – so bei verschiedenen Zusammenkünften wie Stadtteilrunden, Bewohnerversammlungen u.a. – ist die Moderatorenfunktion eine der wichtigsten Aufgaben sozialer Arbeit, nämlich als vermittelnde Instanz zwischen der Lebenswelt und den Interessen der BürgerInnen im Stadtteil einerseits und den Entscheidungsträgern andererseits zu fungieren. Hinte sieht GWA als eine produktive Möglichkeit, BürgerInnen mit Politik, Verwaltung und anderen Institutionen an einen *„Runden Tisch"* zu holen, um dort miteinander zu verhandeln.

Die Nutzung dieser Moderatorenfunktion sei eine der letzten Chancen bürgernaher Politik. Der normale Anforderungscharakter einer komplexen Situation in der GWA sieht so aus, daß auch im Verlauf scharf ausgetragener Konflikte immer noch die Möglichkeit des Aushandelns besteht. Und auch in Aushandlungsprozessen sind an manchen Stellen klare Machtdemonstrationen notwendig, damit die andere Seite auch ernsthaft verhandelt. GemeinwesenarbeiterInnen müssen verhandeln lernen und ein Klima entstehen lassen, in dem alle Parteien zugeben können, daß sie keine schnellen Antworten oder unmittelbar plausible Lösungen vorzuweisen haben. (Hinte 1994 S.83)

3.10 Umgang mit Informationen (Diskretion)

Da SozialarbeiterInnen es sowohl in der systemischen sozialen Arbeit mit einzelnen und Familien als auch in der Gemeinwesenarbeit mit einer Vielzahl von Personen aus unterschiedlichen sozialen Systemen zu tun haben und sie somit „Informationszentrale" und „Informationsmanager" zugleich sind, ist der sensible Umgang mit Informationen ein dringend erforderliches methodisches Prinzip.

Jede Informationsweitergabe hat Auswirkungen auf die Beziehungen und Interaktionen der Beteiligten untereinander und zu anderen Mitgliedern der jeweiligen sozialen Systeme und beeinflußt damit den Problemlösungs- oder Veränderungsprozeß.

Wichtige methodische Handlungsrichtlinien für das Einholen, Erhalten und Weitergeben von Informationen sind deshalb einmal das Prinzip der Informationserlaubnis, welches besagt, daß SozialarbeiterInnen Informationen nur mit Einverständnis der Betroffenen an andere weitergeben, von anderen beschaffen und erhalten können. So kann in unserem Beispiel der Straßensozialarbeiter nur mit Einverständnis des Lehrers den Inhalt seines Anrufs weitergeben. Zum anderen sollte er sein Diskretionsverhalten demonstrieren, d.h., vor den betroffenen Problembeteiligten oder Mitgliedern von Aktionsgruppen im Gemeinwesen einer Drittperson Informationen vorenthalten oder die Annahme von Informationen verweigern. Wenn z.B. die Mutter des Mädchens in einer Anwohnerversammlung beginnt, Einzelheiten über die Familiensituation des Jugendlichen zu erzählen, ihr deutlich sagen, daß das nicht hierher gehöre.

Zusammenfassend lassen sich folgende Thesen aufstellen:
Erfahrungen in einer an dem sozialen Umfeld orientierten und bei diesem ansetzenden Arbeit mit einzelnen bzw. Familien, sprich systemisch, die unter Berücksichtigung systemischer Erkenntnisse hinsichtlich der Beziehungsdynamik von sozialen Systemen problemlösend an Konflikten arbeitet, erleichtern den Zugang zur Arbeit mit unterschiedlichen Gruppierungen im Gemeinwesen.

In der sozialökologisch orientierten sozialen Einzelhilfe lassen sich aufgrund von systemischer und sozialräumlicher Wahrnehmung von Problemen einzelner Bedürfnisse von Bewohnern hinsichtlich Kontakt und Kommunikation, Selbstbestimmung und Veränderungen in der Lebenswelt herausfinden.

Die Erwerbung von Kompetenzen für gemeinwesenorientierte Arbeit ist ein langer Prozeß, der von einer dem neueren, nämlich sozialökologischen, Verständnis entsprechenden, kompetenten Einzelfallhilfe ausgehen kann.

Literaturverzeichnis

Maria Bitzan, Tilo Klöck (Hrsg.): Jahrbuch Gemeinwesenarbeit 5, AG SPAK, München 1994.

Wilfried Ferchoff: „Der ökologische Ansatz und das neue berufliche Selbstverständnis von sozialer Arbeit am Beispiel der netzwerkorientierten Gemeinwesenarbeit".

Martin Ferel: „Willst du gesund werden?" Das systemische Verständnis von Krankheit und Heilung als Orientierung für die Seelsorge, WzM, 48.Jg, S.350-374, Göttingen – Zürich 1996.

Wolfgang Hinte: Intermediäre Instanzen in der Gemeinwesenarbeit – die mit den Wölfen tanzen, in: Bitzan/Klöck a.a.O. S.77-85.

Wolfgang Hinte: „Sozialpolitik von unten", in:sozial extra, Febr./März 1987.

Heino Hollstein-Brinkmann: Soziale Arbeit und Systemtheorien, Freiburg i. Br. 1993.

Institut für stadtteilbezogene soziale Arbeit: Zwischen Sozialstaat und Selbsthilfe, Klartext Verlag, Essen 1989.

Paula Lotmar/Edmond Tondeur: Führen in sozialen Organisationen, Bern und Stuttgart 1993.

Peter Lüssi: Systemische Sozialarbeit, Bern und Stuttgart 1991.

Helmut Mair: Familienarbeit und soziale Netzwerkentwicklung, in Jürgen Hohmeier/Helmut Mair (Hrsg.): Eltern- und Familienarbeit. Familien zwischen Selbsthilfe und professioneller Hilfe, Freiburg i. Br. 1989.

Gerhard Oswald: Systemansatz und soziale Familienarbeit. Methodische Grundlagen und Arbeitsformen, Freiburg i. Br. 1988.

Hans-Ulrich Pfeifer-Schaupp: Jenseits der Familientherapie. Systemische Konzepte in der sozialen Arbeit, Freiburg i. Br. 1995.

Allen Pincus/Anne Minahan: Ein Praxismodell der Sozialarbeit, in Harry Specht/ Anne Vickery: Methodenintegration in der Sozialarbeit, Freiburg i. Br. 1980.

Arist von Schlippe/Jochen Schweitzer: Lehrbuch der systemischen Therapie und Beratung, Göttingen – Zürich 1996.

Franz-Christian Schubert: Lebensweltorientierte Sozialarbeit – Grundpostulate, Selbstverständnis und Handlungsperspektiven, in Wilhelm Klüsche (Hrsg.): Professionelle Identitäten in der Sozialarbeit/Sozialpädagogik, 1993.

Hans Thiersch: Strukturierte Offenheit. Zur Methodenfrage einer lebensweltorientierten sozialen Arbeit, in: Thomas Rauschenberg u.a. (Hrsg.): Der sozialpädagogische Blick. Lebensweltorientierte Methoden in der sozialen Arbeit, Juventa, Weinheim und München 1993.

Reinhart Wolff: Strategische Provokationen zum Qualitätsmanagement in der Sozialarbeit, in: Forum für Kinder- und Jugendarbeit, 10. Jg, Sept. 1995, S.15-18.

Sabine Schmerschneider

„… den eigenen Weg finden"

Soziale Arbeit mit Familien und Frauen in ihrer veränderten
Lebenssituation mit einem schwerstbehinderten Kind[1]

Vorbemerkungen

Was verändert sich im Leben einer Familie, wenn sie von der Geburt
eines schwerstbehinderten Kindes betroffen wird?

Welche Bedingungen müssen erfüllt sein, damit diese Familie, die ein
unvergleichlich schwereres und anderes Leben zu bewältigen hat als
Familien mit „gesunden" Kindern, ihr Leben annehmen kann?

Was verändert sich im alltäglichen Leben, in den Plänen und mög-
licherweise im Wertesystem einer solchen Familie? Was macht es den
Familien so schwer, mit ihrem Kind in der Mitte der Gesellschaft zu leben
– ist es die Behinderung des Kindes oder (be)hindert sie die Gesellschaft?
Und welchen Beitrag könnte die Theologie leisten für eine veränderte
Sichtweise von Behinderung, im sozialarbeiterischen Handeln und in der
Gesellschaft?

Welche Anforderungen und Fragen stellen sich an die Beratung und Beziehung zu betroffenen Familien und damit an professionelle HelferInnen?

Und nicht zuletzt steht die Frage, inwieweit das Leben von Eltern mit
ihrem (schwerst-)behinderten Kind eines am Rand dieser Gesellschaft
sein muß – oder ob es in Wirklichkeit ein Thema ist, das sehr viel mehr
Menschen, am Ende jede/n von uns, etwas angeht, die wir an unsere
Grenzen der Leistungsfähigkeit, der Jugendlichkeit und des Durchhalte-
vermögens stoßen.

Schlage ich unter dem Begriff „Behinderte" in Lexika nach, muß ich
feststellen, daß Menschen mit Behinderungen über ihre Arbeitsfähigkeit
oder Arbeitsunfähigkeit definiert werden. Was heißt das für Menschen mit
schwersten Behinderungen? Sie sind aufgrund ihrer geistigen und körperlichen Konstitution möglicherweise lebenslang ausgeschlossen von der
Chance, im Sinne einer Arbeitsfähigkeit „(wieder-)eingegliedert" zu werden. Diese Tatsache weist auf grundlegende Probleme hin, die sich für die
betroffenen Familien in Formen ihres Angenommenseins oder ihrer Ausgrenzung anhand der ihnen zur Verfügung stehenden fachlichen, sachli-
chen und rechtlichen Mittel äußern.

---

[1] Vorliegender Beitrag ist die gekürzte Fassung einer an der Evangelischen Fachhochschule
für Sozialarbeit Dresden vorliegenden Diplomarbeit vom Dezember 1995.

38

Ein beispielsweise körperbehindertes Baby kommt mit dieser an sich erst einmal rein biologischen Schädigung auf die Welt. Doch trifft es auf eine Welt, in der die Arbeitskraft behinderter Menschen als eine minderer Güte angesehen wird und in der das Lebensrecht behinderter Menschen in Frage gestellt wird. Es hat gar keine andere Chance, „... als sich eben diese(r) – behindertenfeindliche(n) – Welt anzueignen und anzupassen. Es übernimmt Identität, und zwar behinderte Identität"[2].

Es gibt keinen allgemein anerkannten Behindertenbegriff. In unzähligen Büchern werden Definitionen versucht, wird um Begriffe wie „geistig Behinderte", „sog. geistig Behinderte" oder die „Institution Geistigbehindertsein" gestritten. Eine Begriffsbestimmung der Schwerstbehinderung von Menschen und deren Auswirkungen auf betroffene Familien gibt Fröhlich in Form einer Situationsbeschreibung aus der Praxis:

„a) Schwerstbehindert ist, wer bewegungsgestört ist bis zur Bewegungsunfähigkeit, außergewöhnlich pflegebedürftig und damit ständig auf fremde Hilfe angewiesen ist, dem Umweltkontakte nur sehr beschränkt oder überhaupt nicht möglich sind und dessen Äußerungsfähigkeit stark beschränkt oder nicht vorhanden ist.

b) Familien mit schwerstbehindertem Kind sind Familien, die tagtäglich von früh bis spät und oft auch in der Nacht im Anblick ihres Kindes daran erinnert werden, daß sie von ihren Mitmenschen, auch von denen, die den gesellschaftlichen Auftrag haben, oft in weiten Bereichen alleingelassen werden. Es sind Familien, denen von der Gesellschaft nur wenig Rechte für ihr Kind zugestanden werden, obwohl ein Schwerstbehinderter rechtlich mit allen anderen gleichgestellt ist.

Es sind Familien, über deren Kinder viele glauben, öffentlich und ungefragt diskutieren zu können, ob sie lebenswert oder -unwert sind.(...)"[3]

Eltern werden möglicherweise erst durch die Geburt ihres behinderten Kindes mit der Problematik „Behinderung" konfrontiert. Sie tragen Vorstellungen und Vorurteile der Gesellschaft genauso wie diese mit sich herum. Es sei denn, unheilbare Krankheiten oder Behinderungen sind ihnen vertraut, da sie davon Betroffene kennen.

Die zunehmende Privatisierung der Bereiche Krankheit, Altern und Tod, d.h. ihre Verdrängung aus dem öffentlichen Leben in die abgeschirmten Bereiche der Kranken- und Pflegeinstitutionen, läßt das Thema „Leiden" in unserer Zeit zum Tabu werden. Somit nimmt das Umgangs- und Kommunikationsvermögen in der realen Begegnung mit leidenden Menschen ab. Ähnlich kann es auch den professionellen HelferInnen gehen.

---

[2] V. Vogt, ‚Ambulante Betreuung für Alle!' – Grundlagen der ambulanten Betreuung und Pädagogik, in: BEHINDERTENPÄDAGOGIK, 34 (1995), 1,40.

[3] A. D. Fröhlich (Hg.), Lernmöglichkeiten. Ansätze zu einer pädagogischen Förderung schwerstmehrfachbehinderter Kinder, Heidelberg 1982, 7.

Sie stehen unter dem Druck, handeln zu müssen und zu wollen, tun sich aber in der persönlichen Auseinandersetzung mit den Themen des Leids und der Schwäche schwer.

Deshalb möchte ich das Thema noch viel weiter fassen, über das Spezifische der Situation von Familien mit einem behinderten Kind hinaus. Es geht bei diesem Thema um menschliches Dasein an sich. Wie gehen wir mit unseren eigenen Grenzen um? Was hindert uns, Schwäche zu zeigen? Und hat dies etwas mit Menschen mit Behinderungen zu tun – erinnern sie uns mit ihrem Dasein an die Begrenztheit menschlichen Lebens überhaupt? Das Thema ist nicht nur eines der unmittelbar oder mittelbar Betroffenen, sondern das einer ganzen Gesellschaft. „Denn ein solches behindertes Kind rüttelt am Verständnis einer ganzen Gesellschaft", schreibt Petra Dreyer, Mutter eines behinderten Kindes.[4]

In Abgrenzung des Themas berücksichtige ich in meinem Beitrag:

1. die ersten Lebensjahre des Kindes mit seinen Eltern. D.h., daß die Jahre der Schul- und Jugendzeit, des Erwachsenwerdens des Kindes und Altwerdens der Eltern vernachlässigt werden müssen.

2. Es muß darauf verzichtet werden, die Perspektive des Kindes einzubeziehen. Äußerungen schwerstbehinderter Kinder gibt es kaum. Es lohnt sich aber, ergänzend zu meiner Arbeit Veröffentlichungen von AutorInnen mit vorwiegend körperlicher Behinderung und deren Sicht auf ihre Kindheit und eigenes So-Sein hinzuzuziehen.[5]

3. Das verwendete Phasenmodell zur Beschreibung dessen, was Eltern erleben können, berücksichtigt vor allem die Mütter. Ich unterstreiche damit die Tatsache, daß sie die Hauptlast der Pflege und Betreuung tragen, schließe mich andererseits dem Vorschlag der Autorin dieses Modells an, eine Analyse des subjektiven Erlebens der Väter anzuregen. Auch wenn sie oft nicht besonders genannt werden, möchte ich die Väter in alle Überlegungen einbezogen wissen.

4. Die Situation sozial benachteiligter Familien und solcher Eltern, die aus verschiedenen Gründen keinen Zugang zu Einzelberatung und Gruppenangeboten finden, müßte gesondert thematisiert werden.

5. Auf die Erörterung gesetzlicher Grundlagen und deren Auswirkungen auf Familien mit behinderten Angehörigen muß weitestgehend verzichtet werden.

Zunächst soll ein Einblick in die neue Situation einer betroffenen Familie gegeben werden. Der Bejahungsprozeß, sein Bezug und seine Ausformung bei verschiedenen AutorInnen soll anhand eines Trauermodells

---

[4]   P. Dreyer, Ungeliebtes Wunschkind, Frankfurt/M. 1993, 93.
[5]   Siehe in der Literaturliste z. B. F. Saal und V. Schönwiese.

beschrieben werden und mit dem Stichwort Autonomieentwicklung verknüpft werden. Dieser Prozeß erfährt eine Verschärfung durch die Schwerstbehinderung des Kindes.

Es folgen Überlegungen zum Thema Behinderung in der Theologie und Seelsorge und deren Bedeutsamkeit für ein verändertes Menschenbild und Miteinander in der (seelsorgerlichen) Beratung und Begleitung.

Daran schließen sich Forderungen und Konzepte in Annäherung an sozialarbeiterische Theorie und Praxis an; Erörterungen hinsichtlich eines veränderten Menschenbildes in der sozialen Arbeit einschließend.

Ich werde Aussagen betroffener Eltern aus der Literatur verwenden. Sie sind kursiv gedruckt.

1. Die veränderte Lebenssituation der Eltern/Mütter behinderter und schwerstbehinderter Kinder

Ich habe dich als Kind gewollt, nur anders. Fredi Saal

1.1   Die Situation

Ist ein Kind mit einer Behinderung geboren, so verändert sich die Situation seiner Familie vollständig, sie wird zunächst oft als Katastrophe erfahren. Kaum eine Familie hat vor der Geburt ihres behinderten Kindes Erfahrungen mit dieser Lebensform gemacht. Mutter und Vater sind als Teil der Gesellschaft von deren (Un-)wissen, Vorurteilen und Unsicherheiten mitgeprägt. *Ich habe immer einen großen Bogen um Behinderte gemacht und gedacht: Die arme Mutter.* Dabei ist der Schock der Eltern zum großen Teil bezogen auf die Bilder von Behinderung, die völlig abgelöst von der Realität des Kindes selbst sind.

„Diese Bilder, die Behinderte mehr oder weniger oft zu … fremden Wesen machen, sind aber nicht nur die eigenen Bilder der Eltern (…), sie werden oft von ‚freundlichen‘ Verwandten und Bekannten und insbesondere auch von den Profis im ärztlich dominierten Team besonders heftig vermittelt. So verschmelzen die Bilder von Behinderten schnell mit einem unterstellten Anderssein. Das Bild wird zur Realität."[6]

Die Geschichte der Eltern mit ihrem Kind ist, was deren Verlauf und Ausgang betrifft, eine völlig offene. Sie ist, verglichen mit anderen ebenfalls betroffenen Familien „in jedem Fall anders, abhängig von Alter, Stand, Temperament, Familiensituation, menschlicher Reife, geistiger und religiöser Einstellung, auch von der kulturellen Umwelt, in der sie leben".[7] Entweder beginnt alles mit einem Schock: die Auskunft des Arztes oder

---

[6]   V. Schönwiese, Das Bild von Behinderung als Phantasma und Möglichkeiten des ‚begleitenden Ich‘, in: BEHINDERTENPÄDAGOGIK, 34 (1995) 1, 26 f.

[7]   S. Görres, Leben mit einem behinderten Kind, München 1987, 17.

der Hebamme, manchmal taktvoll, manchmal schonungslos, oft ohne Blick dafür, was die Mitteilung in den betroffenen Eltern anrichtet, oder sie geschieht in einem Prozeß des Erkennens und Ahnens: es stimmt etwas nicht mit der Entwicklung des Kindes, wenn die Eltern es mit anderen Kindern vergleichen. Ein Prozeß, der sich bis zum Zeitpunkt der Gewißheit erstreckt, welche bedeutet: Dieses Kind ist kein gesundes, kein sich normal entwickelndes Kind. Es wird aller Wahrscheinlichkeit nach nie ein selbständiges Leben ohne Pflege und Hilfe führen können. Ein langer, mühsamer Weg der Auflehnung, des Nicht-wahrhaben-Wollens, des Nicht-Sehens- und Nicht-einsehen-Könnens und verzweifelter Traurigkeit beginnt. Als Hilfsmittel zur Beschreibung dieses Prozesses dienen die unter 1.3 beschriebenen Phasen im Bejahungsprozeß. Zuvor sollen Überlegungen zum Begriff ‚Bejahung‘ angestellt werden.

1.2 Bejahung – ein allgemein menschliches Problem

Zur Erklärung dessen, was in einer Familie nach der Feststellung der Behinderung eines Kindes abläuft, sprechen AutorInnen von einem Krisen- oder Trauerprozeß in der Familie. Jonas[8] macht auf das Fehlen einer umfassenden Darstellung des Trauerprozesses in der Literatur zur Frühförderung, die als Institution erster Hauptanlaufpunkt für Familien mit behinderten oder von Behinderung bedrohten Kindern ist, aufmerksam. Verwiesen würde in diesen Büchern lediglich auf Sporken[9] und Schuchardt[10].

„Sehr wichtig ist, daß all diesen genannten AutorInnen gemein ist, daß sie mehr oder minder explizit von einem Verlust des idealen Kindes ausgehen, der von Müttern und Vätern durch die Behinderung erlebt wird."[11]

Hinter der jeweils sehr spezifischen Problematik steckt immer die Grundfrage: Wie kann man eine unumgängliche, schmerzliche existentielle Realität akzeptieren?

Es zeichnet sich dabei die Prozeßhaftigkeit der Problematik ab, die eine bestimmte Zeitdauer erfordert. Weiterhin geht mit diesem Prozeß eine mehr oder weniger biographisch abhängige Änderung verinnerlichter Werte und Normen sowie Lebensgestaltungen einher.

Ein behindert geborenes Kind zu haben, und diese Tatsache als eine unbegreifliche und vorerst bittere Realität akzeptieren zu lernen, setzt u.U. voraus, bisherige Werte und Einstellungen über das, was im Leben wichtig und unbedingt zu erreichen ist, grundlegend neu zu überdenken

---

[8] M. Jonas, Trauer und Autonomie bei Müttern schwerstbehinderter Kinder. Ein feministischer Beitrag, Mainz 1990, 38.

[9] P. Sporken, Eltern und ihr geistigbehindertes Kind. Das Bejahungsproblem, Düsseldorf 1975.

[10] E. Schuchardt, Warum gerade ich? Leben lernen in Krisen, Göttingen 1994.

[11] Jonas, a. a. O., 38.

und möglicherweise revidieren zu müssen. Die Bejahung der Behinderung des Kindes kann dabei nicht Ziel der Bemühungen der Eltern und Helfe-rInnen sein, wohl aber die Annahme des auf Sorge und Liebe angewiese-nen Kindes. Eine Mutter: *Auf die Behinderung kann ich immer noch stink-wütend sein. Aber mein Kind habe ich angenommen.*[12]

1.3 Modelle zur Beschreibung des subjektiven Erlebens

Die Frage ist, ob nicht jedes Kind und jedes Elternpaar oder jede alleiner-ziehende Person anders ist, d.h. sehr spezifisch auf einschneidende Ereig-nisse im Leben reagiert, so daß auch der Prozeß der Bejahung ein ganz verschieden sich vollziehender ist.

Die Phasen können nur den möglichen Verlauf und die Struktur des Bejahungsprozesses skizzieren. So ist dieser abhängig vom Grad der Be-hinderung, dem Geschlecht des Kindes und bei Müttern und Vätern eben-falls unterscheidbar.

Eine Reihe von AutorInnen sprechen von der regelmäßigen Reaktion der Mütter und Väter auf den Verlust und betonen die Notwendigkeit, die Phasen der Trauer vollständig zu durchlaufen (z. B. Schuchardt).

Jonas weist darauf hin, daß die Beachtung der tatsächlichen Lebensrea-lität von Familien einer Erweiterung hinsichtlich der Berücksichtigung der realen Erfahrungen *der Mütter* behinderter Kinder bedarf.

Sporken benennt neun Phasen des Trauerprozesses: Unwissenheit, Un-sicherheit, implizite Leugnung, Entdecken der Wahrheit, explizite Leug-nung, Auflehnung, mit dem Schicksal verhandeln, Gram und Bejahung. Für ihn sind Kriterien für die Bejahung: ein bleibendes Verständnis für die veränderten Probleme des Kindes, sich selbst einzuschätzen lernen im Verhältnis zum Kind, Akzeptanz der Behinderung und der Elternschaft eines behinderten Kindes. Dabei ist es ihm wichtig, daß die Eltern zu sich selbst finden. Für die Mutter ist es wichtig, bejahen zu können, dieses beschädigte Leben auf die Welt gebracht zu haben.

Eine Erweiterung erfahren die genannten Modelle durch das o.g. Kri-senverarbeitungsmodell von *Schuchardt*, die die Phase der Annahme um die Phasen der Aktivität und Solidarität, also um einen Handlungsansatz, erweitert. Sie unterscheidet acht Phasen: Ungewißheit, Gewißheit, Ag-gression, Verhandlung, Depression, Annahme, Aktivität und Solidarität. Schuchardt begreift die Phasen spiralenförmig, d.h., daß sie immer wieder durchlaufen werden können. Damit werden die Erfahrungen der Betroffe-nen berücksichtigt, die ihr Trauern als unabgeschlossen beschreiben.

Die Phase der Aktivität am Ende des Prozesses anzusiedeln läßt aber außer acht, daß die Aktivität für das behinderte Kind bereits während des

---

[12]   Zit. nach B. Beuys, Am Anfang war nur Verzweiflung, Reinbek bei Hamburg 1984, 61.

gesamten Trauerprozesses (z.B. durch regelmäßiges Turnen, Aufsuchen von Ärzten) stattfindet, aber gefühlsmäßig anders getönt (z. B. depressiv) sein kann.[13] Therapeutische Aktivität für das Kind kann auch Ausdruck der Verdrängung der Behinderung sein. Außerdem, so Jonas, „fließt in dieses Modell nicht ein, daß durch soziale und psychische Bedingungen sowie eine veränderte Persönlichkeit und durch veränderte soziale Bedingungen sich die jeweiligen Phasen verändern".[14]

Jonas kritisiert bei diesen und anderen Modellen die fehlende Unterscheidung zwischen dem Trauerverlauf bei Müttern und Vätern entsprechend ihrer unterschiedlichen Sozialisationserfahrungen. Sie entwickelte das folgende Trauermodell, in dem der Trauerprozeß und die Autonomieentwicklung miteinander verknüpft werden.

1.3.1 Trauerprozeß und Autonomieentwicklung

Zunächst sollen Merkmale des Trauerns herausgearbeitet werden, bevor die Verknüpfung von „Trauerprozeß und Autonomieentwicklung" (Jonas), unter Klärung der Begriffe Autonomie/autonome Entwicklung, geschildert werden soll.

Dabei wird es vor allem um das subjektive Erleben der Mütter gehen, die hauptsächlich die Erziehungsarbeit, Pflege und Betreuung wahrnehmen, aber in der Literatur zur Frühförderung hinter den Begriffen „Eltern" und „Familie" verschwinden.[15] Das subjektive Erleben der Mütter wird nicht ernsthaft zur Kenntnis genommen. Jonas beklagt, daß das Erleben der Mütter unter dem Aspekt der Autonomieentwicklung weitgehend ignoriert wird. Der Trauerprozeß wird individualistisch auf den „Verlust des idealen Kindes" reduziert und durch die ‚Zielsetzung' ‚Annahme des Kindes' funktionalisiert.[16]

Die Entscheidung, dieses Konzept auszuwählen, begründet sich mit der Erweiterung um die Dimension des Verlusterlebens in psychischer und sozialer Hinsicht; der Berücksichtigung der den Verlauf bedingenden sozio-kulturellen Umwelt und sozioökonomischen Faktoren. Im Sinne einer gesellschaftsverändernden Intention drängt Jonas darauf, „... Markierungszeichen einer veränderten sozialen Praxis aufzuzeigen, damit Frauen und Mütter aus dem ‚Schatten des Männlichen' (...) und dem männlich verordneten Schatten der Förderung ihrer Kinder heraustreten können, um als Personen mit ihrem eigenständigen Leben und ihren originären Kompetenzen sichtbar zu werden".[17]

---

[13] Vgl. M. Jonas, a. a. O., 42.

[14] Ebd., 43.

[14] H. Weiß (2), Diskussionsanstöße und Orientierungslinien zur Eltern- und Familienarbeit, In: Frühförderung mit den Eltern / Hg. von Otto Speck, Andreas Warnke, München, Basel 1989, 43–57.

[16] Vgl. M. Jonas, a. a. O., 43.

Jonas entwickelte ihr Modell nach dem Kastschen Phasenmodell[18] und benennt die Phasen: „Nicht-Wahrnehmung und Suche; Aufbrechende chaotische Emotionen; Suchen, Finden und Sich-Trennen und Autonomieentwicklung als neuer Selbst- und Weltbezug." Jonas folgt der Kastschen Regel, die die Phasen nicht klar abgegrenzt, sondern als sich überschneidend und ineinander wirkend, begreift.

Als *Merkmale der Trauer*, um die es, wie eingangs erwähnt, gehen soll, benennt Jonas: „… die Unabänderlichkeit des Ereignisses, Regelmäßigkeit des Auftretens der Reaktion, Erschütterung des Selbst- und Welterlebens und der Identität, (…) deutliche (wenn auch vorübergehende) Störung des biologischen, psychischen und sozialen Gleichgewichts."[19] Die Unabänderlichkeit der (Schwerst-)Behinderung kann als Verlust begriffen werden, der das Kind, die Identität der Mutter und ihr soziales Erleben betrifft. „Die sich aus diesen Komponenten ergebenden psychischen und sozialen Konsequenzen sind eine deutliche Trauerreaktion.(…) Es gilt, ausgehend von diesem umfassenden Verlust, Trauer als offenen Prozeß zu beschreiben, dessen ‚Ausgang' individuell bestimmt ist und nicht festgelegt werden kann."[20]

Jonas charakterisiert die Einflüsse, die Trauer unmöglich machen oder verzögern, oder die Tatsache, daß Trauer durch die Gegenwart eines behinderten Kindes ständig im Unbewußten vorhanden sei und bei bestimmten Entwicklungsabschnitten des Kindes, Krisen der Eltern usw. erneut aktiviert werden könne. Die immer wieder zu reaktivierende Trauer nennt sie deshalb ‚zirkulierende Trauer'. M.E. wird sie damit der Lebensrealität der Frauen/Familien gerecht, deren Probleme sich mit zunehmendem Lebensalter des Kindes nicht verringern, sondern sich eher verschärfen. (Z. B. wird das Kind schwerer und u. U. unbeweglicher und damit die Pflege aufwendiger; es entwickelt sich geistig und körperlich zurück; die Eltern werden älter und sorgen sich um die Zukunft und um die Zeit, wenn sie nicht mehr leben.)

Weiterhin soll der Begriff der Autonomie erarbeitet und mit dem Trauerprozeß verbunden werden.

Frau P.[21] erzählt, wie sich ihr Leben verändert hat: Sie sei das ganze Jahr, bis auf ihre 35-Stunden-Berufstätigkeit und einmal Urlaub von einer Woche pro Jahr ohne ihren Sohn, ständig mit ihm zusammen. Neben seiner geistigen Behinderung kann er nicht sprechen und nicht selbständig frei sitzen. Frau P. widme sich nicht mehr ihren früheren Hobbys; Unternehmungen an den Abenden fänden nicht (mehr) statt. Die Pflege und

---

[17] Ebd., 44.
[18] V. Kast, Der schöpferische Sprung. Vom therapeutischen Umgang mit Krisen, Olten 1987.
[19] M. Jonas, a. a. O., 82.
[20] Ebd., 82.
[21] Frau P. wurde im Rahmen der Diplomarbeit befragt.

Betreuung koste viel Zeit und körperliche Kraft. Aufwendig und anstrengend sei das Verhandeln mit Behörden.

Eine autonome Entwicklung von Müttern (schwerst-)behinderter Kinder scheint so unvorstellbar, daß sie in der Forschung „... zur Frühförderung lediglich kurz oder überhaupt nicht erwähnt wird...“[22] Da autonome Entwicklung assoziativ häufig mit Vernachlässigung des Kindes verbunden wird, definiert Jonas das, was sie damit meint als „dynamische Autonomie“:

„Autonomieentwicklung beschreibt die Fähigkeit, sich aktiv und abgrenzend zur Umwelt zu verhalten (...). Aus emotionaler Abhängigkeit ergibt sich die Anforderung zu psychischer Autonomieentwicklung, um die für eine Beziehung notwendige Balance zu wahren. Die psychische und soziale Dimension der Autonomie können unterschieden, aber nicht getrennt werden, da sie sich wechselseitig beeinflussen.

Autonomie an sich ist eine Utopie, vielmehr kommt es darauf an, das ‚jeweils stimmige Verhältnis von Autonomie und Abhängigkeit zu finden, von Autonomie und neuer Bezogenheit‘ (Kast). Sie ist ein Lebensideal und ein Prozeß, der sich im Leben im Sinne eines Autonomer-Werdens entwickelt. (...)

Autonome Entwicklung bedeutet, einen Trennungsprozeß zu durchleben, der beispielsweise Aspekte der eigenen Persönlichkeit, Ideale und Vorstellungen oder auch einengende Beziehungen betreffen kann. (...)“[23]

Autonomie, so verstanden, könnte heißen, Entscheidungsspielräume nicht als auferlegte gezwungenermaßen ausfüllen zu müssen, sondern als Möglichkeit veränderten Entscheidens und Handelns in das eigene Leben zu integrieren.[24]

Jonas beschreibt die Möglichkeit, den Prozeß der Autonomieentwicklung mit dem Trauerprozeß zu verbinden, da die Bewußtwerdung der eigenen Position eine Auseinandersetzung und Entwicklung mit sich bringt, die einen Verlust bedeutet und einen neuen Selbst- und Weltbezug (z. B. neue Beziehungsfähigkeit) ermöglicht.

Die Entscheidung der Mutter, eine weniger autonome Lebenssituation zugunsten eines selbst-bewußteren Lebens aufzugeben (Verlust von Gewohnheiten und Sicherheiten), kann zu einer Trauerreaktion führen. Die Empfindungen wie Schuldgefühle, Ängste, Gekränktsein und Aggression sind dabei wesentliche Emotionen des Gefühlskomplexes Trauer.

1.3.2 Verlust

In der sensiblen Phase des Identitätswechsels von der Frau zur Mutter bedeutet die Geburt eines schwerstbehinderten Kindes einen elementaren Einschnitt und Verlust.

---

[22] M. Jonas, a. a. O., 86.
[23] Ebd., 87.
[24] Vgl. H. Effinger, Soziale Arbeit zwischen Einschränkung und Erweiterung der Autonomie von Lebenspraxis. In diesem Band.

„Die Mütter erleben einen Identitätsverlust als Mutter, da ihr ‚Produkt' beschädigt ‚produziert' wurde. Aus der Identität ‚Mutter eines Kindes' wird eine veränderte Identität ‚Mutter eines behinderten Kindes'.“[25]

Die erhofften Gefühle von Glück, Stolz und Freude können u.U. ausbleiben, es kann zum Problem werden, die Behinderung anderen mitzuteilen. Es wird gleich einer persönlichen Niederlage erlebt, Mutter eines schwerstbehinderten Kindes zu sein.

Dieser Identitätsverlust der Frauen wird durch ein überdurchschnittliches Maß an Fremdbestimmung verschärft, die die Mütter erleben. Viele Maßnahmen während der Geburt sind für das Kind sicherlich überlebensnotwendig, doch muß berücksichtigt werden, was dies für die mütterliche Identität bedeutet: Die Mutter kann nicht selbstbestimmt die Beziehung zu ihrem Kind aufbauen.

Sie bekommt fremdbestimmt vermittelt, welche Maßnahmen für das Kind wichtig sind. Durch den Autoritätsglauben an ÄrztInnen machen sich Mütter und Väter von ihnen abhängig. Dieses Verhalten wird auch durch ihre Hoffnung auf die lebensrettende Wirkung der getroffenen Maßnahmen gesteuert. Das analoge Gefühl kann das des Ausgeliefertseins sein, dem wiederum das Gefühl folgt, eine schlechte Mutter zu sein. Diese Fremdbestimmung kann auf dem späteren Weg bestehen bleiben, wenn Fachleute, TherapeutInnen und PädagogInnen mit den Frauen arbeiten.

Weiterhin entspricht das Kind nicht den idealen Vorstellungen, ist ein Verlust, den alle Mütter mit dem Heranwachsen des Kindes erleiden. Härter trifft dieser Mütter schwerstbehinderter Kinder. „Die Behinderung wird als Verlust des idealen Selbst erlebt, als massive narzistische Kränkung. Der schöpferische Neubeginn, die Wandlung, die neuen Lebensmöglichkeiten werden durch die Behinderung blockiert, die vermeintlichen oder tatsächlichen Idealqualitäten des Kindes gehen verloren.(…) Die idealen Beziehungsphantasien zum Kind laufen ins Leere, können nicht umgewandelt und in veränderter Form integriert werden.“[26]

Die Eltern erleben eine tiefe Verunsicherung: sie hatten erfüllende Beziehungsphantasien und erleben in der Realität vielfach ein schreiendes, sich nicht beruhigendes und wenig auf seine Umwelt reagierendes Kind.

Die Reaktionen der Umwelt (Mitleid, Vorwürfe, gutgemeinte Ratschläge, das Kind in ein Heim zu geben, Wünsche, es möge doch sterben) lassen die Frauen verstummen, machen ihnen klar, daß ihr Kind, so wie es ist, sozial unerwünscht, nicht gewollt ist. Da die Frauen selbst die Behinderung des Kindes nicht wollten und sich ggf. gewünscht hatten, ihr Kind

---

[25] M. Jonas, a. a. O., 92.
[26] Ebd., 94.

möge sterben (ein wiederum Schuld auslösender Wunsch), treffen diese Reaktionen in eine tiefe Wunde. „Die Schwerstbehinderung des Kindes läßt die Frauen psychisch nicht ganz, nicht heil werden, die Behinderung des Kindes wird als eigene Beschädigung erlebt."[27]

Weiterhin gilt es, den sozialen Bereich des Verlusterlebens zu bestimmen. Die Mütter haben die primäre Verantwortung für ihre Kinder, die sie erst abgeben können, wenn die Kinder größere Autonomie entwickeln können. Aufgrund des dauerhaft auf Fürsorglichkeit Angewiesenseins bleiben schwerstbehinderte Kinder an die Mutter gebunden. Damit erleben die Mütter in der Bindung ihres Kindes an sie einen Verlust an Autonomieentwicklung.

Unterstützung und Entlastung erhalten die Familien im wesentlichen von ihren Ursprungsfamilien, was eine kognitive und emotionale Einschränkung mit sich bringt, da sie in ihrem Bezugskreis auf ihre Familie beschränkt bleiben und alte Abhängigkeiten verstärkt werden. Eigene Pläne bzw. Realisierungsmöglichkeiten für dringende Bedürfnisse sehen die Mütter kaum, denn sie sehen sich als die Verantwortlichen für die Pflege des Kindes. Trotz möglicher nicht zufriedenstellender Partnerschaft bleiben sie bei ihrem Partner, denn die Vorstellung, allein mit dem Kind zu leben, ist belastend. Alleinerziehende Mütter sind weitgehend davon überzeugt, mit einem schwerstbehinderten Kind kaum einen neuen Partner zu finden. Sie hatten Pläne und Wünsche für die Zeit, wenn ihr Kind älter ist. Je mehr Jahre vergehen, desto mehr nimmt die Hoffnung auf eine Änderung der Situation ab.

Ebenfalls nimmt die Zahl der FreundInnen ab; davon berichten auch die von Beuys interviewten Mütter. Die Eltern, die gute Erfahrungen in ihrem Freundeskreis machten, als ein behindertes Kind geboren wurde, sind in der Minderheit. „Es gilt, mitten in der Krise wieder eine Enttäuschung zu verkraften."[28] *Unser Freundeskreis ist stark geschrumpft. Die Freunde wußten nicht, wie sie mit der neuen Situation umgehen sollten. Und wir hatten nicht die Energie, es ihnen zu erklären.*[29]

Mangelhafte Integration behinderter Menschen erschwert die Situation zusätzlich, da die Familien mit ihren Kindern in „randständigen" Institutionen wie Sonderkindertagesstätten und Sonderschulen verkehren.

Konkret heißt das, daß die Tochter von der zur Diplomarbeit befragten Frau D. von zu Hause abgeholt und auch zurückgebracht wird, so daß für sie als Mutter kein Kontakt zu gleichbetroffenen Müttern entstehen kann. Am Abend, wenn das Tagespensum geschafft ist, fehlt die Kraft für eigeninitiierte Kontakte.

---

[27]   Ebd., 95.
[28]   B. Beuys, a. a. O., 49.
[29]   Ebd., 49.

Bezogen auf das Erleben der Väter benennt Görres den Verlust des erträumten „begabten, tüchtigen" Sohns und der „schönen, wohlgeratenen" Tochter. Dies kann den Verlust des (auf das Kind bezogenen) Selbstbewußtseins bedeuten. Weiterhin kann der Vater als Verlust erleben, daß seine Frau nicht mehr die Partnerin ist, die sie vor der Geburt des Kindes war. Ihre selbstzerstörerischen Anklagen und beschwerenden Zukunftsüberlegungen können ihn sehr belasten, auch gerade angesichts seiner Bereitwilligkeit, das Kind so anzunehmen.

Jonas spricht von der Notwendigkeit der umfassenden Wahrnehmung des Verlustes der Mütter (mit ihren je individuellen Akzentsetzungen und Ausprägungen), denn erst mit dieser Wahrnehmung würde der Trauerprozeß eingeleitet werden.

Im folgenden werden die Phasen des Jonasschen Trauermodells allgemein und spezifisch für die Situation der Mütter ausgeführt.

1.3.3 Nicht-Wahrnehmung und Suche

Jonas gibt die ganze Bandbreite möglichen Gefühlserlebens an, die Betroffene in der ersten und zweiten Phase des Trauerprozesses erleben: „Betäubung" , die durch „Ausbrüche extrem starken Schmerzes und/oder extrem starker Wut unterbrochen werden kann"[30], „Sehnsucht und Suche nach der verlorenen Bindungsfigur"[31], Empfindungslosigkeit und Starre, Schock und die Unfähigkeit, die Wahrheit wahrzunehmen und das Ausmaß des Verlustes zu begreifen.

Eine Mutter: *Die Enttäuschung, ein behindertes Kind geboren zu haben, ist so groß und die Tatsache als solche so unannehmbar für mich, daß ich Freude und Lachen nicht zulassen kann. Ich brauche die Kälte, die Gefühllosigkeit, um nicht völlig aus dem Gleichgewicht zu geraten. Ich brauche sie, um jeden Morgen wieder aufstehen zu können, um Jens zu versorgen, wenigstens das, wenn ich ihn schon nicht lieben kann.*[32]

Das Selbstempfinden ist passiv, und Menschen in einer solchen Situation neigen dazu, keine eigenen Entscheidungen zu treffen. Überaktivität, Reizbarkeit, Verletzbarkeit und Mißtrauen können als Abwehrmechanismen die unlustvollen Gefühle, Affekte, Wahrnehmungen vom Bewußtsein fernhalten und vor Konflikten zu bewahren versuchen. Abwehrmechanismen helfen, mit der Angst umzugehen, und dienen der Aufrechterhaltung des emotionalen Gleichgewichts.[33] Milani-Comparetti[34] beschreibt die „schizo-paranoide Haltung", in der aus einer phobischen Angst heraus magische Rituale gegen das Übel unternommen werden. Das führt zu einer

---

[30] Jonaszit. J. Bowlby, Das Glück und die Trauer. Herstellung und Lösung affektiver Bindungen, Stuttgart 1982, 107.
[31] Ebd., 107.
[32] P. Dreyer, a. a. O., 35.

„Reparaturtherapie", das heißt, „für jeden Defekt wird eine Behandlung vorgenommen, auch wenn es gar keine Behandlungsmöglichkeiten gibt".[35]

Zusammenfassend kann also von einer Abwehr der Wahrnehmung der Schwerstbehinderung und einer Geschäftigkeit gegen den Verlust gesprochen werden.

Den Müttern hilft aber auch in dieser Phase, etwas aktiv für das Kind zu unternehmen. Das sei trügerisch, meint Jonas, denn die Mütter handelten nicht mit eigener Kompetenz. *Ich stand unter großem Leistungsdruck. In jeder Therapiestunde wurde ich gefragt: „Macht er etwas Neues?" Da war aber nichts. Dann hieß es: „Haben Sie auch alles gemacht?" Jedesmal fühlte ich mich schuldig.*[36]

Therapie und Medizin verstärken in dieser Phase den Versuch, den Verlust rückgängig zu machen. Den Müttern wird direkt und verbal oder indirekt die Hoffnung vermittelt, daß bei genügend Einsatz ihrerseits Aussichten auf eine Besserung im Sinne eines „nicht mehr so sehr behinderten Kindes" bestünden. Es wird nicht darauf geachtet, daß statt dessen Mutter und Kind in eine Beziehung treten und es für beide der Erfahrung bedarf, es sich miteinander gutgehen zu lassen.

„Entwicklungen des Kindes werden zu Erfolgen der Mütter, fehlende Entwicklung wird zu ihrem Mißerfolg und zur weiteren Beschädigung der mütterlichen Identität."[37] Dringender als die Vermittlung der „richtigen" Therapie ist es aber, sie als Personen mit ihrem individuellen und subjektiven Erleben wahrzunehmen und Zeit und Raum zu lassen, sich von sich selbst als Mutter und von ihrem Kind einen „begreifenden Eindruck" (Jonas) zu verschaffen.

Macht dies nicht das Gefangensein der ÄrztInnen und TherapeutInnen in eine Vorstellung des Wir-schaffen-das-schon und Das-wird-alles-wieder deutlich? Werden da nicht Grenzen der Machbarkeit, die es gibt, ignoriert?

Es liegt auf der Hand, daß es verkraftbarer für medizinisches und therapeutisches Personal ist, ein Gefühl der Hoffnung zu vermitteln, Aktivität zu verbreiten, statt sich gemeinsam mit der Mutter auf ein Gespräch einzulassen, das ihr zeigt: es ist Zeit dafür da, gemeinsam nach dem zu fragen, was da mit ihr geschieht.

Wenn die erhoffte Heilung ausbleibt, kann es sein, „daß immer wieder nach neuen TherapeutInnen und PädagogInnen gesucht wird, die die erhoffte Heilung herbeiführen können"[38]. Es besteht seitens der Professio-

---

[33] Vgl. V. Kast, a. a. O., 26.

[34] A. Milani-Comparetti, Grundlagen der Integration behinderter Kinder und Jugendlicher in Italien. in: BEHINDERTENPÄDAGOGIK 3/1987.

[35] Ebd., 229.

[36] Zit. aus Beuys, a. a. O., 56.

[37] M. Jonas, a. a. O., 103.

[38] Ebd., 105.

nellen die Notwendigkeit, diesen Mechanismus zu verstehen und zu thematisieren. Jonas warnt davor, daß bei der immerwährenden Suche nach Lösungen und Weiterkommen auf der kindzentrierten Ebene dies bei den Müttern zu einem dauerhaften Gefühl der Leere, der Depression, der Resignation, einer dauerhaften Störung der Sozialkontakte sowie der dauerhaften psychischen Erschöpfung führen kann.[39]

1.3.4 Aufbrechende, chaotische Emotionen

Wenn die Wahrnehmung des Verlustes einsetzt, wenn die Ohnmacht und Hilflosigkeit im psychischen Erleben Oberhand gewinnen, bricht ein „emotionales Chaos" (Jonas) auf. Schmerz, Wut, Angst, Zorn, Schuldgefühle, feindliche Gefühle gegen die Umwelt, Gefühle der Sinnlosigkeit, tiefe Verzweiflung, Leid, Ohnmacht, innere Vereinsamung, fehlende Kontrolle, Depression, Gefühle der Demütigung und der Wertlosigkeit, Minderung des Selbstgefühls und der Selbstachtung zählt Jonas als die diese Phase kennzeichnenden Gefühle auf.[40] Schuchardt nennt diese Phase „primär emotional ungesteuert".[41]

Wut und Aggression kommt eine kathartische Funktion zu, wenn diese Emotionen in entschiedenes Handeln, in Loslassen, Entscheiden und Trennen umgesetzt werden können, erläutert Jonas.

Die Wahrnehmungen des Verlustes und die aufbrechenden Emotionen werden von Phasen der Hoffnung unterbrochen, von vervielfachter therapeutischer Anstrengung, von der Suche nach Wundertherapien und -therapeutInnen. All diese Anstrengungen und Suche sind notwendig, damit die Mütter bereit sind, aufzugeben und die Emotionen zuzulassen.

Rückzug in die Isolation und Therapieabbrüche gehören ebenfalls dazu. Diese haben auch die Funktion, sich der sozialen Kontrolle zu entziehen. „Es kann sein, daß sich die Mütter auf sich selbst zurückziehen, soziale Kontakte vernachlässigen oder abbrechen und ihre sozialen und emotionalen Ressourcen nicht mehr erkennen oder ggf. entwerten."[42] Die Mütter können sich wertlos empfinden in bezug auf andere Menschen und beziehen ihr Selbstwertgefühl fast ausschließlich aus der Sorge und Verantwortung um das schwerstbehinderte Kind.

Als weiteres Problem in dieser Phase beschreibt Jonas die enge Beziehung zwischen Mutter und Kind, die die Väter möglicherweise aus ihrer Verantwortlichkeit für das Kind entläßt und eventuell überflüssig macht.

---

[39] S. Görres, a. a. O., 58, zählt psychosomatische Krankheiten wie z. B. vegetative Dystonien, Kreislaufleiden, Schlafstörungen und Konzentrationsunfähigkeit auf.
[40] Vgl. auch Sporken 1975, Beuys 1984, Prekop 1980, Schuchardt 1994, Dreyer 1993.
[41] E. Schuchardt, Warum gerade ich? Leben lernen in Krisen, Göttingen 1994, 33.
[42] M. Jonas, a. a. O., 109.

Dies kann zu schweren Belastungen in der Partnerschaft bis hin zur Trennung führen.

Da Wut und Aggression zum Trauerprozeß gehören, ist es notwendig, daß diese ausgedrückt werden können. Diese Gefühle kollidieren aber mit einer auf „Passivität ausgerichteten frauenspezifischen"[43] Sozialisation. Die bedeutende Funktion von Wut und Haß liegt darin, die Fähigkeit zur Trennung und zum Loslassen zu aktivieren. Gegen sich selbst gerichtete Aggression kann in Form von Depressionen ihren Ausdruck finden.

Wut und Haß können personalisiert gegen andere Menschen ausgedrückt werden; gegen ÄrztInnen, TherapeutInnen oder das eigene Kind, das als Sündenbock für die eigene verfehlte Lebensplanung herhalten muß. Aber: Wut und Aggression gegen Außenstehende kann die hilfreiche Funktion haben, den Aufbau der mütterlichen Identität einzuleiten, so daß die Mütter sich selbst als kompetent für ihr Kind begreifen. Mit Hilfe der Aggression ist es möglich, aus der Hilflosigkeit heraus eine Beziehung zum Kind aufzubauen.

Ich entdecke, daß meine Wut gar nicht so grenzenlos ist, daß ich auch immer eine Spur von Wärme empfinde... In meiner Wut scheine ich echter, lebendiger zu sein, da fühle ich mich weniger getrennt von meinem Mann, meinem Kind, da lebt Beziehung nicht nur als Gewohnheit, als unabänderliches Muß.(...).[44]

Neben der Wut des Trauerprozesses benennt Jonas die Wut aus der abhängigen und isolierten Lebenssituation. Da die Mutter den u.U. verinnerlichten Normen idealer Mütterqualitäten nicht entsprechen kann, steht sie unter permanentem Schuldgefühl: versagt zu haben, nicht genug zu tun und egoistisch zu sein. Diese Anforderungen verschärfen sich durch die signalisierte Forderung nach Therapie und Förderung. Es ist im Hinblick auf diese verinnerlichten Ansprüche schwer für die Mütter, sich einzugestehen, daß ihre Bemühungen Grenzen haben und daß sie abwägen müssen, dem Kind oder sich selbst etwas schuldig zu bleiben.

Dem Leben etwas schuldig geblieben zu sein bzw. immer schuldig zu bleiben, kann eine Auseinandersetzung der Mütter mit ihrem Ideal der Mütterlichkeit bedeuten. Ihre Wut können sie vom Kind lösen und nun als eine gegen ihre soziale Situation als Frau und Mutter ausdrücken. Sie erfahren, daß es darum geht, eine Identität und eine Realität als Mutter und Frau aufzubauen.

Neben den Schuldgefühlen schafft die Angst den Ambivalenzkonflikt. Sie wird erlebt als Angst vor dem Schicksal mit dem schwerstbehinderten Kind, Angst, was aus dem Kind wird, wenn den Müttern etwas passiert,

---

43 Ebd., 112.
44 P. Dreyer, a. a. O., 96.

Angst, durch die Abhängigkeit des Kindes nicht freizukommen, Angst um die eigene Zukunft. „Über die Angst ragt der sozialzentrierte Verlust in das Leben der Mütter hinein. Es ist die ‚Besorgnisarbeit' bezüglich der autonomen Lebensführung und der sozialen Integration."[45]

Zusammenfassend kann von einer kritischen Phase gesprochen werden, da die Mütter mit der Wucht der drei Verlustebenen konfrontiert sind: dem kindzentrierten, identitätszentrierten und sozialzentrierten Verlust. Die zentralen Themen dieser Phase sind nach Jonas die Ambivalenzgefühle gegenüber dem Kind, die Schuldgefühle, die Aggression und Angst. Aber: in dieser Phase werden die Weichen dafür gestellt, ob es den Müttern gelingt, ihre Angst vor der Zukunft – sowohl des Kindes als auch der eigenen – zu erkennen und daraufhin gegebenenfalls eine autonomere Lebensplanung und die Lösung vom Kind einzuleiten.

1.3.5 Suchen, Finden und Sich-Trennen

Da die Wahrnehmung des Verlustes eingesetzt hat, bekommt die Suche der Mütter eine andere Qualität. Jonas beschreibt sie als nicht mehr ungerichtet, ziellos, sondern daß sie ergänzt wird durch das Finden und Sich-Trennen. „Die Suche steht im Dienste der Auseinandersetzung mit dem Verlust. Es werden alte Gewohnheiten in Frage gestellt, Veränderungen eingeleitet. Das Suchverhalten bereitet den Menschen darauf vor, den Verlust als Realität anzuerkennen und sich selbst verändert ins Leben zu integrieren."[46]

Im Sinne des entschiedenen Handelns wird es wichtig, Distanz zu schaffen, sich abzugrenzen und eigene Bedürfnisse anzumelden.

Die Möglichkeiten, was medizinisch und therapeutisch durch Förderung zu erreichen ist, wird realistischer eingeschätzt, d.h., die Suche nach dem, was verloren ist, richtet sich nicht mehr so auf Institutionen nach außen. *An dem Tag, als ich begriff, was beim Turnen mit mir und Jens geschah, als ich nicht mehr ertrug, ihn und mich als willenloses Objekt zu erleben, habe ich da nicht auch gesehen, daß wir dieses Objekt nicht sein m ü s s e n ? Ich hatte den Mut gefunden, nein zu sagen, aufzuhören.*[47]

Dreyer beschreibt einen Neuanfang, sich mit sich selbst als Mutter eines schwerstbehinderten Jungen auseinanderzusetzen. Diese Mütterlichkeit hat jedoch keine tradierten Vorbilder, sie entspricht nicht dem, was an sozialen Erwartungen und an verinnerlichten Einstellungen zur eigenen Mütterlichkeit gelebt werden sollte, sagt Jonas. „Die Aufgaben, die an das Kind delegiert wurden als Hoffnungsträger für die Zukunft, müs-

---

[45] M. Jonas, a. a. O., 116.
[46] Ebd., 118.
[47] P. Dreyer, a. a. O., 87 ff.

sen vom Kind getrennt und in die eigene Persönlichkeit integriert werden."[48] Dabei erleben die Mütter die Schwierigkeit, die Ablösung von Mutter und Kind einseitig vollziehen zu müssen. *Man muß sie loslassen wie andere Kinder auch. Aber es ist so schwer, da eine normale Abnabelung nicht stattfindet.*[49]

Das Kind mit seiner Schwerstbehinderung anzuerkennen und als Mutter zu einer neuen Identität zu finden, sind anzuerkennende Ziele. Eine Gebundenheit an das Kind kann jedoch immer bleiben, weil eine Trennung psychisch nicht mehr möglich ist, weil der soziale Druck zu groß ist oder die sozialen Ressourcen für Autonomieentwicklung fehlen.

Die Mütter entscheiden nun selbständiger, wehren Fremdbestimmung stärker ab und können schrittweise kompetenter für ihr Kind entscheiden. Viele Mütter berichten, wie sie beginnen, eigene Methoden zur Erleichterung für sich und das Kind zu probieren.

Ambivalent wird das Verhältnis zwischen der Abhängigkeit des Kindes und autonomer Entwicklung der Mutter und damit zwischen der Identität als Mutter und der Identität als Frau aber immer mehr oder weniger sein.

1.3.6 Autonomieentwicklung als neuer Selbst- und Weltbezug

Zu dem Trauerprozeß gehört, daß die Trauernden sich verändern und neue Beziehungen eingehen. Das Gefühl für die Realität und die eigene Person kehrt zurück. Die Realität des Verlustes wird wahrgenommen und kann anerkannt werden. Das Verhaftetsein an den Verlust kann gelöst und in neue Lebenserfahrungen, Freude am Leben und neue Kontakte umgewandelt werden.

Die Chance, daß das Kind in die Familie und eine Gemeinschaft integriert wird und möglicherweise eine politische Verantwortung für die Nichtaussonderung übernommen wird, erhöht sich. Wahlmöglichkeiten und Entscheidungsfreiheit der Mütter erhöhen ihre Autonomie. „Sie fühlen Schmerz, Schuldgefühle, Wut usw., lassen sich aber nicht mehr davon überwältigen, sondern sie sind in der Lage, diese Emotionen zu integrieren und gegebenenfalls davon unterschiedene Interessen, Bedürfnisse und Wünsche wahrzunehmen und sich für diese zu entscheiden."[50]

Es ist eine Lebens- und Alltagsplanung möglich, in der das behinderte Kind nicht mehr ausschließlich der Mittelpunkt ist. In dem So-Sein seiner Unterschiedlichkeit wird das schwerstbehinderte Kind als reale Person erlebt. „Das, was das Kind aufgrund seiner Behinderung nicht erfüllen

---

[48] M. Jonas, a. a. O., 120.
[49] Zitat aus B. Beuys, a. a. O., 63.
[50] M. Jonas, a. a. O., 124.

kann, wird in die Persönlichkeit zurückgenommen und in anderen Beziehungsressourcen erlebt."[51]

Die Beziehung zu dem Kind mit Behinderung beschreiben Eltern, die noch andere Kinder haben, als eine mit anderer Qualität. Daß Freude und Schmerz zusammengehören und erlebt werden, beschreiben die Gedanken dieser Mutter: *Schwierig ist es trotzdem, zeitlebens. Wenn man gesunde Kinder sieht, kommt es manchmal wieder hoch. Verdammt, so hätte es auch sein können. Es ist nicht so, daß man es total verdrängt. Man muß lernen, damit zu leben.*[52]

Der als Belastung erlebte Verlust an sozialer Integration wird nicht hingenommen, sondern neue Begegnungsmöglichkeiten können gefunden werden.

Von einem dauerhaften Abschluß des Trauerprozesses kann jedoch nicht ausgegangen werden. Nach Kast kann er immer wieder ausgelöst werden, was aber nicht bedeutet, diesen als Rückfall zu verstehen, sondern als Möglichkeit einer wiederkehrenden Aufarbeitung. Trauer ist somit als ein zirkulierender Prozeß zu betrachten, den zuzulassen eine jeweils neue Beziehung zu sich selbst und der Welt in sich trägt. „An der Emotion der Trauer können wir ‚gesunden‘, denn sie bewirkt Wandlung", meint Kast.[53]

Jonas verweist auf die Balance zwischen Bezogenheit und Abgrenzung als eine vorläufige; zirkulierende Trauer wird zur lebensgeschichtlich bestimmenden Erfahrung der Mütter, in der immer wieder die Möglichkeiten zu einem Mehr an Autonomie liegt.

Die Gefährdungen dieser sensiblen Lebensgeschichten der Mütter und Väter fordern geradezu heraus, darüber nachzudenken, welche sozialen Bedingungen verändert werden müssen, damit ihr Leben gelingendes Leben werden kann.

1.4 Auswirkungen der Schwerstbehinderung

Ich möchte im folgenden die spezifische Situation der Mütter/Eltern schwerstbehinderter Kinder und der Kinder selbst besonders berücksichtigen.

Da die Entwicklungsmöglichkeiten bei Kindern mit schweren Mehrfachbehinderungen nur gering sind, versagen gängige Therapiemethoden. Damit versagt auch weitgehend der Ansatz, Mütter durch die Fortschritte ihres Kindes zu motivieren. Gerade diese für Mütter schwierige Situation verweist auf einen Beratungsansatz, in dem es darum gehen muß, daß sie

---

[51] Ebd., 125.
[52] Zitat aus B. Beuys, a. a. O., 60.
[53] V. Kast, Zitat in M. Jonas, a. a. O., 127.

mit d i e s e m Kind leben lernen und gleichzeitig eine eigene „autonome Lebensperspektive" (Jonas) entwickeln können. „Es kann davon ausgegangen werden, daß bei Müttern schwerstbehinderter Kinder von der Spirale der sich verringernden Hoffnung gesprochen werden kann, da im Laufe der Zeit des Lebens mit ihrem Kind sich die Hoffnung auf Entwicklungsschritte zunehmend abbaut."[54]

Diese Tatsache verweist auf die Notwendigkeit, die Schwächen eines behinderten Kindes nicht in den Mittelpunkt des Geschehens zu stellen und zu „behandeln", sondern sich ausdrücklich seinen Fähigkeiten und zukünftigen Entwicklungsmöglichkeiten zu widmen. Eine Therapie, die an den in unseren Augen u. U. begrenzten Fähigkeiten des behinderten Kindes ansetzt, beugt den durch ausbleibende Erfolge bei krankengymnastischen u. a. Methoden zerstörten Hoffnungen vieler Mütter und Väter vor. Was den Eltern bleibt, ist ein Leben m i t ihrem schwerstbehinderten Kind.

Milani-Comparetti beschreibt die Situation der Familien als ein Problem, „das bitter davon entfernt ist, gelöst zu werden".[55]

„Die Erwartungen der Therapeuten, der eigene Ehrgeiz, Fortschritte zu erzwingen, der Wunsch, alles für das Kind zu tun und die Vorstellung von der Mutterrolle – alles zusammen bildet einen Berg von Ansprüchen, vor dem sich die Mutter nur noch in pausenloser Beschäftigung mit ihrem behinderten Kind flüchten kann..."[56] Hier müssen sich Fachleute fragen lassen, inwieweit sie in ihrer Arbeit nicht bewußt oder unbewußt ein primär oder ausschließlich funktionales Verständnis von Behinderung in sich tragen mit dem Wunsch, Behinderungen „wegzutherapieren", zu reduzieren. Es soll damit nicht bezweifelt werden, daß gerade bei Kindern mit schweren Behinderungen, die häufigen Krankheiten mit schwerem Krankheitsverlauf ausgesetzt sind, alle Bemühungen um Schmerzlinderung und Erleichterung bei körperlichen Symptomen zu bejahen sind. Es bleibt aber die Frage nach den Zielen, die sich ein/e Mitarbeiter/in z. B. der Frühförderung gestellt hat. Ein immer besser funktionierendes, den Bedingungen einer Gesellschaft, einer Förderschule oder anderen außerfamiliären Gruppe angepaßtes Kind haben zu wollen, würde auf eine technokratisch-funktionalistische Sicht der Behinderung schließen.

In der Literatur existieren bereits Ansätze einer anderen Sicht zur Förderung und Behandlung behinderter Kinder, die den Vorstellungen und Möglichkeiten der jeweiligen Familie entgegenkommen. Sie befinden sich aber immer noch im Widerstreit zur Praxis, die doch eher die unbedingte Weiterentwicklung des Kindes anstrebt, dieses Kind damit aber aus

---

[54] Ebd., 36.
[55] In: Buch/Heinecke u. a., An den Rand gedrängt, Reinbek bei Hamburg 1980, 145.
[56] B. Beuys, a. a. O., 69.

der Defizitperspektive sieht und ein Stück dessen So-sein und Anderssein ablehnt, zu ignorieren versucht und es zu dem Kind „entwickeln" will, welches sich die Eltern eigentlich gewünscht haben.

Die Fragen nach dem Sinn eines Lebens mit Behinderung gehört deshalb in jede Ausbildung von TherapeutInnen, PsychologInnen und PädagogInnen. Sonst ist die Suche nach Wegen mit höchster Effizienz frühzeitiger pädagogisch-therapeutischer Interventionen auch bei Schwerstmehrfachbehinderten nicht auszuschließen.

Vor diesem Hintergrund stellt sich die Aufgabe, „die Grenzen der eigenen Wirkungsmöglichkeiten anzuerkennen, nicht nur für die Eltern, sondern in analoger Weise auch für die Fachleute immer wieder von neuem"[57].

1.5 Die Frühförderung – gegenwärtige Situationsbeschreibung und Ausblicke

Die Frühförderung behinderter und von Behinderung bedrohter Kinder hat sich seit Beginn der 70er Jahre zu einer anerkannten Disziplin, aus der Tradition der Sonder- und Heilpädagogik kommend, entwickelt. Sie ist für betroffene Eltern eine erste wesentliche Anlaufstelle, wenn eine Diagnostik angezeigt ist oder den Eltern bereits bekannt oder bewußt ist, daß ihr Kind eine Behinderung hat oder davon bedroht ist. Frühförderung wird von Institutionen öffentlicher und privater Trägerschaft mit unterschiedlichen Schwerpunkten angeboten: stärker medizinisch bzw. pädagogisch orientiert.

Als Hilfen werden genannt: das die Frühförderung einleitende Beratungsgespräch und die psychologische Diagnostik des Kindes; Spiel- und Rhythmikgruppe; Behandlungsmöglichkeiten wie Sensorische Integrationstherapie, Physiotherapie, Therapeutisches Schwimmen; Ärztliche Sprechstunde für bewegungsauffällige Kinder; Elternabende, -seminare und Freizeiten.

„Grundlage der Frühförderung ist die Erkenntnis, daß es notwendig ist, dem behinderten Kind so früh wie möglich alle notwendigen Hilfen anzubieten und dabei die Eltern in das Trainings- und Therapieprogramm mit einzubeziehen."[58] Die Frühförderung ist ein vorwiegend mobiler Dienst. Ihr Anliegen ist es, durch pädagogische, therapeutische und sozialpädagogische Angebote die Familie so zu unterstützen, daß eine optimale Förderung erreicht und dem Kind eine Integration in die Familie ermöglicht wird.[59]

---

[57] H. Weiß (1), Familie und Frühförderung. Analysen und Perspektiven der Zusammenarbeit mit Eltern entwicklungsgefährdeter Kinder, München, Basel 1989, 17.

[58] S. Görres, a. a. O., 46.

[59] Die Hilfen sind nach § 123 ff. BSHG (Eingliederungshilfe) und nach Kinder- und Jugendhilfegesetz §§ 35a bis 37, 39, 40: Eingliederungshilfe für seelisch behinderte Kinder und Jugendliche, geregelt.

Die Grundeinsicht, daß der Weg zur Vorbeugung von Schädigungen der kindlichen Entwicklung über die Eltern, die „Primärerzieher" (Weiß), des Kindes geht und optimale Förderung und Pflege nur unter Einbeziehung der Eltern möglich ist, wird von den verschiedenen AutorInnen und PraktikerInnen seit der Entstehung der Frühförderung übereinstimmend bestätigt.[60] Allerdings wurde in der Ausformung der im Laufe der Jahre entwickelten Frühfördermodelle die Bedeutsamkeit der Elternarbeit inhaltlich verschieden interpretiert. Diese Interpretation reicht von einer im Extrem „dirigistischen Position" einerseits bis zur Partnerschaftlichkeit andererseits.[61] Es werden drei Modelle unterschieden: das Laienmodell, das Ko-Therapeuten-Modell und das Modell der Kooperation.[62] Eine, für Neuorientierungen nicht zu umgehende Kritik an der Frühförderung (betreffs ihrer Haltung dem Kind und seinen Eltern gegenüber) taucht in der neueren Literatur zur Frühförderung bereits auf. Gleichzeitig plädieren diese AutorInnen für ein verändertes Bewußtsein den Familien gegenüber.

Mitten in diese Entwicklung hinein gerät die Praxis der Behindertenarbeit der ehemaligen DDR mit ihrer ganz eigenen Geschichte, die sich plötzlich neuen Strukturen (wie der Schulbildung auch für schwerstbehinderte Kinder) und Verbänden (z. B. der Lebenshilfe e.V.) gegenübergestellt sieht. Mit ihrer so individuellen Geschichte müssen sich Verbände und Vereine, muß sich die Forschung zur Frühförderung nun auf eine Suche nach Handlungsansätzen begeben, die die Erfahrungen beider integriert – eine spannungsvolle und nicht einfache Aufgabe, deren Problematik sich anhand der beispielsweise wenigen vorliegenden DDR-Literatur zeigt.[63]

Die Wichtigkeit der „Elternarbeit" wurde und wird zwar immer betont, doch steht die Bedeutung, die der Zusammenarbeit beigemessen wird, immer im Dienste der Entwicklungsförderung des Kindes. In diesem Begriff drückt sich die beabsichtigte Zielsetzung aus: die kindzentrierte Förderung. „Nach dem Zweck der Frühförderung im System der Behindertenhilfe ist Behinderung eine Negativform. Sie zeichnet sich dadurch aus, daß zu ihrer gesellschaftlich gewünschten Eingliederung im Sinne der Arbeitsfähigkeit, Selbständigkeit und Vermeidung bzw. Abmilderung einer Sonderschulkarriere die Ausschöpfung des Entwicklungspotentials durch besondere Maßnahmen notwendig ist."[64]

---

[60] Vgl. auch M. Thurmair, Aufgabe und Dilemma der Elternarbeit in der pädagogischen Frühförderung, in: O. Speck / A. Warnke (Hg.), Frühförderung mit den Eltern, 37.

[61] Vgl. H. Weiß (1), 20.

[62] Ebd., 13ff. Diese Modelle werden ebenfalls in der Diplomarbeit erläutert.

[63] Für einen mit der Thematik beschäftigten Menschen wie mich besteht an vielen Stellen die Schwierigkeit, Erfahrungen aus der Zeit der DDR hinzuzuziehen, da nur wenige schriftliche Arbeiten vorliegen.

[64] H. Weiß (1), a. a. O., 36.

Die im gesamten Lebensfeld einer Familie mit behindertem Kind möglicherweise bestehenden Erschwernisse in ihrer materiellen, sozialen, psychisch-emotionalen und pflegerisch-erzieherischen Dimension werden auf die Ebene ‚psychischer Individualprobleme‘ eingeschränkt und dort ‚behandelt‘. Diese Tendenz einer individualisierenden Sichtweise in der Arbeit mit den Familien ist in einschlägigen Veröffentlichungen vielfach kritisiert worden.[65]

Weiß führt eine Identitätsverunsicherung bei FrüherzieherInnen/TherapeutInnen an, die mit ihrer beruflichen Wirklichkeit zusammenhängen. Dazu können, so Weiß, unterschiedliche Problembereiche beitragen: etwa unpräzise, undifferenzierte Zielbeschreibungen in der Elternarbeit und eine generelle Unsicherheit in den Zielaspekten.[66] „Sie resultiert aus der Fragwürdigkeit einer am Kriterium gesellschaftlicher Nutzbarmachung ausgerichteten ‚produktorientierten Förderung‘ im Blick auf die spätere Lebenssituation behinderter Kinder unter für sie restriktiven Rahmenbedingungen vor allem sozioökonomischer Art (…).“[67]

Es besteht zudem die Gefahr, daß durch den Eingriff in das familiäre System das unter Mühen aufrechterhaltene Gleichgewicht einer Familie zusammenbricht, „… ohne daß die Frühförderung aufgrund beschränkter zeitlicher, fachlicher und personeller Möglichkeiten in der Lage ist, dies aufzufangen“.[68]

Weiß plädiert hinsichtlich auftretender Probleme in der Zusammenarbeit mit den Familien für einen „ganzheitlich orientierten“ Beratungsansatz. Die ganzheitliche Ausrichtung bemüht sich, „… erstens das einzelne Familienmitglied nicht nur in seiner Rolle als Bezugsperson des entwicklungsgefährdeten Kindes, sondern als Menschen mit eigenen Bedürfnissen zu sehen und zweitens sich an der Gesamtfamilie zu orientieren“.[69] Das hieße, von einem Konzept der Selbstverantwortung und Selbstbestimmung auszugehen, das für die Mütter bedeuten würde, kompetent für ihre Kinder zu werden und sich Kompetenz für ihr eigenes Leben zurückzunehmen.

Von der Rolle der Eltern als Laien oder Ko-Therapeuten wird sich heute distanziert. Daß nicht von einer veränderten Konzeption und konsequenten Abwendung von der Defizitperspektive auf das Kind ausgegangen werden kann, beweist die Fachliteratur der letzten Jahre.

1995 schreibt die Soziologin Engelbert, es könne keineswegs davon ausgegangen werden, „… daß sich die angestrebte gleichberechtigte Kooperation zwischen Eltern und

---

[65] Vgl. Weiß 1989, Balzer / Rolli 1975, Jonas 1990.
[66] H. Weiß (1), 42.
[67] Ebd., 43.
[68] Ebd., 13.
[69] Ebd., 50.

FrühförderInnen bereits durchgesetzt hat. Vielmehr bestimmen deutliche Diskrepanzen zwischen erwünschtem und erlebtem bzw. antizipiertem Verhalten das Elternbild der FrühförderInnen. Dieses Ergebnis verweist möglicherweise auf ein grundsätzliches Problem. Offensichtlich existieren seitens des professionellen Personals Erwartungen, denen die Eltern nicht entsprechen können. Eine offene Frage ist deshalb, ob mit der professionellen Norm des Experten- und Kooperationsmodells wiederum besondere ‚Leistungen‘, d.h. Kompetenzen und Aktivitäten, der Eltern verbunden werden, die eine Erwartungshaltung der FrühförderInnen verstärken und in einer weiteren Überforderung der Eltern behinderter Kinder münden. Falls dies zutrifft, müßte dem derzeit in der Frühförderung geltenden Expertenmodell nicht nur die Handlungsrelevanz abgesprochen, sondern auch ein Anforderungscharakter unterstellt werden."[70]

So drängt sich die Frage auf, ob sich ein Modell durchsetzen kann, das der Situation der Eltern im Sinne einer Förderung ohne Überforderung gerecht wird, und ob sich zur durchaus berechtigten und sehr notwendigen Förderung, die dem Kind und seinen Eltern Anregungen, Beratung und pragmatische Hilfen anbietet, noch andere Aspekte gesellen müssen? Damit sind die Fragen nach dem Sinn und der Bewältigung der Behinderung gemeint, die Eltern stellen könnten. Wird man sich diesen in der Praxis stellen oder sie besser überhören?

Weiß spricht die Widerstände von Fachleuten bei der eigenen Auseinandersetzung mit Lebens- und Sinnfragen in der Begegnung mit Menschen mit Behinderung und Behindertsein an. Gibt es möglicherweise Themen und Ansätze, die es ermöglichen, das Bild von Behinderung mit seiner Fremdheit und Andersartigkeit anzusehen? Ist es denkbar, sich als professionelle/r Helfer/in eigene Ohnmacht und Hilflosigkeit einzugestehen und wegzukommen von einer „das-schaffen-wir-schon"-Mentalität? Was heißt das konkret für den Umgang mit betroffenen Familien in und außerhalb der Institution Frühförderung?

2. Der Mensch mit Behinderung als Thema der Theologie und Seelsorge

2.1 Der Zwang, gesund sein zu müssen. Gesundheitsideologie und Gesundheitstheologie. (Luise Schottroff)

Luise Schottroff stellt Überlegungen an zum Treiben von Theologie hier und heute in der westlichen Welt. Sie nennt sie Gesundheitstheologie.

Gesundheitstheologie erwächst aus Gesundheitsideologie: Gesundsein heißt nach dieser Vorstellung: stark, jung, durchsetzungsfähig sein, orien-

---

[70] A. Engelbert, Familienorientierung in Frühförderstellen. Institutionelle Bedingungen der Etablierung von speziellen Elternangeboten und ihre Folgen für die Wahrnehmung der Elternrolle, in: Frühförderung Interdisziplinär, Bd. 14, München, Basel 1995, 169–179.

tiert an der Bildersprache der Werbung. So würde oft auch die Gesundheit mißverstanden, die Jesus gibt.

In Markus 9,14-29 wird die Geschichte von einem Vater erzählt, dessen Schmerz über die epileptischen Anfälle seines Sohnes sich verwandelt in einen Glauben, der als Widerstand gegen seine eigene Ohnmacht zu einer Glaubenskraft wächst, die den Jungen heil werden läßt. Wie gesund dieser Sohn dabei wurde, darüber steht nichts im Text. Es bleibt offen, ob die Anfälle wiederkamen, ob das Kind in unserem heutigen Sinne gesund wurde.

Es heißt, mahnt Schottroff, sich zu verabschieden von einer Vorstellung, die herrschende Theologie besetzt hat: „Der normale Glaubende ist gesund. Krankheit ist Abweichung vom Normalen. Zwischen Kranken und Gesunden herrscht ein Unterschied wie zwischen Nacht und Tag. Entweder – oder."[71]

Sie fragt, was neutestamentliche Heilungswunder für Kranke bedeuten, die wissen, daß sie mit ihrer Krankheit leben müssen. Welches Verständnis von Gesundheit haben diese Berichte? Christus sagt Paulus im Gebet: „Laß dir an meiner Gnade genügen, denn meine Kraft ist in den Schwachen mächtig."(2. Kor. 12,9; in der Lutherübersetzung) oder nach Zink: „..., denn die Kraft kommt zur Vollendung in der Schwachheit."

„Almosendenken, Denken von oben herab und Opfertheologie für die ‚anderen', die im Leiden sind, das ist herrschende Theologie. Sie ist in der christlichen Kirche der westlichen Welt weit verbreitet, und sie wird mit Machtmitteln verteidigt gegen aufbegehrende Behinderte und aufbegehrende Frauen. Dieser Theologie muß der Kampf angesagt werden."[72]

Luise Schottroff zeichnet dann einen Weg auf, der in gelebter Solidarität[73] zur Gerechtigkeit führen kann, nämlich dort, wo Menschen sich zusammentun.

2.2 „Grenze" als Thema und Problem der Praktischen Theologie (Henning Luther)

Henning Luther[74] führt seine LeserInnen auf das „unsichere Gelände der Grenze"[75] als einen unbeliebten und unbewohnten Ort.

---

[71] L. Schottroff, Der Zwang, gesund sein zu müssen, in: L. und W. Schottroff, Die kostbare Liebe zum Leben. Biblische Inspirationen, München 1991, 24.

[72] L. Schottroff, Neue-alte Wege, in: ebd., 104.

[73] Vgl. dazu H. Luther, der eine seelsorgerliche Beziehung nur in der Einstellung der Solidarität sich vollziehen sehen kann.

[74] Henning Luther war Prof. für Praktische Theologie an der Philipps-Universität Marburg. Er starb an einer unheilbaren Krankheit.

[75] H. Luther, Religion und Alltag, Bausteine zu einer Praktischen Theologie des Subjekts, Stuttgart 1992.

Grenzen schützen das Eigene, geben Ruhe für Entwicklung und Entfaltung seiner (inneren) Ordnung, und sie grenzen damit zugleich das andere aus und verbannen es jenseits der Grenze. So wird die eine *Welt innerhalb* der eigenen Grenzen leicht zur einzigen Wirklichkeit.

Grenzüberschreitung vermittelt dann ein Bewußtsein davon, daß die eigene Welt nicht die einzige ist, daß andere Wirklichkeiten existieren. Wer von jenseits der Grenze zurückkehrt, hat neue Heimat gefunden, ist ein/e andere/r geworden. Diese bildliche Beschreibung von Grenzen überträgt der Autor auf die Ebenen des sozialen und personalen Bewußtseins, unseres Welt- und Selbstverständnisses.

Der sichere Ort der Mitte ist der Praktischen Theologie verwehrt, so scheint es Luther. „Die Mitte der Praktischen Theologie – das, worum es ihr in allem, was sie treibt, letztlich geht – ist nichts anderes (...) als die Bearbeitung der Erfahrung von Grenze oder von Grenzen. Ihre Mitte ist also die Grenze."[76]

Im Alltagsleben ist die Erfahrung der Grenze nur eine mögliche Erfahrung, die eher verschüttet oder verdrängt als bewußtgemacht wird. „Das Jenseits im Diesseits, das Fremde im Vertrauten, der Einbruch von draußen, vom Anderen, oder der Ausbruch ins Draußen, ins Andere – Erfahrungen dieser Art können durch die Routinisierung unseres Alltagslebens vielfach mit Erfolg ausgegrenzt bleiben und damit unbemerkt."[77] In Situationen, in denen normale Lebenswelt als brüchig erfahren wird, sollte Praktische TheologInnen gerade das Existieren-Können an der Grenze interessieren.

Aufgabe ist demnach nicht, abweichendes Denken und Verhalten auszugrenzen, Grenzen zu setzen und zu befestigen, sondern für diese Gesetzeserfahrung alltäglichen Lebens sensibel und empfänglich zu machen.

Existentielle Erfahrungen wie die von Familienangehörigen eines schwerstbehinderten Kindes können zu Grenzerfahrungen werden. Erinnert sei an die beschriebene tiefe Verzweiflung der Eltern bei Bekanntwerden der Behinderung. Die Verletzbarkeit des Menschen, die Begrenztheit seiner Wirkungsmöglichkeit, offenbart sich in derartigen Erfahrungen und verdichtet sich zur absoluten Grenze in der Erfahrung der Sterblichkeit und des Todes.

Zur Grundvoraussetzung der „eigentlichen Existenz" haben Heidegger und Jaspers, so Luther, die Erfahrung der Endlichkeit erhoben, die das bloße Da-Sein überschreitet. Nach Heidegger wird der Mensch nur dann wesentlich und ganz, „wenn er die Endlichkeit seines Seins bejaht, sein Da-Sein immer schon als Vorlaufen zum Tode be- und ergreift".[78] Jaspers

---

[76] Ebd., 45.
[77] Ebd., 48.
[78] Ebd., 49.

hat die sogenannte „Grenzsituation" – wie Tod und Leid – als jene entscheidende Dimension des Daseins bezeichnet, die zuallererst existentiell wesentliches Tun ermöglicht.

Folglich nimmt die/derjenige in Erfahrungen wie Krankheit, Versagen und Behinderung die bisher fraglos erlebte Normalität eigenen Daseins anders wahr und wird zur Revision ihres/seines persönlichen Selbstverständnisses herausgefordert.

Grenzerfahrungen sind aber nicht nur solche, die die/den einzelne/n als Einsame/n treffen. Selbstverständnis des einzelnen Menschen bildet sich gerade nicht im reinen Selbstbezug. Zu den Grenzerfahrungen gehören auch solche, die sozial vermittelt sind. Die Erfahrung der Grenze stellt sich hier als Problem der Kommunikation. Luther beschreibt dies so:

„Denn in der Kommunikation mit anderen stellt sich vor aller gelingenden Verständigung jedem zuerst die Erfahrung der *Andersartigkeit* des Gegenübers, der nicht Ich ist. Am Anderen wird dem Ich seine Grenze bewußt. Die Begegnung mit ihm kann zum einen als *Abgrenzung* vollzogen werden, in der sich das Selbst zu behaupten sucht. So versteht etwa Sartre die zwischenmenschliche Kommunikation grundsätzlich als *Fremd-begegnung*. Sich wechselseitig beobachtend und einander als Fremde objektivierend, ist der eine dem anderen die Grenze seiner Freiheiten und Möglichkeiten.
Die Kommunikation kann nun aber auch gerade umgekehrt als Grenzüberschreitung verstanden und gestaltet werden. Die Grenze wird überschritten, ohne verwischt zu werden. Der Andere wird nicht als bloße Begrenzung meiner Möglichkeit gesehen und zum mich störenden Da-Sein degradiert, sondern als eigenes freies Wesen *anerkannt*. Die Freiheit des Anderen wird nun aber gerade dadurch anerkannt, daß ich *seine* Möglichkeiten als solche akzeptiere, die eventuell auch meine werden könnten. Die Kommunikation mit dem fremden Anderen erfolgt also nicht als Angleichung unterschiedlicher Positionen, bestehende Grenzen ignorierend, sondern als Austausch, der Grenzen wechselseitig überschreitet. Solche grenzüberschreitende Kommunikation mit dem Fremden ist also nur möglich mit der Bereitschaft, *sich in den Anderen hinein-zuversetzen*, d.h. über die Grenze in das Gebiet des Anderen zu gehen. Man kann das Einfühlung oder Liebe nennen."[79]

Wer Außenseiter/in wird, entscheidet sich an unterschiedlichen Normalitätskriterien, die zudem unterschiedlich folgenschwer ausfallen. In allen ihren Ausprägungen verschiedenen Ursprungs und Inhalts stellen sie jeweils Anfragen an das Selbstverständnis der Mehrheit, der sogenannten „Normalen", und an die Normalität unseres Alltags dar. „Diese Anfrage darf daher nicht auf die moralische Aufgabe zurückgestutzt werden, Außenseiter nur besser zu behandeln, sie zu integrieren und für sie zu sorgen. Es käme darauf an, sich der Andersartigkeit auszusetzen, statt sie zu verdrängen und abzuspalten."[80] Diese Anfrage an jede Person dieser

---

[79] Ebd., 51.
[80] Ebd., 53.

Gesellschaft, an deren Verständnis von eigener Identität, würde vielleicht auch das Fremde und andere in uns bewußt machen.

„An der Grenze zum Anderen, zu Unbekanntem, vorerst Unvertrautem und Fremden kann aufscheinen, daß das, was ist, nicht alles ist. Diese Intention zur Übersteigerung des Vorfindlichen scheint mir der Grundtenor des religiösen Interesses zu sein."[81] Luther entwickelt nun Anforderungen an kirchliche Aufgaben, die bisher in zwei Bereiche der Daseins- und Sinnorientierung einerseits und der helfenden Begleitung an Krisenpunkten des Lebens andererseits aufgeteilt worden sind, deren Trennung ihm aber nicht sehr glücklich scheinen. Statt einer Nebeneinander-Existenz von „stabilisierender Sinnvergewisserung" einerseits und „Integrationshilfe in den Ausnahmefällen" des Lebens andererseits hält er es für angemessener, die Grenzproblematik nicht als Unglücksfälle in Ausnahmesituationen und als Gegenstand therapeutischer Betreuung zu betrachten, sondern sie zum Ausgangspunkt zur Thematisierung der Sinnfrage zu machen.

2.3 Plädoyer für ein verändertes Menschenbild und Miteinander in der Seelsorge

Wir haben eine „gespaltene Anthropologie". Ulrich Bach[82], selbst Seelsorger für behinderte Erwachsene, klagt an, daß wir über keine einheitliche Anthropologie, in der Behinderte und Nichtbehinderte ihren Platz haben, verfügen. Ausdruck dafür ist die Rede vom Menschen, der normalerweise gesund, stark und arbeitsfähig ist. Und wenn er dies nicht ist, muß er dorthin normalisiert werden. Menschen am Rand der Gesellschaft sollen in den Stand der vielen (zurück-)geführt werden. Sie sollen sich auf-uns-zu-verändern, damit sie dazugehören. Doch das Leben lehrt, daß es normal ist, Defizite zu haben.

Kirche und Diakonie unterstützen oft ein anderes Menschenbild, betreiben eine Theologie der Stärke, die Schwaches ausgrenzt. Nichtbehinderte haben, ob in oder außerhalb der Kirche, Schwierigkeiten im Umgang mit Behinderten. Bach interpretiert dies so: „Wenn wir den Gott verkündigen, der für Stabilität sorgt, der oben ist in jeder Beziehung, dann wissen wir nicht recht weiter, wenn wir es mit Menschen zu tun haben, die in irgendeiner Weise sehr weit unten sind, arm, schwach, verzweifelt oder die in ihren körperlichen oder geistigen Fähigkeiten sehr weit unten

---

[81] Ebd., 54.
[82] Ulrich Bach erkrankte während des Theologiestudiums an Polio; ist seit 1962 Pfarrer in den Orthopädischen Anstalten Volmarstein (Ruhr) und Dozent an der Diakonenanstalt Martineum.

sind."[83] Wenn wir von einem Gott sprechen, der die Welt geschaffen hat in all ihrer Schönheit, ihren Farben, ... gesunden Menschen statt von dem Gott, der „... wegruft in seinen Bund, wegruft von den Schätzen in die personale Beziehung, wegruft von der Sicherheit zur Gewißheit, wegruft vom Haben zum Sein"[84], dann wäre zu fragen, welche Folgen das auf den Umgang mit Schwachheit, Krankheit und Behinderung hat.

„Die Gegenwart der Behinderten hält das Bewußtsein dafür wach, daß jeder Mensch ein gebrechliches, gefährdetes, defizitäres, ein von Gott geschaffenes Wesen ist."[85] Redeten wir vom Wesen Gottes nicht von ‚Allmacht‘, ‚Triumph‘ und ‚Wunder‘, sondern bezugnehmend auf Krippe und Kreuz von seiner Niedrigkeit, könnten wir als „Kirche im Unten" (Bach) auch anders mit Behinderungen und Defiziten umgehen. „Als Kirche im Unten bemühen wir uns eben nicht nur um eine veränderte Einstellung zu den Behinderten, sondern um eine neue Einstellung zu uns selber."[86] Wenn wir uns anthropologisch ins „Oben" mogeln, d.h., normal ist es, gesund und stark zu sein, dann können wir Menschen mit Behinderungen höchstens hinnehmen. Dann sind Rehabilitationsmaßnahmen Bemühungen, sie auf unsere Ebene anzuheben, oder, sollte das mißlingen, sie von oben zu bemuttern. Nicht an der Demontage eines Gottes der Menschen ohne Behinderung zu arbeiten, hieße „theologischen Sozial-Rassismus" fortzusetzen.

Bach vertritt deshalb die Ansicht, daß wir nur weiterkommen, wenn wir das Gegenüber von Therapeut/in und Klient/in verlassen, um uns mit dem/der anderen in seine/ihre Situation zu begeben. „Solidarität" nennt er dies und „mutige Ungesichertheit", die er so beschreibt: „In vielen Situationen kommen wir nur weiter, wenn wir bewußt auf allgemeingültige Lösungen verzichten, auf fertige Abmachungen, die vorab schon richtig sind."[87]

Auch Luther meint eine Seelsorge, die weiter geht als die Sorge um das Gelingen der Anpassung an die konventionellen, gesellschaftlich normierten Verhaltenserwartungen (Alltagssorge).

Seelsorge als Sorge um den Menschen als Seele könnte dann verstanden werden als die Sorge um das „Selbst-Sein-Können". Sie bedeutet eine Distanzierung von vorgegebenen, zugemuteten konventionellen Lebensformen und eine Freilegung von Möglichkeiten zur Veränderung. Damit verläßt sie die Bindung des Menschen an das „Vorhandene" in der All-

---

[83] U. Bach, Dem Traum entsagen, mehr als ein Mensch zu sein. Auf dem Wege zu einer diakonischen Kirche, Neukirchen-Vluyn, 1986, 7.
[84] U. Bach, Ich bin einmalig – du auch, Berlin 1990.
[85] Aus der Denkschrift einer ökumenischen Konsultation in Bad Saarow, ehem. DDR, 1978, zit. in: U. Bach, Ich bin einmalig – du auch, Berlin 1990.
[86] U. Bach, Ich bin einmalig ..., 8.
[87] Ebd. 133.

tagssorge. Seelsorge ergreift damit Partei für den „noch nicht vorhandenen Menschen" (Henning Luther), für seine verstellten, unentfalteten Möglichkeiten.

Für die Praxis bedeutet dies, die befreienden Akzente solcher Art Seelsorge wahrzunehmen. *Welchen Sinn hat die Behinderung? Warum trifft es gerade uns?* – haben als Fragen ihre Berechtigung. Beantworten muß sie jeder für sich, wobei der Theologie eine wichtige Funktion zukommt. Wer ist Gott? hieße in bezug auf das Thema, der Frage nachzugehen nach dem „verborgenen Gott", der sich uns weder zeigt noch verstehbar macht; er wirkt in allem, was uns beglückt, und allem, was uns in Verzweiflung stürzen kann: in Gesundheit und Krankheit, in Geburt und Sterben, in Leistungsstärke und Behinderung.[88] Dazu bedarf es einer Bereitschaft, sich auch der schmerzlichen Tatsache nicht zu verschließen, daß es Fragen ohne Antworten gibt. Wenn sich Theologie dem Alltag zuwendet, wenn Schmerz und Sehnsucht des einzelnen zum Vorschein kommen, „... ist dies der Ort, an dem Theologie sich zur Sprache bringen, also praktisch werden kann. Eine Theologie ohne Tränen der Trauer und ohne Seufzer der Hoffnung, eine Theologie, die den Menschen in seinem Schmerz und in seiner Sehnsucht verloren hat, hat auch das, was sie für ihr eigentliches Thema halten mag, Gott, verloren".[89]

Wir als HelferInnen müssen auch unsere Betroffenheit lernen. Dazu brauchen wir die Eltern. Fertige Antworten und feste Sätze haben in der Vergangenheit genug Schaden angerichtet. Solidarität und mutige Ungesichertheit läßt uns mit den betroffenen Familien auf eine Ebene gemeinsamen Miteinanders, Überlegens und Handelns kommen.

Ausdruck des Lernen-Könnens von den Eltern sind ihre biographischen Zeugnisse in der Literatur und gleichfalls ihre Einsichten, die man im Gespräch mit ihnen erfahren kann. Die, die herkömmliche Adressaten helfender Zuwendung sind, werden zu den eigentlichen HelferInnen, TrösterInnen, auch gerade der professionellen HelferInnen und SeelsorgerInnen, sagt Luther. Diese ist auch eine Erfahrung aus der Sterbebegleitung. Betroffene „erfahrene" Eltern werden zu BegleiterInnen anderer Eltern, die am Anfang ihres Weges der Annahme ihres Kindes stehen, so wie es die gute Erfahrung der Selbsthilfegruppen ist.

---

[88] Vgl. U. Bach, Getrenntes wird versöhnt: wider den Sozialrassismus in Theolgie und Kirche, Neukirchen-Vluyn 1991, 148ff.

[89] H. Luther, a. a. O., 252.

3. Familienorientierung, nicht nur in der Frühförderung, als Annäherung an sozialarbeiterische Theorie und Praxis

3.1 Inhaltliche und formale Forderungen an Beratung und Begleitung

Die Familie in ihrer Gesamtheit wahrzunehmen und entsprechend mit ihr in Beziehung zu treten (systemische Sozialarbeit) ist eine bekannte und praxisbewährte Forderung. Zu fragen ist, inwieweit sich Forschung und Praxis zur Frühförderung diesem Ansatz bereits öffnen und wie sie sich von sozialarbeiterischen Erfahrungen und Erkenntnissen inspirieren lassen könnten, nicht etwa belehrenderweise, sondern im Sinne eines interdisziplinären Austausches.

Das Thema der Eltern bzw. Mütter oder Väter mit ihrem behinderten Kind beschäftigt vorwiegend AutorInnen aus dem Arbeitsbereich Frühförderung und Frühberatung. Deshalb konzentrieren sich Kritik und neue Konzeptionen auf diese Fachrichtung.[90] Die Infragestellung der Förderung um jeden Preis[91] und Neuorientierungen sind legitim und notwendig. Doch sind Überlegungen dazu nicht nur für die Frühförderung, sondern auch für andere Bereiche und eine breitere Öffentlichkeit relevant. Institutionell sind damit Krankenhäuser und andere medizinische Einrichtungen, Ehe- und Familienberatungsstellen, Familien- und Frauenzentren, Jugendämter und im Sinne der Integration beispielsweise die soziale Arbeit in einem Stadtteil oder der Kirchgemeinde gemeint. M.E. begründet sich eine Öffnung hin zu anderen Bereichen auch durch die größeren zeitlichen Abstände des Kontakts der Frühförderung zu den Eltern und der Eltern in Gruppen (1-2mal/ Monat).

Deshalb sind Überlegungen einer Neuorientierung, die explizit den Bereich Frühförderung meinen, und im folgenden – hier nur schlaglichtartig – auf diesen angewendet beschrieben werden, auch im Sinne der anderen Institutionen gemeint (z. B., wenn eine Kirchgemeinde eine Elterngruppe einrichtet).

So weist Spörri[92] auf die Aufgabe der Frühförderung hin, „... der Familie das Bewußtsein zurückzugeben, daß Entwicklungsfortschritte des behinderten Kindes nicht allein durch Behandlung und technische Übung erreicht werden können, sondern durch ein Gesamt an familiärer menschlicher Umgebung, die gekennzeichnet ist durch offene Kommuni-

---

[90] Eine ausführliche Beschreibung und Kritik der Institution Frühförderung sowie Vorschläge zu notwendigen konzeptionellen Veränderungen sind in der Diplomarbeit nachzulesen.

[91] Vgl. ein Beispiel in D. Niedecken, Namenlos, München 1989, 132.

[92] C.-L. Spörri, Gegenwärtig praktizierte Formen der Elterngruppenarbeit in der Frühförderung, in: O. Speck/A. Warnke (Hg.), Frühförderung mit den Eltern, München 1989, 131–149.

kation, Spielraum zur Entfaltung und selbstwertfördernde Beziehungen"[93]. Die Autorin verweist dabei auf in einer Befragung unter FrüherzieherInnen geäußerte Wünsche, vor allem gute Kontakte zu den Eltern herzustellen, Erwartungen zu klären und die Befindlichkeit der Mutter wahrzunehmen. Allerdings würde die Aufmerksamkeit der MitarbeiterInnen auf die Bedürfnisse der Familien erschwert sein durch arbeitsorganisatorische Hindernisse, die mit der nur teilweisen Abrechenbarkeit solcher Leistungen zusammenhängen.

Dennoch sollte die Bedeutung „eines ganzheitlichen Beratungsansatzes" gesehen und „gegenüber den (Kosten-)Trägern mit Nachdruck" vertreten werden.[94]

Weiß fordert, daß praktizierte Konzepte und Methoden der Eltern- und Familienarbeit, beispielsweise angemessene Formen der Gesprächsführung, empirisch geprüft und weiterentwickelt werden. Weiterhin muß nach den Kooperationsmöglichkeiten und der Belastbarkeit der Eltern gefragt werden. „... so wissen wir im Grunde (...) relativ wenig darüber, wie viele der betreffenden Familien auf welche Weise und in welchem Umfang die fachlich begleitete pädagogisch-therapeutische Förderung ihres Kindes weiterführen, welche Gründe sie möglicherweise daran hindern ..."[95]

Die Frage nach dem Vater aufgreifend, stellt Warnke[96] dessen Außenseiterrolle in der Praxis der langfristigen Therapie und Erziehung des Kindes fest. Bei einem chronisch kranken oder behinderten Kind muß es von dringendem Interesse sein, die Kompetenzen des Vaters bei therapeutisch-pädagogischen Bemühungen zu beachten und zu verhindern, daß die Zusammenarbeit mit Teilen der Familie zu einer Isolierung des Vaters führt, die letztendlich dem Zusammenhalt der Gesamtfamilie entgegenwirken würde.

Aus familiensoziologischer Sicht merkt Engelbert[97] an, daß aufgrund von veränderten familialen Rollenbildern für Frauen und Kinder der Familienalltag schwieriger geworden ist. Selbstverwirklichung der Eltern schließt heute neben der Familienarbeit die Erwerbsarbeit ein. Für Mütter entstehen, so Engelbert, massive Vereinbarkeitsprobleme zwischen gesellschaftlich geforderter Selbstverwirklichung im Beruf und erwartetem Engagement in der Familie. Dazu kommen überhöhte Vorstellungen und Anforderungen an geborene Kinder, für die sich Eltern heute, in einer Zeit, in der alternative Werte (Erwerbsarbeit, Partnerschaft, Freizeit, Konsum) mit dem Wert von Kindern konkurrieren, bewußt entscheiden. In Familien, die ein behindertes Kind bekommen, verschärft sich diese Situation.

---

[93] Ebd., 131.
[94] H. Weiß (2), 52.
[95] H. Weiß (1), 15.
[96] A. Warnke, a. a. O.
[97] A. Engelbert, a. a. O.

Ausgehend von der von Überforderung gekennzeichneten Familiensituation allgemein und einer generellen Unverzichtbarkeit familienstärkender Strukturen tritt Engelbert für eine stärkere Familienorientierung[98] in der Frühförderung ein. Die Wichtigkeit der Verbundenheit und Eingebundenheit in eine, von Behinderung eines Angehörigen betroffene Familie mit ihrer besonderen Gefährdung hinsichtlich Überforderung und Belastung scheint einleuchtend. „Neben die Kategorie ‚Autonomie' rückt so immer wieder die Kategorie ‚Verantwortung' für sich selbst und für den anderen."[99]

Sie weist dabei auf das in der Sozialarbeit diskutierte „Empowerment-Konzept" hin[100], bei dem es um eine „Stärkung und Erweiterung der Selbstverfügungskräfte des Subjekts" geht. Es regt eine Orientierung an, bei der Eltern als „… kompetente Akteure gesehen werden, die einen gelingenden Alltag selbst gestalten und die als Experten ihrer eigenen Situation und ihrer Bedürfnisse auftreten …".[101] Weiß greift das Konzept für den Bereich der Frühförderung auf („Experten- Modell"), welches bezüglich der Rolle der Eltern die defizitorientierte Sichtweise zugunsten einer Kompetenzperspektive überwindet. Diese beinhaltet außerdem den Angebotscharakter, den Frühförderung nicht aufgeben darf.[102]

Es gilt, „… die besten Theorien und Konzepte, die für sog. nichtbehinderte Personen entwickelt worden sind, endlich auch für Behinderte fruchtbar zu machen.(…) Das heißt, daß die Therapie mit Behinderten endlich auch konsequent die Beziehungsfrage stellt und nicht in endlosen Behandlungstechnologien verkommt", heißt es bei Schönwiese.[103]

Angebote der Einzelberatung[104], Integration familientherapeutischer Ansätze, Gruppenarbeit, Unterstützungshilfe bei Gründung von Elterngruppen und Analyse des Netzwerkes der Familie/Mutter fordert FrüherzieherInnen zur Erweiterung ihres Handlungsspektrums geradezu heraus[105] bzw. macht es notwendig, SozialarbeiterInnen/SozialpädagogInnen in die Arbeit einzubeziehen. Engelbert verweist auf die Tatsache, daß mit dem Einsatz dieser Berufsgruppe die quantitative Bedeutung von Familienorientierung in Frühförderstellen deutlich zunimmt. Einheitliche und si-

---

[98] Ausführliche Erläuterung eines solchen Beratungsansatzes s. Diplomarbeit 70ff.

[99] H. Effinger, a. a. O.

[100] A. Engelbert, a. a. O.

[101] Ebd., 3.

[102] R. Krais, Brief eines Vaters, in: O. Speck/A. Warnke (Hg.), Frühförderung mit den Eltern, München 1989, 25ff.

[103] V. Schönwiese, a. a. O., 31f.

[104] Vgl. Familientherapie nach Satir. – H. D. Kähler, Erstgespräche in der sozialen Einzelhilfe, Freiburg i. Breisgau 1991. – C. R. Rogers' nichtdirektive Beratung u. a.

[105] C.-L. Spörri, Gegenwärtig praktizierte Formen der Elterngruppenarbeit in der Frühförderung, in: O. Speck, A. Warnke, a. a. O., 134.

chere Finanzierungsmöglichkeiten fehlen und bewirken Wartelisten bzw. gravierende Finanzierungsprobleme von Frühförderstellen.

Um so mehr bedarf es der dringenden Durchsetzung der Ideen und Forderungen, die die AutorInnen inzwischen aufzuweisen haben:

– Einrichtung von Beratungsstellen sowie Zentren der Information über Hilfen und Rechte im Alltag, zur Vermittlung von Hilfsmitteln, einschließlich Beratung zum Wohnen und Arbeiten Behinderter,

– Unterstützung der Eltern bei der Gründung und der organisatorischen Verwirklichung von Eltern-[106] und Selbsthilfegruppen,

– Familienhilfen[107],

– Stärkung kommunaler und schulischer Modelle zur Integration und gegen Ausgrenzung und

– Solidarisierung mit den Familien im Sinne sozialpolitischer Maßnahmen zur Absicherung ihrer Existenz, im Arbeitsbereich der Frühförderung und vor allem über diesen hinaus.

3.2 Familienorientierte Beratung und seelsorgerliche Begleitung

Für Menschen mit Behinderungen und deren Angehörige können Rechts- und Lebensberatung folgende Angebote umfassen: Sozialrechtliche Beratung, Beratung und Begleitung in finanziellen Angelegenheiten, in technischen Fragen und im psychosozialen sowie seelsorgerlichen Bereich.

Derzeit wird Beratung von unterschiedlichen Personen (z. B. ÄrztInnen, TherapeutInnen, SozialarbeiterInnen, Eltern, SeelsorgerInnen) aus verschiedenen Bereichen (Wohlfahrtsverbänden, Sondereinrichtungen, Behindertenorganisationen, Elternvereinigungen und Sozialbehörden) durchgeführt. Statt dieser derzeit „unkoordinierten" Beratung ist die Einrichtung eines regionalen und flächendeckenden Beratungsnetzes dringend geboten.

Sozialarbeiterische Konzepte berücksichtigend konkretisiert Jonas Handlungsansätze für die Frühberatung von Eltern, die nach der Art der Beziehungen in der Familie und nach Notwendigkeiten, Wünschen und Bedürfnissen für Mütter, Väter und Kind fragen (Beziehungs- und Umweltanalyse).

Dabei muß zwischen dringend notwendigen Fragen und Problemen, die einer schnellen Intervention bedürfen, und anderen (z. B. Beziehungskonflikte), die einer genaueren Analyse, Zeit und vor allem Vertrauen bedürfen, unterschieden werden. Für die/den Helfer/in bedeutet dies, als Rahmenbedingungen ein positives Klima und Vertrauen zu schaffen und den Familien entgegenzukommen sowie Barrieren abzubauen, die ihnen eine Kontaktaufnahme erschweren. Außerdem kann überlegt werden, ob Ge-

---

[106] Siehe Diplomarbeit 78 ff.
[107] Bewährt haben sich Familienentlastende Dienste, siehe dazu Diplomarbeit 79 ff.

spräche zu Hause, in der vor allem dem Kind gewohnten Umgebung, stattfinden.[108]

Zwangsläufig würde sich eine weitere Differenzierung zwischen individuellen (z. B. Unsicherheit, Zwänge durch die Herkunftsfamilien wie Erfolg, Leistung, Vorurteile und Schuldzuweisungen) und sozialen Faktoren (z. B. beengte Wohnverhältnisse, täglich lange Abwesenheit des Vaters) ergeben.

Die Einbeziehung familientherapeutischer Ansätze würde ermöglichen, den Dialog zwischen den Frauen und Männern einzuleiten, so daß die geschlechtsspezifische Arbeitsteilung thematisiert werden könnte und die Väter aktiv ihre Verantwortung für die Fürsorge und Pflege des Kindes übernehmen.

Beratung schließt des weiteren den Raum für Trauer und für Beziehung ein. Als Herzstück der Beratung nennt Müller, sich auf Buber und Rogers beziehend, die personale Begegnung, „... meine echte Begegnung mit dem anderen, in der ich in einem festgelegten Rahmen, mit meinem therapeutischen Hintergrund und meinen therapeutischen und seelsorgerlichen Fähigkeiten für die andere Person zur Verfügung stehe, für sie da bin, mich ihrer annehme".[109] Dabei verbinden sich professionelles Tun mit der Person der/s Begleitenden. „Das Professionelle steht im Dienst meiner personalen Begegnung mit dem Ratsuchenden."[110]

Rogers Gesprächspsychotherapie, die von Annahme und Wertschätzung, Verbalisierung emotionaler Erlebnisinhalte und Echtheit geprägt ist, versteht sich als solche Form der Begegnung, die es dem Ratsuchenden möglich machen soll, noch mehr mit den eigenen Quellen in Berührung zu kommen und diese für das psychische Wachstum nutzbar zu machen.

Als Raum für Trauer und Schmerz der Eltern ist der Übergang zwischen Beratung und Seelsorge fließend, d.h., beide Anteile können in einer Begegnung vorhanden sein. Das dauerhafte Fehlen des Traurig-sein-dürfens und bewußten Kummers bedeutet das Abspalten emotionalen Erlebens, stellt sich zur Verhinderung schwerer persönlicher Störungen als notwendig dar. Dabei spielen die existentiellen Fragen nach dem Sinn, die ein Hilfesuchender für sich finden will, eine entscheidende Rolle. „Wir ertragen fast jeden Schmerz und jede Enttäuschung, wenn wir der Überzeugung sind, sie haben Sinn und Zweck", schreibt Kushner.[111] Seelsorge

---

[108] Vgl. dazu H. Goldbrunner, Arbeit mit Problemfamilien, Freiburg i. Breisgau 1992. Zu berücksichtigende Lebensbereiche der Familie und Hilfestellungen konkretisiert die Diplomarbeit S. 70 ff.

[109] W. Müller, Heilung aus der Begegnung, in: W. Müller (Hg.), Psychotherapie in der Seelsorge, Düsseldorf 1992, 17.

[110] Ebd., 17.

[111] H. Kushner, Wenn guten Menschen Böses widerfährt, München 1994, 127.

heißt Begleitung auf dem Weg zum Heil, zum Sinn, um zu erfahren, warum ich da bin. Es hieße konkret für betroffene Familien, selbst zu erfahren, daß das Dasein ihres Kindes gut ist, trotz der Behinderung. Das heißt für SeelsorgerInnen, die Verzweiflung der Eltern auszuhalten, denn deren Leben ist nicht nur durch die nun in Frage gestellten Lebenspläne erschwert. Ihre Verzweiflung gründet sich auch auf dem Wissen, daß Behinderung in unserer Gesellschaft ein Makel ist, der Eltern und ihr Kind von den schönen und anerkannten Seiten des Lebens ausschließt.

Seelsorge vorrangig als Weg zum Heil-werden, nicht zur Heilung (als Begriff orientiert dieser auf Gesundung) zu verstehen, hieße, das Kind, dessen Behinderung nie aufzuheben ist und das veränderte Leben als Familie annehmen zu können. Der Seelsorger Bach meint mit Annahme auch die Annahme der Behinderung. Ich befürchte, daß Eltern bei diesem Ziel einem hohen moralischen Anspruch in der Seelsorge ausgesetzt sind und erachte diese Blickrichtung als fragwürdig.

Auf der personalen Ebene hieße Seelsorge: es gibt Menschen, die zu uns als Familie/zu mir als Mutter eine Beziehung aufbauen, denen wir/ich etwas wert sind/bin. „Begleiten (…) bedeutet, mit jemandem ein Stück seines Lebenswegs gehen, ihm dabei im Helfen so nahe zu bleiben, daß er schließlich imstande ist, sein Leben selbst zu leben, seine eigenen Probleme zu verarbeiten und so bis zur Bejahung unumgänglicher unlöslicher Probleme zu gelangen."[112]

Ein Bereich der sog. außerprofessionellen Beratung soll noch genannt werden. Es ist die Begegnung der „Betroffenen" untereinander und das Lernen der „Nichtbetroffenen" von ihnen. Für manche als einzig sinnvolle Methode, mit der Behinderung des Kindes umgehen zu lernen, bezeichnet, wird sie in Selbsthilfegruppen genutzt. Aber auch in der Beratungsarbeit sind Mütter und Väter anzutreffen. Sie können ihre Erfahrungen am ehesten glaubwürdig weitergeben:

Die Welt ist nicht stehengeblieben. Das Leben geht weiter. Aber anders als vorher. Es klingt schwülstig, ist aber so. Was unser Sohn uns beigebracht hat, hätte ich sonst nie gelernt. Ich denke jetzt über viele Dinge anders. Und ich habe andere Wertvorstellungen für mein ganzes Leben bekommen. Ich bin nicht mehr so an der Leistungsgesellschaft orientiert. Eine andere Mutter: *Hoffnungen habe ich auch heute immer noch, egal, wie die Entwicklung bei meiner Tochter weitergeht. Sonst gäbe ich einen Menschen auf. Sie lernt und sie verändert sich. (…) Sie ist nicht wie wir. Aber sie ist glücklich.*[113]

---

[112] P. Sporken, a. a. O., 17.
[113] Zit. aus B. Beuys, a. a. O., 59f.

4. Ziele sozialarbeiterischen Handelns – Eine Einladung

An der Überzeugung einer ganzen Gesellschaft rüttelt so ein behindertes Kind, indem es etwas anderes verlangt als beständiges Training zu permanenter Leistungsfähigkeit, Entwicklung und Anpassung verweigert und sämtliche Methoden zur Behebung seines Andersseins in Frage stellt.
Petra Dreyer, Mutter

Familien mit schwerstbehinderten Kindern sind weitgehend zur Änderung ihres Lebenskonzepts gezwungen. Daß damit nicht nur Verzicht und Einschränkung gemeint sind, davon berichten Eltern, die auf neue Weise ein intensiveres Nachdenken über das, was im Leben wichtig ist, und ein anderes Miteinander in ihren Familien (kennen)lernten, als es ohne das behinderte Kind gewesen wäre.

Die Kinder sind fast zeitlebens davon abhängig, wie gut die Eltern die Folgen ihrer Behinderung bewältigen.

Vieles aus dem Bereich des Verhaltens von Menschen mit Behinderungen ist noch unerforscht und löst Angst, Ohnmacht und Wut bei Angehörigen und Fachleuten aus.[114] „Ein Unterschied ist freilich, ob wir uns schützen gegen etwas, das uns unerträglich ist, und daher verletzend reagieren – dabei aber bereit sind, die eigene Schwäche zuzugeben, die Übermacht der Institution ‚Geistigbehindertsein‘ über unsere Gefühle und selbst die Trauer und Schuldgefühle darüber auszuhalten; oder ob die Abwehrmethoden nicht mehr als das benannt werden, was sie sind, Selbstschutz, vielmehr das Etikett ‚konsequente Erziehung‘ oder ‚Therapie‘ erhalten."[115]

Fazit Nr. 1: Sozial Arbeitende sind eingeladen, ihre eigene Sicht (und die der Gesellschaft) über Behinderung zu klären, an ihrer Abwehr gegenüber Behinderten selbstreflexiv zu arbeiten und sich Wissen über Behinderungen anzueignen.

„Die Existenz von Kranken erinnert uns beständig daran, daß Schmerz, Leid uns allen zugedacht und zugeordnet sind, daß ihre Bewältigung eines Tages zu unser aller Schicksal gehört…".[116] Hilfe in Anspruch zu nehmen und Hilfe zu geben sind Grundbedingungen menschlichen Lebens. Technisches Können und wissenschaftliches Wissen sind wenig wert, wenn die/der Ratende oder Helfende nicht alles Nachdenken darauf verwendet, möglichst viel vom Sinn der geistigen Behinderung selbst zu verstehen.

---

[114] Die durch diese Empfindungen ausgelösten Schuldgefühle und die folgende Not der Betroffenen beschreibt D. Niedecken, a. a. O., 160 ff. – vgl. dazu auch V. Schönwiese, a. a. O., 25–33.
[115] D. Niedecken, a. a. O., 160.
[116] A. Görres, Nachwort in: S. Görres, a. a. O., 110.

Das Dasein eines behinderten Menschen drängt uns, die Frage, was das alles soll, ernster und wahrhaftiger zu stellen und nach haltbaren Antworten Ausschau zu halten. Er weist uns ständig darauf hin, daß Menschsein nicht nur in Form von Vernunft und Selbstbestimmung vorkommt, sondern daß es immer, auch im sog. Gesunden, Formen der Unmündigkeit, Schwäche, Abhängigkeit und Angewiesenheit geben wird.

Fazit Nr. 2: Sozial Arbeitende sind eingeladen, eigene Begrenzungen und Grenzen der Hilfsmöglichkeiten bei sich selbst anzuerkennen, statt sie in „Behandelbarkeitstheorien" und „Behandlungstechnologien" verschwinden zu lassen.

Mütter können in der Praxis einem hohen Erwartungsdruck nach bestmöglicher Mitwirkung durch TherapeutInnen und PädagogInnen ausgesetzt sein. Sie werden sich, wenn sie sich und ihre Familie nicht aufgegeben haben, von wem auch immer unterstützen lassen, um einen Lebensstil zu finden, der sie autonomer werden und gegenseitige Stütze in- und außerhalb der Familie erleben lassen kann. Die Eltern werden ihre Probleme auf ihre, d.h. unter Umständen nicht auf meine Weise zu lösen versuchen. Den Autonomiebegriff aufgreifend müssen Sozialarbeiter und Sozialpädagoginnen Hilfsangebote entwickeln, bei denen „die Betroffenen als mitverantwortliche Akteure ... in die Lage versetzt werden, eigenverantwortlich und selbstregulierend mit ihrer Situation umgehen zu können".[117]

Für den Wunsch, sich mit Gleichbetroffenen und Gleichgesinnten treffen zu können, müssen Angebote, im besten Sinne des Wortes niederschwellige Treffpunkte, geschaffen werden, die dafür Voraussetzungen schaffen.

Fazit Nr. 3: Sozial Arbeitende sind eingeladen, eine sich auf Solidarität und Partnerschaft gründende Begegnung mit Familien zu ermöglichen, die deren Selbstbestimmung sichert und an ihren Stärken ansetzt.

„Seelsorge, die Krisen- und Grenzsituationen in einer Perspektive wahrnimmt, die zugleich zu einer kritischen Revision der Normal- und Alltagssituation führt, kennt nur Betroffene. Für sie ist keiner nicht betroffen. Wenn wir aber alle betroffen sind, läßt sich die seelsorgerliche Begleitung prinzipiell nur in der Einstellung der Solidarität vollziehen."[118] Weil uns „Gesunden und Starken" diese „radikale Solidarität" (Luther) mit den Betroffenen so schwerfällt, müssen wir zuallererst unsere Betroffenheit lernen. Denn Grenzsituationen spielen sich nicht nur in gleichnamigen Regionen, sondern mitten im Leben ab.

---

[117] H. Effinger, a. a. O.
[118] H. Luther, a. a. O., 234.

Fazit Nr. 4: Sozial Arbeitende sind eingeladen, sich ihrer Verantwortung bewußt zu werden und ihre Kirche aufzufordern, sich von einer Theologie der Gesundheit zu verabschieden, damit sich im Umgang mit eigenen Begrenzungen und Schwachheit, mit Fremdheit und Anderssein lebensfördernde Beziehungen vor und hinter ihren Türen entwickeln können.

Ähnliches gilt auf dem Gebiet der politischen Entscheidungen, die Bestrebungen nach Integration gelingen lassen oder nicht, und die den Eltern ihre täglichen Aufgaben erleichtern oder nicht.

Die Verantwortung für Menschen mit Behinderungen darf nicht weiter privatisiert werden, sondern muß von weiteren Bereichen der Gesellschaft übernommen werden.

Fazit Nr. 5: Sozial Arbeitende sind eingeladen, die Situation der Mütter behinderter und schwerstbehinderter Kinder in der Arbeit mit Frauen stärker zu berücksichtigen und in ihrem sozial-politischen Engagement, kraft ihres Wissens um die erschwerte Situation der Familien, diesen mehr Rechte und Ansprüche zu verschaffen.

Literaturverzeichnis

Bach, Ulrich, Dem Traum entsagen, mehr als ein Mensch zu sein. Auf dem Wege zu einer diakonischen Kirche, Neukirchen-Vluyn 1986.

Bach, Ulrich, Getrenntes wird versöhnt: wider den Sozialrassismus in Theologie und Kirche, Neukirchen-Vluyn 1991.

Bach, Ulrich, Ich bin einmalig – du auch, Berlin 1990.

Beuys, Barbara, Am Anfang war nur Verzweiflung. Wie Eltern behinderter Kinder neu leben lernen, Reinbek bei Hamburg 1984.

Buch/Heinecke u. a., An den Rand gedrängt, Reinbek bei Hamburg 1980.

Dreyer, Petra, Ungeliebtes Wunschkind, Frankfurt/M. 1993.

Eibach, Ulrich, Der leidende Mensch vor Gott. Krankheit und Behinderung als Herausforderung unseres Bildes von Gott und den Menschen, Neukirchen-Vluyn 1991.

Engelbert, Angelika, Familienorientierung in Frühförderstellen. Institutionelle Bedingungen der Etablierung von speziellen Elternangeboten und ihre Folgen für die Wahrnehmung der Elternrolle, in: Frühförderung Interdisziplinär, Bd.14, München 1995, S. 169-179.

Fröhlich, A. D. (Hrsg.), Lernmöglichkeiten. Ansätze zu einer pädagogischen Förderung schwerstmehrfachbehinderter Kinder, Heidelberg 1982.

Görres, Silvia, Leben mit einem behinderten Kind, München 1987.

Goldbrunner, Hans, Arbeit mit Problemfamilien, Freiburg i. Breisgau 1992.

Jonas, Monika, Trauer und Autonomie bei Müttern schwerstbehinderter Kinder. Ein feministischer Beitrag, Mainz 1990.

Kähler, Harro Dietrich, Erstgespräche in der sozialen Einzelhilfe, Freiburg i. Breisgau 1991.

Kast, Verena, Der schöpferische Sprung. Vom therapeutischen Umgang mit Krisen, Olten 1987.

Kushner, Harold, Wenn guten Menschen Böses widerfährt, München 1994.

Luther, Henning, Religion und Alltag. Bausteine zu einer Praktischen Theologie des Subjekts, Stuttgart 1992.

Milani-Comparetti, A., Grundlagen der Integration behinderter Kinder und Jugendlicher in Italien. In: BEHINDERTENPÄDAGOGIK, Frankfurt/M. 3/1987.

Müller, Wunibald, Heilung aus der Begegnung. In: Müller, Wunibald (Hrsg.), Psychotherapie in der Seelsorge, Düsseldorf 1992.

Niedeken, Dietmut, Namenlos. Geistig Behinderte verstehen, München 1989.

Saal, Fredi, Es ist schwer, unerwünschter Gast zu sein..., in: Wege zum Menschen, Göttingen 40 (1988) 64-77.

Schönwiese, Volker, Das Bild von Behinderung als Phantasma und Möglichkeiten des ‚begleitenden Ich‘, in: BEHINDERTENPÄDAGOGIK, Frankfurt/M. 34. Jg., Heft 1/1995, S. 25-33.

Schottroff, Luise, Gott und das Leiden – Solidarität statt Ideologie, in: Schottroff, Luise und Willy, Die kostbare Liebe zum Leben. Biblische Inspirationen, München 1991.

Schuchardt, Erika, Warum gerade ich? Leben lernen in Krisen, Göttingen 1994.

Speck, Otto/Warnke, Andreas, Frühförderung mit den Eltern, München, Basel 1989.

Spörri, Claire-Luise, Gegenwärtig praktizierte Formen der Elterngruppenarbeit in der Frühförderung, in: Speck, Otto/Warnke, Andreas (Hrsg.), Frühförderung mit den Eltern, München, Basel 1989, S. 131-149.

Sporken, Paul, Eltern und ihr geistig behindertes Kind. Das Bejahungsproblem, Düsseldorf 1975.

Vogt, Volker, ‚Ambulante Betreuung für Alle!‘- Grundlagen der ambulanten Betreuung und Pädagogik, in: BEHINDERTENPÄDAGOGIK, Frankfurt/M. 34. Jg., Heft 1/1995, S. 33-54.

Weiß, Hans (1), Familie und Frühförderung. Analysen und Perspektiven der Zusammenarbeit mit Eltern entwicklungsgefährdeter Kinder, München, Basel 1989.

Weiß, Hans (2), Diskussionsanstöße und Orientierungslinien zur Eltern- und Familienarbeit, in: Speck, Otto/ Warnke, Andreas (Hrsg.), ebd.

Ulfrid Kleinert

Sozialarbeit als Friedensarbeit

Rede zur Übergabe der Urkunden zur staatlichen Anerkennung für
den 2. Jahrgang des grundständigen Studienganges am 7.2.97

Ich möchte mit Ihnen darüber nachdenken, inwieweit Ihre Arbeit und das,
wozu wir hier ausbilden an dieser Hochschule, als Friedensarbeit verstanden werden kann. Hintergrund, weshalb ich dieses Thema gewählt habe, ist
einerseits die Hochschulprotestwoche „gegen Sozialabbau für Solidarität"
mit der Trommelaktion vor der Kreuzkirche am Buß- und Bettag. Da ging
es darum: Ist der soziale Friede durch die Art, wie in unserem Land Politik
betrieben wird, gefährdet? Pointiert ist von Kriegserklärung an die Armen
geredet worden. Wir haben versucht, das Sparpaket nach Bonn zurückzu-
trommeln (bisher ist es nicht wirkungsvoll dort angekommen). An anderen
Stellen wird vom Krieg der Generationen geredet, zwischen Alt und Jung.
Zu fragen ist, wie hier Sozialarbeit als Friedensarbeit wirksam werden kann.
    Der zweite Hintergrund ist der, daß im April letzten Jahres Silvia Staub-
Bernasconi in einer Gastvorlesung zum Thema „Soziale Arbeit als Menschenrechtsprofession" uns gesagt hat, daß für die soziale Arbeit als Wissenschaft und als Praxis vom geschichtlichen Hintergrund her immer
dazugehört hat, die Frage nach den Menschenrechten als historisch-theo-
retische und praktische Tradition aufzunehmen. Bei ihr klang an, daß mit
dieser Menschenrechtsarbeit zugleich Friedensarbeit gemeint ist. Sie hat
auf Alice Salomon, Inge Arlt und Jana Adams verwiesen, die alle soziale
Arbeit auch als Friedensarbeit verstehen. Es fehlten Hinweise auf Frie-
drich-Sigmund Schulze, der in Berlin bis 1969, von 1910 an, durch die
Zeit der Weimarer Republik, des Dritten Reiches und auch der Bundesrepublik versucht hat, soziale Arbeit als Friedensarbeit zu begreifen und
zugleich als Pazifist Friedensarbeit gemacht hat. Es gibt mittlerweile seit
zwölf Jahren den „Arbeitskreis Frieden" der Fachhochschulen für Sozialarbeit, der inzwischen in 7 Bänden seine Ergebnisse zu Sozialarbeit als
Friedensarbeit veröffentlicht hat.
    Der dritte Hintergrund zum Thema ist, daß der konziliare Prozeß für
Frieden, Gerechtigkeit und Bewahrung der Schöpfung, dem die Veränderungen in diesem Land grundlegend mit zu verdanken sind, daß dieser Prozeß gerade das Friedensthema mit dem Gerechtigkeitsthema, um das es bei
der sozialen Arbeit geht, verbindet, und daß wir zur Zeit zwischen der
Ökumenischen Versammlung in Erfurt, zu der ein Friedensweg hingeführt
hat von Dresden aus unter Begleitung und Mitvorbereitung von unserem
Haus, und Graz, der Europäischen Versammlung in diesem Jahr, stehen.

Wir stehen auch unmittelbar vor der Veröffentlichung des Sozialwortes der Kirchen, über das Herr Przybylski während der Hochschulprotestwoche zu uns gesprochen hat und dessen Vortrag im Reader zu dieser Woche steht.

Soviel zum Hintergrund, weshalb ich dieses Thema ausgesucht habe. Ich möchte in zwei Teilen dazu sprechen, von den Bedürfnissen der Klientinnen und Klienten der Sozialarbeit zu den Menschenrechten und zu Realutopien und dann zweitens dazu, was wir für soziale Arbeit aus der Friedensforschung lernen können.

1. Von den Bedürfnissen der KlientInnen der Sozialarbeit zu den Menschenrechten und zu Realutopien sozialer Arbeit

Hier kann ich mich an Silvia Staub-Bernasconi anlehnen, an das, was sie bei uns und anderswo gesagt hat. Ausgangspunkt ist ein Paradigmenwechsel in der sozialen Arbeit, der Perspektivenwechsel, der in den letzten drei Jahrzehnten stattgefunden hat, daß nämlich von der Person und Situation, von den Problemen wie den Ressourcen der Adressatinnen und Adressaten sozialer Arbeit aus gedacht und gehandelt und auch theoretisch gearbeitet wird und nicht mehr wie vorher von den Trägern sozialer Arbeit oder von der Macht her, die Befriedung und Kontrolle sucht im Lande.

Ihre Kolloquien – ich erinnere einige eindringliche Gespräche hierzu – machten deutlich, wie Sie versuchen, dieser Perspektive ihrer Adressaten nachzugehen, aus deren Blickwinkel die Situation zu sehen und deren Probleme zu beschreiben und die Ressourcen, die sie haben, zu sehen und zu stärken. Ein Zielaspekt sozialer Arbeit ist die Stärkung der Autonomie der Lebensführung. Unter anderem darum geht es Ihnen in Ihrer Praxis. Wir werden unter dem Stichwort „Autonomie und Verantwortung" öffentlich zur Diskussion stellen, inwieweit Ziel sozialer Arbeit Stärkung der Autonomie der Lebensführung ist. Ausgangspunkt ist ein Paradigmenwechsel; der Blick ist anders geworden. Sie haben versucht und versuchen, aus dem anderen Blickwinkel zu sehen. Dazu gehört dann, daß Bedürfnisse festgestellt werden – wobei wir unterscheiden zwischen biologischen, psychischen und sozialen Bedürfnissen der Menschen, mit denen Sie zu tun haben in Ihrer sozialen Arbeit. Es kommt darauf an, bei dieser Entdeckung, Feststellung, der empathischen Nachempfindung dieser Bedürfnisse zu einer Identifizierung zentraler menschlicher Bedürfnisse zu kommen, nämlich Menschen- und Sozialrechte zu fixieren, sie zu formulieren, sie kommunizierbar zu machen.

Diese Menschen- und Sozialrechte müssen interkulturell und transdisziplinär erhoben werden. Abgeleitet von der Feststellung der Bedürfnisse über die Formulierung von Menschen- und Sozialrechten und den Diskurs darüber in unserem Land und weltweit, kommt es dann zum Entwurf von

Realutopien. Silvia Staub-Bernasconi sagt zu Realutopien, sie seien „individuell und kollektiv geteilte Bilder des Wünschbaren, für die vage bis sehr konkrete Vorstellungen bestehen, unter welchen Bedingungen und mit welchen Ressourcemitteln sie verwirklicht werden können".

Eine Realutopie, die die Menschheitsgeschichte durchzieht, ist die Realutopie, die im Hebräischen Schalom heißt; ihr geht es um die Zielperspektive von Schalom, um den Zustand gelungenen, geglückten Lebens, von Frieden und Gerechtigkeit in einem. In der Tradition unserer Bibelübersetzungen ist auch das, was Reich Gottes genannt wird, eine solche Zielperspektive .

Es gehört zu den Realutopien, in denen historisch in der Prophetie und Gesetzgebung, beim historischen Jesus und in der christlichen Überlieferung Bilder des Wünschbaren konkret werden. Darum war es wohl nicht zufällig, daß Minister Waigel seine Steuerreform u. a. mit dem Hinweis zu verkaufen versucht hat, mit ihr würden zum Teil biblische Verhältnisse hergestellt, weil in den unteren Einkommensschichten 10 % Steuern in Zukunft abgeführt werden sollten. Dazu haben wir Dresdner Theologen mit den Hamburger Theologen gemeinsam öffentlich Stellung genommen, um die Realutopien der biblischen Überlieferung, der hebräischen Bibel gegen solchen Mißbrauch zu schützen – unsere Stellungnahme ist im Ökumenischen Wegweiser, in der Sächsischen Zeitung, in der Jungen Kirche und auch an den Wandbrettern veröffentlicht. Als eine aktuelle, ausgeführte, konkrete Realutopie kann das gelten, was im Publik-Forum-Manifest „Das neue Modell Deutschland – Wirtschaften für das Leben" steht. In diesem Manifest werden erstens Probleme von heute genau benannt, andererseits zweitens die Vorurteile von gestern vorgestellt, mit denen man versucht, mit den Problemen von heute umzugehen, dann drittens konkrete Vorschläge für morgen gemacht und viertens Visionen für übermorgen aufgezeigt. Zu den Vorschlägen für morgen heißt es – ich nenne nur die sieben Stichworte, die im Manifest ausgeführt werden –: Arbeitszeitverkürzung, soziale Grundsicherung, Umsteuern mit Energiesteuer, arbeitsintensive Betriebe entlasten, Investition in die Zukunft, sozialer und ökologischer Welthandel und eine Steuer auf Spekulation. In der Hochschulprotestwoche haben wir festgehalten, daß wir auf Gerechtigkeit für alle beharren wollen, auch angesichts der Tendenzen eines totalen Marktes, auf dem gerade diese Gerechtigkeit für alle aufgegeben wird.

Als konkretes Beispiel auf dem Wege zur Realisierung solcher Realutopien nennt Silvia Staub-Bernasconi die Sozialberichterstattung. Weil diese nah an Ihrer alltäglichen Praxis ist, möchte ich zwei Absätze vorlesen zu dem, was sie unter der Überschrift „Menschen- und Sozialrechte als soziale Praxis" anführt.

Für Staub-Bernasconi gehört zur besonderen Form der Sozialberichterstattung die „organisationelle Anwaltschaft und die Ermittlung von verletzten Ansprüchen auf Bedürfnisbefriedigung". Ausgehend von der Vorstellung, daß es in der Sozialarbeit nicht nur um unmittelbare Hilfe, sondern um die Umwandlung von privatisierten Problemen in öffentlich-gesellschaftliche Themen geht, wurden nach Staub-Bernasconi in den letzten zehn Jahren Formen der „organisationellen Anwaltschaft" im Zusammenhang mit Obdachlosigkeit, der Wohnraumversorgung, mit massiv unterversorgten Stadtteilen, ethnischen Gruppen, SozialhilfeempfängerInnen usw. entwickelt. Wichtig in diesem Zusammenhang ist nun laut Staub-Bernasconi, daß alle in der Organisation tätigen Sozialarbeiterinnen bereit sind, neben den üblichen Akteneinträgen ein *Journal* zu führen, das folgendes festhält: Welche Bedürfnisse sind bei den AdressatInnen verletzt worden? (Dies setzt eine gemeinsam geteilte Bedürfnistheorie voraus.)

Die zweite Frage, die wir zu beantworten haben, ist: Auf welche Menschen- und Sozialrechte beziehen sich diese Bedürfnisse, die mithin ebenfalls uneingelöst bleiben oder verletzt werden? (Dies setzt eine gründliche Kenntnis der Menschenrechtsthematik voraus.)

Und die dritte Frage, die in diesem Tagebuch beantwortet werden muß, ist die: Welche Organisationen sind beim Klienten X, der Familie Y, dem Stadtteil Z aus welchen Gründen nicht in der Lage, die anstehenden Bedürfnisse zu befriedigen oder Rechte einzulösen? Welche verweigern gar ihre Befriedigung oder Einlösung?

Diese Journaleinträge können nicht nur zur Formulierung von größeren Projekten dienen, sondern auch für sozialpolitische Vorstöße und Forderungen. „Herausfordernd ist hier", so Staub-Bernasconi, „daß man nicht warten muß, bis einem zusätzliche Gelder für eine ausgedehnte Armuts- und Sozialberichterstattung zufallen, sondern man damit morgen im Büro, im Heim, im Gemeinwesen beginnen kann."

Zielrichtung solcher Sozialberichterstattung, solcher Journale ist, die Frage der Bedürfnisbefriedigung zu klären und sie zu reklamieren auf dem Wege zum Schalom. Wir werden hier im Lande, im Freistaat Sachsen, ein neues Organ dazu haben, das auch Ihnen zur Verfügung steht, nämlich P. S., „Pro Sozial", das „Sächsische Magazin für Hochschule und soziale Praxis", das im April mit einem Themaheft zum Jugendbericht des Freistaates Sachsen erstmals erscheint. Das zweite Heft wird die Armut in Sachsen thematisieren. Sie sind eingeladen, dieses Magazin als Forum zur Artikulation Ihrer Wahrnehmungen in der sozialen Arbeit zu nutzen.

Soviel in aller Kürze zum ersten Kapitel, also von dem Paradigmenwechsel zu den Bedürfnissen der Menschen, zu den Menschen- und Sozialrechten und zur Konkretion eines Journals, das öffentlich wirksam werden kann.

2. Lernen aus der Friedensforschung

Im Friedensjahrbuch 1996 steht ein Beitrag von Uli Jägers und Eva Seng-haas-Knobloch zur Konzeption eines zivilen Friedensdienstes, in dem die beiden Autoren auch auf das Schalomdiakonat hinweisen. Sie skizzieren vier Phasen in den internationalen Konflikten mit dem Hintergrund militärischer Auseinandersetzungen, vier Konfliktphasen, für die sie drei Hauptgruppen der Friedensdienste und besondere Dimensionen innerhalb dieser Hauptgruppen unterscheiden. Ich möchte ihre Überlegungen in aller Kürze vorstellen, weil wir für die soziale Arbeit von den Erfahrungen des zivilen Friedensdienstes und von dessen Versuch der Intervention in militärische Konflikte lernen können.

Uli Jäger und Eva Senghaus-Knobloch gehen davon aus, daß die Arbeit des zivilen Friedensdienstes abhängig ist von dem Konfliktstadium, in das sie hineinintervenient. Friedenspolitische und -pädagogische Handlungsmöglichkeiten für Friedensdienste sind davon abhängig, in welcher Situation sich ein internationaler Konflikt befindet. Jäger und Senghaas-Knobloch unterscheiden im großen vier Phasen. Die erste Phase nennen sie die Phase latenter Spannungen über objektiv und subjektiv vorliegende Problemlagen bis hin zu militant vorgetragenen Forderungen und vereinzelten Übergriffen gewaltförmiger Art. Diese Spannungen müssen identifiziert und bewußt gemacht werden. In der zweiten Phase ist der Konflikt, weil er keiner zivilen Bearbeitung zugänglich war, in eine militärische oder paramilitärische Form überführt worden, möglicherweise bis zu einem Konflikttyp, der schon in den 60er Jahren als contracted conflict, festgefahrener Konflikt, bezeichnet wurde; der Konflikt erscheint in dieser Phase als rational nicht mehr auflösbar. In einer dritten Phase lassen sich die verschiedenen Ansätze und Stufen zur De-Eskalation der gewaltförmigen Austragung zusammenfassen; dazu gehören herkömmlicherweise der militärische Sieg einer der Konfliktparteien, möglicherweise auch Erschöpfung aller Konfliktparteien. In der dann anschließenden vierten und letzten Phase des Konfliktverlaufsbogens entscheidet sich, ob die Herausbildung einer institutionellen Friedensstruktur gelingt – zu ihr gehört auch die Aussöhnung der Konfliktparteien -, oder ob die Grundlage für eine spätere Neuauflage des Konfliktverlaufs, beginnend mit der ersten Phase, vorgezeichnet ist.

Im Blick auf die hier grob gezeichneten vier Phasen militärischer Konflikte nennen Jäger und Senghaus-Knobloch drei Hauptgruppen von Friedensdiensten. Die erste Gruppe intendiert Konfliktbearbeitung bzw. friedliche Streitbeilegung. Sie konzentriert sich auf die erste Phase des Konfliktverlaufes. In der zweiten Phase kann es nur um Gewalteindämmung gehen gegen die Gefahr, daß dort, wo Gewalt ist, die Gewalt sich wie ein Feuer ausbreitet. In dieser Phase kann der Konflikt nicht mehr bearbeitet und friedlich beigelegt werden, sondern es geht nur darum, Härten oder Gewaltauswüchse zu mildern oder zu vermeiden.

Die dritte Hauptgruppe der Friedensdienste zielt auf die Wiedererrichtung eines zerstörten Gemeinwesens; sie wird in der dritten bzw. vierten Phase des Konfliktverlaufs wirksam.

Da für die soziale Arbeit vor allem die erste Phase und entsprechend die erste Hauptgruppe der Friedensdienste von Interesse ist, möchte ich die Überlegungen zur ersten Hauptgruppe genauer vorstellen, also mich zur konstruktiven Konfliktbearbeitung und friedlichen Streitbeilegung äußern. Ich bitte Sie, dabei die sozialen Konflikte in unserem Land mitzuhören, nicht nur die internationalen militärischen, von denen hier die Rede ist.

Ansatzpunkte für konstruktive Konfliktbearbeitung in dieser ersten, der vormilitärischen Konfliktphase, sind möglich in drei Dimensionen.

Es geht erstens darum, Hilfestellung zu geben, einen Konflikt beschreibend zu objektivieren, also eine gemeinsame Sicht auf den Konflikt herzustellen bzw. im Auftrag der Konfliktpartner dabei zu helfen, den Konflikt beizulegen. Der Erfolg hängt letztlich von der politischen Tragfähigkeit der Übereinkunft der Auftragserteilung ab.

Die zweite Dimension dieser konstruktiven Konfliktbearbeitung liegt im Aufbau einer ökonomischen und sozialen Infrastruktur, die es erlaubt, realistische Ausblicke auf einen sich selbst tragenden Frieden zu eröffnen. In asymmetrischen Konfliktlagen kann dies beispielsweise Eskortendienst für gefährdete Personen und Gruppen heißen, die sich vor Ort um die Einlösung grundlegender Rechte bemühen. Angebote von Trainings in gewaltfreier Konfliktaustragung gehören hierher, weil ansonsten legitime Interessen auf Dauer gewaltträchtig unterdrückt werden. Gewaltfreies Empowerment gehört dazu, Demonstrationsbeobachtung, auch das Instrument der Gerichtsbeobachtung, mit dem offizielle Regierungswahrnehmungen oder öffentliche Berichterstattungen korrigiert werden können. Die dritte Dimension in diesem ersten Hauptgruppenbereich besteht darin, Angebote zur Wiederherstellung von Dialogen zwischen verfeindeten Gruppen zu machen, Entfeindungsversuche anzustellen.

So weit einige Stichworte aus der Friedensforschung. Nun zur Frage, was daraus für die soziale Arbeit gelernt werden kann. Zunächst müssen wir uns bewußt machen, daß es nur eine bedingte Übertragungsmöglichkeit dieser Überlegungen zum zivilen Friedensdienst in militärischen Konfliktlagen auf den sozialen Friedensdienst der Sozialarbeit gibt. Die Frage ist, wie die Konfliktparteien im Sozialbereich genau zu beschreiben sind: zwischen Armen und Reichen, zwischen den Privilegierten und den Nichtprivilegierten, den Mächtigen und den Ohnmächtigen. Und ob es in dieser Auseinandersetzung denkbar ist, daß Eskalationen bis zum Bürgerkrieg führen. Im nationalen europäischen Bereich sind wir an dieser Stelle (noch?) nicht, obwohl vom Krieg der Reichen gegen die Armen geredet wird und obwohl im internationalen Kontext die Anzeichen für eine solche Auseinandersetzung wachsen. Der Film „Marsch auf Europa" hat meines Erachtens seismographisch im Blick auf die Perspektive der nächsten 10 oder 15 Jahre eine Gefahr internationaler Konflikte durch die soziale Frage aufgezeigt. Entsprechend beobachten wir, daß gelegentlich plötzlich, ohne daß es vorher erkennbar war, wie z.b. kürzlich in Los Angeles, bürgerkriegsähnliche Konflikte, die durch soziale Problemlagen bedingt sind, auftauchen; da finden z. B. in Amerika bürgerkriegsähnliche Auseinandersetzungen über mehrere Tage hin statt.

Dessen ungeachtet wird sich aber in unserem Raum die Übertragung auf die erste Phase des Friedensdienstes beschränken.

Ich finde nun insgesamt sechs erwägenswerte Punkte für Ihre und unsere soziale Arbeit, für Ihre vor Ort und für unsere der Ausbildung dazu. Erstens geht es um eine Beauftragung von beiden Seiten, um ein Mandat von beiden Konfliktparteien, um ein Doppelmandat, das aber anders zu verstehen ist als in der bisherigen Sozialarbeitsdiskussion. Bisher meinte Doppelmandat einerseits die Kontrolle, die Sozialarbeiter von seiten der Anstellungsträger ausüben sollen, und andererseits das Mandat durch den Klienten, in seinem Sinn tätig zu werden. Hier muß von dem „Doppelmandat" ausgegangen werden, daß beide Seiten daran interessiert sind, daß Frieden entsteht, ein Frieden, in dem alle Menschen leben können. Beiden Seiten gegenüber wird die Verpflichtung eingegangen, an der Herstellung des Friedens zu arbeiten, insofern einen politischen Auftrag wahrzunehmen und von daher professionell zu arbeiten, auch als Profession anerkannt zu sein. Beide Seiten haben ein gemeinsames Ziel, nämlich die Herstellung von Frieden, von Schalom – wobei angesichts ungleicher Machtverhältnisse der beiden Mandateure es so sein muß, daß in der sozialen Arbeit Parteinahme für unten nötig ist, aber im Interesse aller. Solches Mandat herzustellen ist eine Aufgabe der Profession.

Der zweite Punkt ist die Hilfestellung bei der Konfliktbeschreibung. Die soziale Berichterstattung ist eine Hilfestellung für die Konfliktbeschreibung, die beide Seiten brauchen, die für beide Seiten dienlich ist. Die Tagebuchaufzeichnungen Ihres Journals können für diesen wie für den vierten Punkt, den ich gleich nennen werde, dienlich sein.

Der dritte Punkt sind die Eskortendienste für gefährdete Personen, das gewaltfreie Empowerment, das Training in gewaltfreier Konfliktaustragung. Es kommt darauf an, daß Sie für die Personen, mit denen Sie in der sozialen Arbeit zu tun haben, Eskortendienste leisten, daß Sie sie befähigen, selber Konflikte auszutragen. Dazu kommt viertens die Interaktionsbeobachtung, also die Wahrnehmung und Berichterstattung darüber, was passiert, wenn Klienten selbst in die Sozialämter gehen oder politisch agieren. Weiter geht es fünftens um Ansätze für den Aufbau einer ökonomischen und sozialen Infrastruktur, sie aufzuzeigen und zu gestalten –

eine Infrastruktur, die es erlaubt, realistische Ausblicke auf einen sich selbst tragenden Frieden zu eröffnen. Im Zusammenhang der Friedensforschung geht es dabei sechstens auch darum, aufzuzeigen, wie notwendig Nichtregierungsorganisationen sind. Sicher ist die Situation der Sozialarbeit anders als die der zivilen Friedensdienste. Aber auch für sie ist es notwendig, daß sie auch von Nichtregierungsorganisationen geschieht, daß es also nicht nur staatliche Sozialarbeit gibt, sondern auch solche von freien Trägern mit einer größeren Unabhängigkeit. Das Problem, vor dem wir heute alle stehen, ist die ökonomische Frage; wie weit Sozialarbeit dadurch, daß sie zusehends vom Markt abhängig wird, dann auch von zahlungskräftigen Klienten abhängig wird. Aber die Notwendigkeit, hier Unabhängigkeit von Staatsorganisationen und gegebenenfalls auch vom Markt zu erreichen, muß gesehen und politisch umgesetzt werden. Die Frage ist, welche Chance da zum Beispiel Kirche hat, wenn sie an der Stelle ohne Auflagen Finanzmittel – natürlich in sehr begrenztem Umfang, aber immerhin – exemplarisch zur Verfügung stellt.[1]

Soweit meine Überlegungen zu Sozialarbeit als Friedensarbeit. Es lohnt sich, hier weiter zu denken und zu arbeiten und die eigene Praxis zu verorten in solch einem theoretischen Kontext.

Ich möchte meine Überlegung abbrechen und abschließend Ihnen dafür danken, wie Sie Ihre Praxis, wie Sie die soziale Wirklichkeit in die Hochschule hineingetragen haben: im Hauptstudium im Rahmen der Studienschwerpunkte, und jetzt im Berufspraktikum. Ohne daß Sie Ihre Praxis-Erfahrungen in die Hochschule einbringen, kann diese nicht funktionieren, wie umgekehrt Sie in der Praxis vor Ort theoretische Reflexionen auch in Zukunft z.B. im Zusammenhang mit Weiterbildungsmaßnahmen brauchen und in Anspruch nehmen sollten.

Für Sie vor Ort und für uns in der Hochschule ist Sozialarbeit als Menschenrechtsprofession, als Friedensarbeit Zentrum von Denken und Handeln, unseres praktischen und unseres wissenschaftlichen Berufs. Ich hoffe, daß wir nun mit Ihrer Hilfe in diesem Jahr anfangen, Weiterbildung entsprechend zu gestalten.

---

[1] Vgl. hierzu meine Überlegungen zur Kirchenbezirkssozialarbeit, veröffentlicht z. B. in den Loccumer Protokollen Nr. 13/97. Ein zukünftiger Band dieser Reihe wird sich mit Theorie und Praxis der Kirchenbezirkssozialarbeit auseinandersetzen.

Günther Robert

Ausgrenzung, Innovation und Stützung prekärer Balancen

Einige Ansätze und Wirkungen der Sozialarbeit in Projekten des zweiten Arbeitsmarktes[1]

Vorbemerkung

Projekte des zweiten Arbeitsmarktes gehören in ökonomischer und arbeitsmarktpolitischer Perspektive zum Bereich subventionierter Arbeit. Dieser Bereich ist dabei überaus heterogen und wird bzw. wurde in wesentlichen seiner Teile als solcher kaum wahrgenommen. Offene oder verdeckte (z.b. durch steuerliche Regelungen erfolgende) Subventionierungen ganzer Branchen (z.b. der Landwirtschaft oder des Bergbaus) galten eher als wirtschaftliche denn als arbeitsmarktorientierte oder gar (präventive) sozialpolitische Maßnahmen. Auch reine Beschäftigungsgesellschaften, wie sie zur Abfederung der Folgen von branchen- oder regionspezifischen Problemen im Zuge wirtschaftlicher und politischer Umbrüche entwickelt wurden, galten und gelten primär als transitorische Instrumente einer ökonomischen Strukturpolitik für eine Wirtschaft im Wandel oder Übergang.

Dabei hatte bereits vor der Wende in Deutschland ein Bereich subventionierter Arbeit (Robert 1991) ein noch ein Jahrzehnt zuvor kaum vorstellbares Ausmaß angenommen, der anders und weiter ansetzt. Neben die Bearbeitung von im engeren Sinne verstandenen Problemen des Arbeitsmarktes, also vor allem Lehrstellenmangel und Erwerbslosigkeit, traten weitere Zielsetzungen. So bemühten sich viele der in diesem Feld entstehenden Projekte um die Bearbeitung auch der psychosozialen Folgen einer bereits eingetretenen Erwerbslosigkeit und/oder etwa um die Erschließung neuer, gesellschaftlich nützlicher, aber noch nicht ökonomisierter Arbeitsfelder. Diese Projekte waren in Teilen darüber hinaus sensibel für gesellschaftliche Veränderungen und deren Folgen, die in der (politischen) Öffentlichkeit – noch – nicht wahrgenommen bzw. thematisiert wurden. Beispiele dafür sind etwa die Effekte der neuen Formen und Inhalte der Produktion und ihrer Organisation für Berufsrollen und Berufsbiographien oder die Wandlungen der Vergesellschaftungsmodi und Lebensmodelle (Familienformen, Sozialisation, Geschlechterverhältnisse

[1] Dieser Aufsatz basiert auf einem Beitrag für eine Tagung zu Fragen der Bekämpfung der Langzeitarbeitslosigkeit in der EG. Vgl. dazu: Treu, E. (Hg.), 1994.

85

u.ä.m.) und ihre Auswirkungen auf die Adoleszenz und Postadoleszenz als entscheidende biographische „Einspurungsphasen".

Um einige Erfahrungen, die mit derartigen, im Grenz- bzw. Überlappungsbereich der Dimensionen des Ökonomischen, Sozialen sowie Personalen angesiedelten Institutionalisierungsversuchen gemacht wurden, soll es in diesem Beitrag gehen. Das Schwergewicht liegt dabei auf dem Versuch, Handlungstypen und -funktionen der Sozialarbeit angesichts eines tiefgreifenden sozialen Wandels und des Entstehens neuer sozialer (Zwischen-) Lagen sowie darauf bezogener „Selektionsformen" herauszuarbeiten. Diese Akzentuierung der sozialarbeiterisch-sozialpädagogischen Ebene ist dabei ebenso beabsichtigt wie empirisch durch entsprechende Erfahrungen fundiert ausgerichtet auf das innovative Potential einer solchen Arbeit. Letzteres wird verstanden als Rahmensetzung und Öffnung der Möglichkeit für die Entstehung von Neuem. Wenngleich die angesprochenen Projekte in den alten Bundesländern angesiedelt sind, können deren Erfahrungen auch und gerade in den neuen Ländern solange von Nutzen sein, wie deren prinzipiell offene und lokal- wie problemspezifische Grundausrichtung berücksichtigt und umgesetzt wird.

1. Ausgang und Rahmen

1.1 Projekte des zweiten Arbeitsmarktes

Projekte des zweiten Arbeitsmarktes reagieren auf ein Bündel von Problemen, das es in dieser Form und Konstellation bislang nicht gab.

Äußerlich gesehen sprechen sie Schwierigkeiten einzelner an, Berufsnot, Ausbildungs(platz)-probleme oft auch persönliche Krisen. In diesen aber drückt sich unübersehbar eine Vielzahl heterogener struktureller Faktoren und Prozesse aus wie demographische und konjunkturelle Entwicklungen, technische, ökonomische oder soziale Veränderungen und Wandlungen.

Die Projekte stellen eine vermittelnde Institutionalisierung dar zwischen überwiegend als individuell erfahrenen Lebensproblemen, diese thematisierenden und aufgreifenden Instanzen sowie gesellschaftlichen Strukturbedingungen und -wandlungen, die zumindest z.T. auf deren Entstehen einwirken sowie Zielvorgaben für eine problemlösungsorientierte Arbeit mitbestimmen.

1.2 Projektansatz: Sozialarbeit und Normalformarbeit

Nimmt man diesen Gedanken ernst, so folgt daraus, daß auch der jeweilige Projektansatz und die Arbeit entsprechender Einrichtungen mehrdimensional betrachtet werden muß. Dabei zeigt sich, daß in einer Vielzahl derartiger Maßnahmen, den sogenannten ABM-Projekten, angestrebt wird, der Mehrschichtigkeit der gegebenen Probleme durch einen integrierenden Ansatz gerecht zu werden.

In einer vereinfachenden Differenzierung sind die Projekte v. a. Versuche, Hilfe und Arbeit, sozialpädagogische und sozialarbeiterische Handlungsmuster mit solchen der Normalformen gesellschaftlicher Arbeit zu verbinden und wechselseitig nutzbar zu machen. Damit wird, so scheint es zumindest, sowohl der Berufsnot als auch den mit dieser verbundenen (bzw. diese mitunter auch verursachenden) persönlichen Schwierigkeiten Rechnung getragen.

Die bloße „Koexistenz" dieser beiden Handlungstypen in Einrichtungen sozialer Hilfe und öffentlicher Erziehung ist dabei keineswegs neu. Zudem besteht seit langem eine enge Beziehung zwischen gesellschaftlichen Sicherungssystemen auf der einen und den Arbeitsverhältnissen auf der anderen Seite. Anspruchsberechtigungen auf Sicherungsleistungen etwa werden nach Kriterien von Arbeit erworben. Allerdings liefen derartige Vermittlungsformen tendenziell auf die Erhaltung der *Separierung der Sphären* hinaus. So war *Arbeit* in entsprechenden Einrichtungen oft nur *Beschäftigung*, vielfach zudem ein *Instrument* der Erziehung und Disziplinierung, damit *erzieherischen und sozialarbeiterischen Zielen instrumentell zu- und untergeordnet.* Ein Bezug auf Arbeit bestand zwar oft, basierte aber im Kern gerade auf der Differenzierung von *(Normal-) Arbeit* als einer orientierenden, Normen und Ziele definierenden *Bezugswelt*, auf die hin pädagogisches Handeln ausgerichtet ist (Ziel ist dann z. B. und v. a. die Integration in Normalarbeitsverhältnisse) und *Arbeit als Vehikel* allgemeinerer erzieherischer und pädagogischer Prozesse.

Die Arbeit in solchen Einrichtungen war damit angelegt in Formen der Hilfe, der Erziehung und der sozialen Integration und Kontrolle, für die jeweils in unterschiedlichem Ausmaß die „normale" Arbeitswelt bzw. deren Formen und Strukturen als Orientierung und Maßstäbe setzend dienten.

Derartige Projekte bestehen auch heute noch; auch AB-Maßnahmen scheinen mitunter dem Selbstverständnis einer alimentierten Arbeit als sozialer Hilfe und erzieherischem Instrument näher zu stehen als einem Ernstnehmen und Umsetzen der Tatsache der gegebenen Normalformarbeitsverhältnisse. Weiterhin differenzieren sich viele Projekte in ein Nebeneinander „alter" und „neuer" Qualitäten, wobei mit „neuen" hier die Ansätze zur Integration von Normalformarbeits- und Qualifizierungsverhältnissen gemeint sind.

Andersherum gesehen entsteht „echte" *subventionierte Arbeit* an Bruchstellen des Arbeitsmarktes und muß zunächst aus diesen heraus verstanden werden. So bearbeitet sie Probleme, die aus Diskrepanzen resultieren, wie einem Ungleichgewicht zwischen gesellschaftlich verfügbarerer Arbeit und Arbeitsplatznachfrage, strukturellen Verschiebungen zwischen bestehenden und nachgefragten Qualifikationen u.ä. Dazu benötigte sie idealerweise, gleich und richtig eingesetzt, keine Sozialarbeit. Daß sie aber überwiegend[2] mit Sozialarbeit ausgestattet wird, zeigt v.a., daß

– die intervenierende Instanz nicht aus der Wirtschaft, sondern aus der sozialen Hilfe (Wohlfahrtsverbände, Jugendämter) kommt und damit deren Handlungslogiken, Werte und Orientierungen mittransportiert;
– von diesen gesehen wird, daß die Bewältigung berufsbiographischer Rißstellen mit erheblichen psychosozialen Problemen verbunden ist;
– die Aufgaben sozialer Arbeit im Arbeitsweltbezug sich zunehmend auf den Erhalt der Arbeitsfähigkeit in einem basalen Sinne richtet;
– nicht selten im Zusammenhang mit der Erwerbslosigkeit bereits Problemaufschichtungen erfolgt sind, die allein durch ein Arbeitsplatzangebot nicht mehr bearbeitet werden können, sowie schließlich
– in der Population der Erwerbslosen Personen auftreten, deren Erwerbslosigkeit Folge anderer Schwierigkeiten ist und damit dem Feld, da es als ein geeignet scheinender, zuweisungsfähiger Bearbeitungsansatz einmal besteht, natürlich auch solche Klienten zuwachsen, die aufgrund vorgängiger Schwierigkeiten erst zu Fällen von Berufsnot wurden.

Projekte des zweiten Arbeitsmarktes, die während des Jahrzehnts vor der sogenannten demographischen Entlastung entstanden, waren daher vielfach so angelegt, daß sie mit klienten- und ansatzspezifisch heterogenen Zielsetzungen Mischformen von („simulierter") Normalformarbeit, qualifizierenden, erziehenden, krisenlösenden, persönlichkeits-stabilisierenden und -bildenden Elementen, Experiment und Ernsthaftigkeit zu realisieren versuchten.

Dabei gerieten sie, ohne dies notwendig selbst explizit wahrzunehmen, in das Bezugsfeld von gesellschaftlichen Entwicklungen, die auf die Entstehung neuer sozialer Differenzierungen hinauslaufen. Solche Differenzierungen vollzogen und vollziehen sich offensichtlich zunehmend nach Kriterien *neuer Kompetenz- und Personprofile*[3]. In diesem Kontext werden damit Maßstäbe und Verfahrensweisen sozialer *Selektivität* neu bzw. modifiziert hergestellt, ergeben sich *neue soziale Lagen*.

---

[2] Auf den besonderen und vor allem im Zuge der deutschen Einigung zunehmend Bedeutung gewinnenden Typus „reiner" Beschäftigungsgesellschaften wird, wie einleitend bereits angesprochen, an dieser Stelle nicht eingegangen. Diese verfügen eher über entsprechende Substitute (etwa Vertrauensleute; die gewachsene Betriebsgemeinschaft) oder firmieren als „sich selbst normalisierende Gemeinschaften simulierter Arbeit (wie z. B. sogenannte „Scheinfirmen").

[3] Diese wiederum sind zum einen ausgerichtet auf Veränderungen in der Arbeitswelt, zum anderen drücken sich in ihnen neue resp. erhöhte Anforderungen an die allgemeine soziale Handlungsfähigkeit aus. Stichworte dazu sind etwa „neue Produktionskonzepte" (Kern-Schumann), „Enttraditionalisierung" und „Individualisierung" (Beck; Berger) u. a. m.

Die Wahrnehmung dieses tatsächlichen Spektrums des Handlungsfeldes subventionierter Arbeit wird oftmals dadurch verstellt, daß allzu leicht aus den von Arbeitsmarktentwicklungen Betroffenen Rand- und Problemgruppen in einem sozial diskriminierenden Sinne gemacht werden. Selbst mit Blick auf das vordergründig erste Ziel der Bearbeitung von persönlichen, mit dem Arbeitsmarkt verknüpften Problemen darf die Frage der Erwerbslosigkeit aber nicht vereinfachend reduktiv, sondern nur im Zusammenhang eines weiter gefaßten Verständnisses von Prozessen sozialen Wandels diskutiert werden. In diesem Sinne lassen sich die von Erwerbslosigkeit Betroffenen sinnvoll ansiedeln auf einem Kontinuum zwischen den Polen von *Opfern* und *Protagonisten* sozialer Wandlungsprozesse (Robert 1991).

1.3 Differente Handlungslogiken von Sozialarbeit, sozialpädagogischer Hilfe und Arbeit

Auf den ersten Blick mag in den Versuchen der Integration der genannten Bereiche im Rahmen von Projekten etwas unproblematisch Gegenstandsangemessenes vermutet werden. Daß dies so ohne weiteres nicht der Fall ist, häufig sogar (noch?) erhebliche Probleme aus derartigen Mixturen resultieren, folgt daraus, daß die verschiedenen gesellschaftlichen Handlungssphären von Hilfe und Arbeit unterschiedlichen Logiken folgen. Diese Logiken sind im Verlauf eines gesellschaftlichen Differenzierungsprozesses entstanden und nicht ohne weiteres kompatibel zu machen. Arbeit und Hilfe sind in modernen Gesellschaften mit weitgehendem wechselseitigem Ausschluß organisiert („Das gehört hier nicht hin") und entsprechend codiert.

Vereinfacht läßt sich die gemeinte Unterscheidung und Bereichstrennung sowie deren Codierung etwa an den Differenzen des Verhältnisses von Person und Berufsrolle illustrieren. Während im „klassischen" Berufsrollenmodell nämlich die „voll entwickelte, leistungsfähige und -bereite Person" vorausgesetzt wird und Förderungen, Lernen etc. an den Skills des Rollenhandelns ansetzen, wird im pädagogischen Bezug die Gewichtung verkehrt. Im Vordergrund steht hier die Person, die Rolle erscheint als wähl- und gestaltbar, als relativ und fungibel.

Eine in unserem Zusammenhang wichtige Differenz liegt also darin, daß einmal

– die Person als gegeben und die Rolle als zu lernende, auszugestaltende und gegebenenfalls (nach unpersönlichen Kriterien, aber mit Hilfe der Person) zu optimierende focussiert wird und zum anderen

– Rollen zwar als gegeben angesehen werden, aber im Zentrum die zu entfaltende Person steht („Überleg Dir, was [nicht „wer"] du werden willst") . (Grundlegend: Parsons/Shils 1951)

Die Verbindung von Berufsrollen oder auch anderen Rollen mit der Person erscheint in modernen Gesellschaften prinzipiell als problematisch und voraussetzungsvoll. Für die von Erwerbslosigkeit Betroffenen, von denen hier gesprochen wird, verkompliziert sich diese Aufgabe nochmals. Für sie gilt häufig nicht in erster Linie das Kriterium einer *„gelungenen Integration"*, sondern vielmehr dasjenige der *Belastbarkeit*. Sie sind nämlich u. U. lebenslang gezwungen, Balancen in – zudem prekärer – sozialer Randständigkeit auszuhalten: Hier stellen sich eher Fragen nach situativen Handlungskompetenzen und energetischen Reserven als solche nach Fähigkeiten integrativer Art.

Projekte des zweiten Arbeitsmarktes mit sozialpädagogischer Begleitung stehen also strukturell zwischen den typisierten, standardisierten und hochnormierten Handlungsanforderungen der Arbeitswelt und personalisierenden, reflexiven und experimentellen Elementen eines pädagogischen Bezuges und einer moratoriumsähnlichen Situation. Dabei sind sie mit erheblichen Restriktionen, Einschränkungen und Belastungen ihrer Klientel in oftmals genau für diese Dimensionen relevanten Bereichen konfrontiert bzw. befaßt.

Gerade solche Handlungsvorgaben lassen sich aber als Anstöße verstehen für eine Arbeit, die Lösungen für im Grundsatz neue, mehrschichtig bedingte und definierte Aufgaben finden muß. Diese kann dabei ebenso scheitern wie tatsächlich innovative Effekte haben. Solche wiederum liegen z. B. in den unterschiedlichen Dimensionen der Produktion bzw. des Ausprobierens neuer Lebensmodelle respektive Haltungen; neuer Formen der Verbindung von Beruf und Person; neuer Formen sozialer Selektion u. ä. m.

Im folgenden sollen die angesprochenen Entwicklungen diskutiert werden in bezug auf die Herausbildung dieser neuen Formen sozialer Differenzierung und Selektion. Darin wird eine Verbindung auch zum Thema „Hilfe und Arbeit" hergestellt. Muster, Grundformen und Handlungstypen sozialer Arbeit in diesem Kontext werden unterschieden und typisiert[4]. Diese Typisierungen dienen als Gliederungsgesichtspunkte für die folgenden 4 Abschnitte.

---

[4]   Den Hintergrund dazu bildet meine mehrjährige Mitarbeit beim Aufbau von Projekten, die als „Kommunale Maßnahme zur Bekämpfung der Jugendarbeitslosigkeit" angelegt waren. Neben Werkstätten umfaßte das Sachgebiet eine offene Beratungseinrichtung sowie eine sozialwissenschaftliche Begleitung. Diese Einrichtungen standen im Rahmen weiterer Projekte auf lokaler Ebene. Zwischen diesen existierte ein loser Verbund. Die Typenbildung setzt starke Akzente. Weitere Differenzierungen konnten an dieser Stelle nicht aufgenommen werden. Dies betrifft sowohl die Binnenvarianten der vorgestellten Gruppen als auch die Berücksichtigung weiterer wichtiger Kriterien wie der Geschlechts- und Milieuvariablen.

2. Handlungstypen und Funktionen

2.1 Kampf gegen Entsozialisierungstendenzen und Mitwirken an Karriereprozedierungen

In dieser Dimension begegnen uns Projektteilnehmer, für die die Teilhabe an Sozialität allgemein sowie an konkreten sozialen Umwelten und Institutionen erheblich erschwert ist. Sie sind oftmals nur schwer dialogisch in soziale Strukturen und Situationen einbindbar, und dies nicht, weil sie abwehrend eine andere – etwa deviante – Orientierung präsentieren, sondern weil sie von der personalen Struktur und kognitiven Ausstattung her Probleme der Orientierung, der Kommunikation und der Synchronisation ihres – sozialen – Handelns haben. (Teile der) Grundvoraussetzungen für anspruchsvollere pädagogische Arbeit sind nur begrenzt ausgebildet, es bestehen deutliche soziale Defizite und ein sehr niedriges allgemeines Kompetenzniveau.

Sind Minimalstandards an Selbstreflexivität und dialogischer Einbindbarkeit selbst in einem vereinfachenden sozialen und individuellen Lebenskontext nicht vorhanden oder erreichbar, ist sozialpädagogisches Handeln angelegt in der Form von Verhaltenstrainings, die sich an sozialen Standardnormierungen und Standardsituationen ausrichten und deren Ziel eine möglichst „verletzungsarme" Bewältigung von Alltag und Lebenslauf durch die jeweiligen Personen ist. Das „Schlimmste" soll vermieden werden, solange „es irgend geht", durch entsprechend modifizierte und vereinfachte Bewältigungsmuster eines eng konzipierten Alltags („worauf es im Kern ankommt"). Es werden etwa vereinfachende Planungshorizonte angeboten und deren Übernahme in einem enger verstandenen erziehenden Sinne durchzusetzen versucht.

In derartigen Fällen besteht allerdings zunächst einmal die Notwendigkeit angemessener „Diagnose", denn oftmals ist die Trennungslinie zwischen anderen, ungesehenen Problemen sowie besonderen Spezifika der Personenstruktur und den genannten Formen der nur ungenügenden Sozialisation und/oder Kompetenzausstattung nur schwer zu ziehen. Dies bedarf intensiver Fallinterpretationen, für die nicht immer der Raum (und die Bereitschaft bzw. Fähigkeit der SozialarbeiterInnen) vorhanden ist.

Die auf die Arbeit bezogenen bzw. mit Hilfe von Arbeitsvollzügen realisierten Trainings bestehen vor allem in Rahmensetzungen für Arbeitsvollzüge wie Einübung von Pünktlichkeit (Weckdienst), nachdrückliche „Empfehlung" geeigneter Kleidung, Alkoholkontrolle etc. Darüber hinaus wird in gleichem Sinne Bezug genommen auf allgemeine relevante Bestände sozialer Normativität mit dem Ziel einer möglichst – in dieser Dimension – konfliktfreien Alltagsbewältigung sowie der Herstellung einer vereinfachten, aber realitätstauglichen Alltagsorientierung. Die erziehenden und helfenden Ansätze auf dieser Ebene („Arbeitsbereitschaft, den Umgang mit Ämtern lernen") rutschen aber oftmals ab in eher „vorprofessionelle" Hilfsformen („Komm her, ich schreib das jetzt für Dich").

Das Training von konkreten, also weniger rahmenbezogenen Elementen der Arbeit erfolgt zumeist durch sogenannte Anleiter, die aber gleichwohl ebenfalls einen „erziehenden" Blick auf die Klienten haben sollen. An dieser Bruchstelle – und dieser Aspekt gilt gleichsinnig auch für die anderen noch zu beschreibenden Falltypen – entsteht ein Konflikt zwischen Sozialarbeit und Arbeit. Dieser tritt häufig auf in Form von Aushandlungsprozessen. Deren Gegenstände sind z. B. der Modus und die jeweilige Akzentuierung (in) der Vermittlung von erzieherischen und arbeitsweltbezogenen Normen und Orientierungen, die Zuständigkeiten in diesem Zusammenhang sowie nicht zuletzt die „Verfahren", die etwa im Konfliktfall zur Anwendung kommen (sollen). (Entsprechende Fragen sind etwa solche danach, ‚was noch durchgeht', ‚wer' in die „Klapsmühle" gehört bzw. konkret: „Wer spricht jetzt mit dem darüber?" oder „Wie packen wir den an?").

Oft nimmt dies Formen eines Kampfes um die eigene berufliche Identität an, in dem sich in so vermittelter Form die Differenzen zwischen den Bezugswelten sozialpädagogischen Handelns und der Arbeitswelt abbilden.

Als in engerem Sinne pädagogische Handlungstypen finden sich hier v. a. Versuche einer basalen Kontaktarbeit (Herstellen, Auf-Dauer-Stellen, Differenzieren von Kontakt) sowie Zuwendungen, die zumeist Instrument eines Erziehungsprozesses sind, der eng auf Normativität und die Vermittlung einer minimalen Nutzenorientierung (Utilitarismusstandards) bei deren Befolgung abhebt. Personalisierende Aspekte erscheinen paradoxerweise stärker in professionellen Fallgesprächen und/oder äußern sich als diffuse Formen von Mitgefühl ohne weitere kommunikative und handlungspraktische Rückvermittlung an die jeweilige Person. Sie mögen die Interaktion mitsteuern, sind aber aus dem expliziten Dialog und erlebbaren Kontakt weitgehend ausgeschlossen und damit für deren „Objekt" nicht anzueignen, nicht subjektivierbar.

Insgesamt überwiegen indirekte „sozialtherapeutische" Ansätze, oft in einem recht ‚kruden' Sinne. Gruppendruck, Sanktionen, gemeinsame Unternehmungen nicht alltäglicher Art sind solche Einsatzstellen, von denen oftmals recht diffus erhofft wird, den angesprochenen Personenkreis unter Nutzung seiner vermuteten „Kontextabhängigkeit" zu erreichen und zu beeinflussen. Oft scheitern diese Trainings auch. Die Kommunikationsformen und Kontaktmuster dieses Personenkreises erscheinen als diskontinuierlich, wenig reziprok, und vieles wird von der Umwelt als unverständlich und abrupt erlebt. Manches Verhaltensmuster wirkt etwa nicht als Kommunikationsversuch, sondern eher als dessen Abbruch. Dies ist für die soziale Umwelt, allen voran die SozialarbeiterInnen, nur schwer handhabbar und frustrierend. Aufgeben bzw. Abgeben der Person sind Folgen davon, markieren i. d. R. den Beginn bzw. einen (weiteren) Schritt in einer (abweichenden/sozialen) Karriere bzw. den Weg in dauerhaft ausgegrenzte soziale Positionen.

Dies entspricht einem traditionellen Handlungsbereich und -typus der Sozialarbeit am Rande sozialer Integration, hat aber weniger den Akzent der Bearbeitung normbezogen devianten Verhaltens als denjenigen der Reaktion auf einen mangelhafte soziale Kompetenzausstattung der Person. Dieser Persönlichkeitstyp wird bislang noch (und fälschlicherweise) bestimmten sozial belasteten Milieus zugerechnet, erscheint aber tatsächlich auch in anderen Schichten/Teilen der Gesellschaft.[5]

Formen der Ab- und Übergabe einzelner und damit der Karrierereprozedierung folgen hier überwiegend den traditionell vorgegebenen Mustern. „Wird wohl das beste für ihn sein!" oder ein einfaches „Nicht-mehr-weiter-Wissen" sind die Pole der Einsicht, daß (nach Einschätzung des Prozedierenden, zumeist der Sozialarbeiterin) das gegebene Projekt nicht in der Lage ist, einen positiven Einfluß auszuüben bzw. zu verstetigen. Oftmals treten im Zusammenhang solcher Weichenstellungen auch Gesichtspunkte einer Fürsorge für das Projekt auf im Sinne einer – notwendigen – sozialen Aussonderung, die nicht Gesichtspunkten einer in dieser selbst nach Erfolgsmaßstäben suchenden Fallbearbeitung, sondern primär solchen der Rahmenarbeit für das Gesamtprojekt folgt.

Solche Verweisungen sind oftmals der Ausgangspunkt einer lebenslangen sozialen Ausgrenzung, nicht selten (inszeniert als „verspielte letzte Chance") sozialpädagogische Abfederungen der Verweisung auf den Status der gesellschaftlichen Marginalität.

In Stichworten zusammengefaßt bedeutet dies das Vorherrschen von basalen Orientierungshilfen, Arbeits- und Alltagstrainings, rudimentärer und basaler Kontaktarbeit, weiterhin von Kontrollen, Sanktionierungen, und Verfahrenstypen der Weiterverweisung im professionellen Bezugssystem oder aber auch der (gegebenenfalls abgefederten) sozialen Ausgrenzung.

Darin scheint zum einen die fehlende und wohl auch: nachlassende Sozialisationskraft verschiedener sozialer und familiärer Milieus auf. Zum anderen zeigt sich, daß ein sozialer Lebensraum und nützliche Betäti-

---

[5]   Dazu sei verwiesen auf die zunehmenden Fälle der sog. Wohlstandsverwahrlosung oder das Anwachsen der Phänomene nur noch gering umweltvermittelter Selbstbezogenheit bei vielen Vorschul- und Schulkindern, die einer veränderten und verringerten „inneren Sozialisationskraft" der Familien/Erziehenden zugerechnet werden und dabei nicht nur normative und kognitive, sondern basale strukturelle Defizite sozialer Kommunikations- und Handlungsfähigkeit herzustellen scheinen. Allgemein ist zu erwarten, daß der Anteil nachwachsender Klientele, die in zutiefst entdialogisierten sozialen Umwelten und Prozessen aufwuchsen, in den kommenden Jahren eher noch zunehmen wird.

gungsmöglichkeiten, die bislang (oftmals im Rahmen enger Milieubindungen) zumindest z. T. bestanden haben (Einfacharbeiten, ländliche Gemeinschaften aber auch andere Typen von Ortsgesellschaften und Teilmilieus) für diesen Personenkreis verlorengehen. Hier fällt der Sozialarbeit und ihren Einrichtungen die Aufgabe zu, sowohl Arbeits- wie Sozialbindung, soweit möglich, herzustellen bzw. bei deren Fehlen (Vor-) Selektionen durchzuführen und auszugestalten. Sie ist daher mit sich sozial ausweitenden Problemen einer von (nicht primär durch Devianz begründeten) Marginalität bedrohten Klientel befaßt und trägt zur Objektivierung und Normalisierung derartiger Prozesse bei.

2.2 Sozialisation auf den Status einer prekären Randständigkeit im Vorfeld von abweichenden Karrieren

Bei dem hier angesprochenen Personenkreis sind bessereVoraussetzungen für eine kontinuierliche Arbeit und kontinuierliches Arbeiten aufgrund bestehender Kompetenz gegeben. Auch der Rahmen der Arbeit muß nicht durchgängig gestützt werden. Kommunikationen und Kontakt sind in ihren Grundstukturen „normaler". Häufig finden Auseinandersetzungen über Regeln und Normen statt, in denen ein in diesen Dimensionen gering ausgeprägter Selbstbezug deutlich wird, eine nur rudimentäre Anwendung auf die eigene Person und das eigene Handeln aufscheint. Auch differenziertere Vorstellungen über das eigene Leben sind eher die Ausnahme, Handlungs- und Orientierungsmuster sind, wenngleich komplexer als in der zuvor angesprochenen Gruppe, primär eng situativ verhaftet, biographische Bilder und Pläne treten nur selten sichtbar auf. Weiterhin bestehen hier bei einigen ausgeprägte Tendenzen zur Abweichung in Form von Kleinkriminalität.

Arbeiten, die als realistisch ergreifbar angesehen und auch bewältigt werden, sind überwiegend ebenfalls Einfacharbeiten. Gelegentlich besteht grundsätzlich die Befähigung dazu und ein Interesse daran, eine Berufsausbildung aufzunehmen bzw. fortzusetzen. (In diesem Kreis gibt es bereits Ausbildungsabbrecher.)

Arbeit und berufliches Handeln bleiben hier weitgehend äußerlich, Mittel zum Zweck. Für einige stellt sie auch – in der Unmittelbarkeit ihrer Erfahrung – eine Art selbstvergewissernder Beschäftigung dar (beim „Graben", „Schmirgeln", „Fummeln"). Dabei allerdings wird die Logik des Arbeitszusammenhanges und -prozesses zunehmend derjenigen der selbstbezogenen Motivierung und Steuerung des Tuns unterzuordnen versucht und muß durch entsprechende Interventionen wiederhergestellt werden („Da geht der Graben lang!").

Arbeit ist darüber hinaus inhaltlich wenig besetzt. Weder erscheint sie von der Sache her („Das, was man tut") noch von dem damit verbundenen Status („Das, was man ist") als wesentlich, sieht man von den angedeuteten unmittelbar erfahrenen Effekten („macht Spaß", „kann man sich austoben", „riecht gut") ab. Daraus resultiert, wenn überhaupt, ein überwiegend instrumentelles Verhältnis zu ihr. Auch besteht keine ausgeprägte Erwartung von Kontinuitäten. Der Gegenstand, die Art des Tuns und der Ort, die Umgebung scheinen weitgehend austauschbar zu sein. Eine Ausnahme bilden die gelegentlich entstehenden Bindungen an die Atmosphäre und das spezifische Milieu der Werkstatt, die für einige „ganz anders als im Betrieb", für andere aber auch einfach Rahmen für einen „lockeren Job" ist.

Die Handlungsstrategien der Sozialpädagogen bestehen allgemein darin, dort, wo eine Chance dazu besteht, darum zu kämpfen, ein Minimum an Selbstreflexion und -verantwortung herzustellen. Dabei werden soziale (Standard-)Kategorien und Typen zu Hilfe genommen, vor allem auch solche personaler und biographischer Art.

In bezug auf Arbeit bedeutet dies, die Chancen auszuloten und zu nutzen, von einer äußerlichen Normerfüllung zu Ansätzen einer innerlichen Besetzung von Arbeit in spezifizierter Art zu gelangen. Hierhin gehören, soweit die grundsätzliche Befähigung dazu besteht, auch Anregungen dazu, (wieder) den Versuch einer Berufsausbildung zu unternehmem. Diese richten sich dabei weniger auf die Idee der Initiierung einer „vollwertigen" Normalformbiographie. Vielmehr sind sie motiviert durch die Hoffnung, durch eine Ausbildung („Vielleicht schafft er es ja am Bau"; „Er steht ja so auf Kfz") die Basis für das zu erwartende biographische „Durchwursteln" (auf niedrigem Niveau) zu verbreitern. Entsprechend geht es auch nicht in erster Linie um eine spezifische Ausbildung zur Einspurung in einen lebenslang ausgeübten Beruf als vielmehr um den Erwerb von übertragbaren, auch in anderen Arbeits- und Lebensbereichen verwertbaren Sets an Fähigkeiten.

Bei diesem Teilnehmerkreis fällt die Kontaktarbeit leichter. Eng geführtes „Erziehen" wird – eingeschränkt durch das Niveau der Bereitschaft zur normkonformen Orientierung – relativiert zugunsten dialogischer Ansätze. Nicht zuletzt geht es dabei um das Aufzeigen biographischer Perspektiven zur Erweiterung der Selbstorientierung sowie gegebenenfalls deren Übersetzung in einen Satz von stimmigen situativen Handlungsmustern, die zur konkreten Alltagsbewältigung taugen. In einem zweiten Schritt wird dann in diesem Verständigungsraum der Selbstverortung in sozialer Typik und Normativität das Realitätsprinzip dergestalt eingeführt, daß Bestimmungsmomente der persönlichen Lage wie etwa Belastungen, Kompetenzen, Persönlichkeitsmerkmale u. ä. m. zu einem (scheinbar objektiven) prognostischen Bild zusammenkomponiert werden, das in der Regel nicht besonders rosig ausschaut. Insbesondere rückt dabei die Aufarbeitung der „objektiven" strukturellen sozialen Position sowie der in dieser angelegten Optionen wie Restriktionen ins Zentrum. Auf dieser Grundlage setzen ebenfalls Training und Lernangebote ein, die nunmehr das Ziel haben, auf einen dauerhaften kompetenten Umgang mit sozialen Zwischenlagen und alltäglichen Zwischenzuständen vorzubereiten. Es soll ein Umgang gelernt werden mit Diskontinuitäten, Ambivalenzen (wie der Lage zwischen Opfer-Sein, Ausgrenzung und/oder sozialem Absturz sowie – partiellen – normalformbezogenen Lebenselementen) und Paradoxien (Planungszwang gegen Realisierungschance). Hierhin gehören die angesprochene Entwicklung und/oder Vermittlung von situativen Handlungsmustern, die dennoch ein Minimum an Alltags- und Lebenslaufnormalität latent mitstrukturieren, sowie Formen eines Belastungstrainings etwa durch Krisenantizipation („Da fliegste, so wie du dich aufführst, nach 6 Wochen raus. Was dann?") und – von besonderer Bedeutung – das Training in Kenntnis und Umgang mit sozialen Hilfseinrichtungen. Insbesondere soll dabei ein aktives Hilfesuchverhalten angeeignet werden, das einerseits u. U. zu einer dauerhaften Anbindung dieser Personen an professionelle Milieus führt, zum anderen aber deren Abrutschen in soziale Randständigkeit verhindern kann. Letztlich wird hier gelernt, dauerhaft mit prekären Lebenssituationen, und -lagen umzugehen. Dabei dient das Einrücken eines biographischen Horizontes (bei primär „hier und jetzt Orientierten": „Überleg dir mal, was das dann später für dich heißt, willste mit 80 noch auf'm H-Platz[6] sitzen?") bei gleichzeitiger Dementierung realistischer biographischer Optionen („Das wirste wohl kaum schaffen.") der Vorbereitung auf eine soziale Position „am Rande", der sozialen Teil-, mitunter auch Scheinintegration ohne große Übertrittschancen auf einen vollständigen Normalstatus bei gleichzeitig dauerhaftem Risiko der Marginalisierung, das durch entsprechende Milieus verstärkt wird (Dissoziationsgefahr).

Die Sozialarbeit bewegt sich in den Handlungs- und Interventionsformen der Stabilisierung des Arbeitsbezuges und des Versuches zu dessen Ausbau; der Nutzung der Kontaktarbeit zur Entwicklung von verstärkter und differenzierter Selbstreflexivität im Sinne einer Selbstverortung in („nicht hintergehbaren") sozialen, biographischen und identitätsbezogenen Kategorien und Typen; der Durchsetzung eines „Realitätsbezugs" im Hinblick auf die vorhandenen Ressourcen und wahrscheinlich Optionen. All dies realisiert sich letztlich im Modus von Balanceübungen angesichts sozialer Semiverankerung und einer zu erwartenden lebenslangen sozialen Zwischenlage. Ziel ist die Herstellung von Kompetenzen zur Bewältigung nicht codierter und gestützter Lebenssituationen mit u. U. langer Dauer sowie die Erhöhung des Potentials an Duldungsbereitschaft v. a. angesichts reduzierter sozialer Teilhabe- und Normalisierungschancen bei

---

[6]   Subkultureller Szenetreffpunkt im Zentrum der Stadt.

gleichzeitigem verpflichtendem Bezug auf Minimalbestände gesellschaftlicher Konformitätserwartungen. Schließlich geht es um die Vermittlung des notwendigen Wissens und der Handlungsbereitschaft, bei (Belastungs-)Krisen die Anbindung an professionelle Institutionen zu suchen. Erschien beim zuerst beschriebenen Typus die Person – als sozial nur rudimentär kommunikable und handlungsfähige – in einem grundsätzlichen Verständnis als Problem, wird bei dem hier vorgestellten Personenkreis ein stärker personalisierender Bezug zu dieser hergestellt. Dies geschieht in Ansätzen dialogischer Kontaktformen, innerhalb derer allerdings gleichzeitig eine prinzipielle Kompetenz- und Chancengleichheit dementiert wird. Das Ziel ist der Aufbau einer Binneninstanz des Ausgleichs von nur schwer integrierbaren Bestimmungsmomenten der gegebenen und/oder zu erwartenden sozialen Lage der jeweiligen Personen.

Stärker noch als beim ersten deuten sich für diesen Kreis Phänomene verbauter sozialer Orte und Lebenschancen als Folgen sozialer Wandlungsprozesse an. So scheint sich hier z.B. eine Entwicklung abzubilden, in deren Verlauf *Formen der Einfacharbeit in deutlich abnehmendem Ausmaß den Status eines Normalformarbeitsverhältnisses mit all seinen mehrschichtigen Implikationen zu begründen in der Lage sind.* Es entstehen dabei neue soziale Schichten von (Gelegenheits-)Beschäftigten am Rande der Pauperisierung (etwa im Bereich einfacher Dienstleistungen) als soziale Zwischenlagen, die von weiterer Degradierung bedroht sind. Die angesprochenen Bezüge auf – etwa biographische – Normalitätsstandards, die von der Sozialarbeit zu etablieren bzw. zu stützen versucht werden, bleiben im besten Sinne oftmals kontrafaktisch gehaltene Orientierungstypen. Diese werden – selbst „in der Luft hängend" – selten ersetzt durch eigenständige, milieuverankerte und praktisch realisierbare Orientierungen, die über kleinflächige und gering differenzierte Planungshorizonte hinausweisen, komplexer angelegt sind und dauerhaft praktisch stabilisiert werden. Die Sozialarbeit sieht sich vor z. T. paradox anmutenden Aufgaben der Kompensation von Defiziten, verbauten Lebenswegen und sozialen Entwurzelungen. (Letztere entstehen nicht zuletzt durch die angesprochene Verweigerung eines „normalen" Status und Lebensortes.) Diese Aufgaben erfordern die Entwicklung von Formen der Stabilisierung durch Flexibilisierung und setzen den Erwerb entsprechender Kompetenzen sowie den Ausbau von Belastbarkeit voraus. *Der Bezug auf die Minimalstandards gesellschaftlicher Konformität sowie den Bestand etablierter Orientierungstypen wird dabei ebenso erwartet und unterstellt, wie deren gleichzeitige (personen-spezifische) Relativierung als (Über-)Lebensnotwendigkeit postuliert und trainiert wird.*

2.3 Stützung der Typik normaler Lebensformen als – erreichbares – Ziel und präventive Krisenarbeit für den Fall des Scheiterns

Die beiden zuerst genannten Teilnehmerkreise waren u. a. gekennzeichnet worden durch spezifische Ausprägungen ihrer sozialen und berufsbezogen praktischen Kompetenzen und Fähigkeiten. In engem Zusammenhang damit müssen Besonderheiten ihrer allgemeinen Sozialisierung, ihrer sozialen Verankerung sowie ihrer jeweiligen Handlungsmuster und Selbstbezüge gesehen werden, nicht zuletzt verdient die Nähe zu devianten Verhaltensweisen Aufmerksamkeit. (Letztere wird dabei v. a. beim ersten Typus selbst nicht als solche durchschaut). Davon unterscheidet sich der nunmehr vorzustellende Personenkreis deutlich. Hier wird von uns eine Grenze gezogen vor allem nach den Kriterien prinzipiell voll ausgebauter Handlungskompetenzen, einer geringen Bereitschaft zur Abweichung und einer hohen Orientierung an gesellschaftlichen Normalformen. In bezug auf letztere besteht eine weitgehende Akzeptanz. Bei einem Teil dieses Personenkreises ist diese allerdings eingeschränkt durch das Ansprechen von Veränderungsnotwendigkeiten etwa im Sinne eines Einklagens von Sinnversprechen und der Verwirklichung substantieller Kriterien (wie „sinnvolle Arbeit", „humane Arbeitsatmosphäre", „partnerschaftliche Beziehungen"). Man könnte diesen Typus mithin auch die („Ja-aber-so-nicht-") „Konformen" nennen. (Bei denjenigen von ihnen, die eine „Selbstverwirklichung im gegebenen Rahmen" einklagen, bestehen auch fließende Übergänge zum Typus 4, den „Protagonisten sozialen Wandels" und vice versa.)

Dieser Personenkreis ist im Hinblick auf die Situation der Arbeitslosigkeit häufig Opfer von Arbeitsmarktentwicklungen (Konjunktur, Rationalisierungen,) bzw. anderen strukturellen Rahmenbedingungen ihrer Lebenssituation und -zeit (Ausbildungsstellenmarkt, Demographie). Hier finden sich ebenfalls häufig Ausbildungsabbrecher sowie solche, die an einer Erweiterung ihrer Möglichkeiten (z. B. auf der Grundlage einer Berufsausbildung eine weitere Qualifizierung zu versuchen) gescheitert sind. In bestimmten Fällen intervenieren auch überlagernde biographische Linien wie eine frühe Familiengründung und blockieren den weiteren Ausbau der berufsbiographischen Entwicklung.

Ebenfalls und quer zu dieser Einteilung finden sich hier Personen mit persönlichen Krisen, deren biographischer Stellenwert (fallspezifisch) sowohl Ursache als auch Folge der Arbeitslosigkeit sein kann.

Für diese Personen ist „Arbeit" zunächst selbstverständlich Normalformarbeit. Für einige beginnt diese bereits in einer kontinuierlichen Beschäftigung in einem – selbst angestrebten – adäquat entlohnten und mit einer akzeptablen Arbeitsumgebung ausgestatteten Anlernarbeitsverhältnis. Für den größeren Teil ist Arbeit Beruf und dieser sowohl in bezug auf die Arbeitsinhalte mit (der Forderung nach) Sinn verbunden wie materiel-

le Grundlage einer angestrebten gesicherten, konventionellen und gut ausgestatteten Lebensführung. Ebenfalls häufig werden hier Forderungen an
die Arbeitsbeziehungen und das Umfeld der Arbeit gestellt wie in den
Dimensionen der Art der Kooperation, des Leitungsverhaltens der Über-
geordneten, der Atmosphäre im Team, des Grades der Eigenverantwortlichkeit, der Abwechslung und a.m.

Die diesem Typus zugerechneten Personen haben häufig – gegebenenfalls nach der Bewältigung akuter Krisen und Motivationsverluste – ein
hohes aktives Potential, sich in „normale" Lebenslaufmuster zurückzufä-
deln, sind dabei allerdings bei objektiv verbauten Wegen auch um so ver-
letzlicher. Im Zusammenhang des jeweiligen Projektes sind viele von
ihnen Strukturträger, sie stützen den Rahmen mit und nutzen (ähnlich wie
die Personen im Typus 2) den Kontakt zu „adäquaten" Peers, wobei sie
sich gelegentlich deutlich von allen anderen Gruppen distanzieren.

Solange keine Kollision mit den oben skizzierten Ansprüchen an die
Art und Organisation der Arbeit im Projekt besteht, dokumentieren viele
dieser Teilnehmer ein empathisches Potential auch in Richtung auf die
hauptamtlichen Projektmitarbeiter. Sie helfen so mit, den Strukturbruch
zwischen pädagogischem Kontakt und Arbeitsbeziehungen zu kitten, ohne
dabei unbedingt zu neuen Formen und Mustern zu kommen, die über eine
„Humanisierung der Arbeit" hinausweisen und mit der Erwartung verbunden werden, diese in der Arbeitswelt lebenslang vorzufinden oder gar dort
zu etablieren. Aus diesem Personenkreis rekrutiert sich die Mehrheit der
erreichbaren Adressaten für die Lernangebote des jeweiligen Projektes,
die sie sowohl im Sinne des Kennenlernens eines neuen Tätigkeitsfeldes
(„Kulturbereich") und einzelner Wissens- und Fähigkeitssegmente („Bau-
biologie") aus diesem als auch im Hinblick auf eine allgemeine Erweiterung ihrer Erfahrungen nutzen („Mit ganz anderen Menschen zusammen-
kommen als gewohnt"; Vorstellungsgespräche üben etc.). Sinnstiftende
Qualitäten der Arbeit werden dadurch z. T. (wieder-)entdeckt, ein Effekt,
der durch die Teilnahme an sog. „Eigenprojekten" verstärkt werden kann.[7]
Deutlich lernen viele von ihnen hier schließlich den Umgang mit persönlichen Problemen, nicht zuletzt deren Verweisung in den Kontext differenzierterer (semi)professioneller Bearbeitungen. So wird für sie die Projekt-
zeit explizit zu einer biographischen Auszeit bzw. von ihnen als eine
solche angesehen. Sie dient ihnen für die Bearbeitung einer persönlichen
Problem- und z. T. Krisensituation und bietet dabei Mitnahmechancen für
Lern- und Erweiterungseffekte von Erfahrung, Wissen und Fähigkeiten.

---

[7] In sogenannten Eigenprojekten werden im Gegensatz zu Auftragsarbeiten solche Arbeiten
durchgeführt, die mit eigener Zielsetzung des Projektes (eine Ausstellung über ein selbst-
gewähltes Thema realisieren; eine Solaranlage für die Werkstatt bauen) bzw. inhaltlichen
Ausgestaltungsmöglichkeiten (eine Hauswand bemalen) angegangen werden dürfen.

Die Sozialarbeit operiert bei dieser Zielgruppe zunächst überwiegend „konventionell". Klassische Formen sozialarbeiterischer und -pädagogischer Unterstützungsarbeit in Form verständnisorientierter Ansätze, anregender Einzel- und Gruppenarbeit, auch Beratungen sind Elemente einer so verstandenen „Hilfe zur Selbsthilfe". Hinzu kommen konventionelle Formen der Krisenbearbeitung: Hilfe zum Bearbeiten akut aufgebrochener Problemlagen und dem Erreichen des (dadurch) gefährdeten Zieles der Aneignung bzw. Erschließung einer traditionell, „normal" kategorisierten sozialen Position, Lebensweise und Selbstorientierung. Vielfach geht es mithin dabei um „Neuinitiierungen" von Biographie. Dies geschieht zunächst als ein – auch fiktionales – Öffnen, dem dann i. d. R. eine realitätsbezogene Thematisierung von „normalen" Wegen und deren Kosten folgt.

Auch die Öffnung des Arbeitsbereiches für eigenstrukturierte Projektelemente sowie die Ermöglichung der Mitarbeit an Herstellungsprozessen „von der Idee bis zum Produkt" sind herkömmliche, wenngleich überaus nützliche Formen sozial- und arbeitspädagogischen Handelns, die hier ihren Platz haben.

Insbesondere letzteres bildet dabei eine wichtige Verbindungsstelle der personenbezogenen Handlungselemente mit den alltäglichen Arbeitsprozessen („Herausfinden, was du gerne tust", „Du kannst kreativ sein, eingreifen ..."). Ergänzt, erweitert und normalisiert wird dies durch die überwiegend dominierende Unterstützung der Sozialarbeit für Versuche der Äußerung und Durchsetzung von Wertungen und Bedürfnissen nach Maßstäben persönlicher, humaner und qualitativ spezifischer Kriterien im Kontext von Arbeit. Hier werden – z. T. nur in latenten Effekten sichtbar – Arbeit und Person aufeinander zu sozialisiert, wobei aber zumeist der Rahmen der gesellschaftlich gängigen Vermittlungsformen (explizit) nicht überschritten wird.

2.4 Aktive Rahmung und Mitausgestaltung von Frei- und Experimentierräumen

Schließlich sei eine Gruppe von Projektteilnehmern dargestellt und im Hinblick auf die übergeordnete Fragestellung zu typisieren versucht, die ein überaus heterogenes, „buntes" Erscheinungsbild aufweist. Ein gemeinsames Merkmal dieser Personen ist eine normale bis überwiegend hohe soziale Kompetenz und vor allem Flexibilität. Ihr Bezug auf vorgegebene Normalformen von Lebensentwürfen und Biographiemuster ist primär kritisch bis gebrochen. Eine Toleranz gegenüber Abweichungen, die bis hin zu speziellen Formen der Devianz reicht (Kleindiebstahl, Drogen), ist atmosphärisch bestimmend. Bei einigen, die eher in der Minderzahl sind, läßt sich darüber hinaus eine Affinität zu abweichenden Verhaltensmustern feststellen, die zumeist durch subkulturelle Szenen geprägt sind. Auch über den Arbeitsbereich und das Gesamtprojekt hinaus besteht vielfach ein experimenteller Umgang mit Normen. Im Projektalltag treten diesbezüglich bisweilen zirkuläre Prozesse des Thematisierens, Auflösens, Neufixierens, Umsetzens in Praxis, Neuthematisierens etc. auf, die häufig verknüpft sind mit parallelen und prinzipialisierenden Aushandlungsversuchen. Die jeweilige konkrete Norm wird dabei oft schnell „geschluckt", wenn nur die grundsätzliche Bereitschaft zur Aushandlung dokumentiert wird.

Ihre persönliche Lage und Situation konzipieren diese Projektteilnehmer überaus unterschiedlich. Dabei charakterisieren einige von ihnen ein hohes aktives Kommunikationsverhalten (darüber), während andere sich ausdauernd und bestimmt zurückziehen. In diesem Personenkreis findet sich am ausgeprägtesten der Personentypus, der die Individualisierungstendenzen in der Gesellschaft (mehr oder weniger aktiv und explizit) in Subjektivierungsbestrebungen zu übersetzen versucht.

Hier gibt es „prinzipielle Opponenten", Sinn- und Selbstsucher, kreative „Selbstverwirklicher", solche, die es in ihrem Arbeitsbezug oder in den privaten Lebensverhältnissen oder in der Integration von beidem recht grundsätzlich anders machen wollen, und solche, die dies bereits tun bzw. zu tun versuchen. Das Einklagen von Sinn- und Substanz(versprechen) zunächst in Arbeit sowie sozialen und individuellen Lebensformen wird bisweilen radikalisiert bis hin zur Erwartung, das Leben müsse sich ohne fixierte Formen aus sich selbst heraus tragen.

Auffällig starke Festlegungen bei einigen von ihnen (etwa auf ein bestimmtes Bezugsmilieu, wie z. B. eine Sekte, die „Punkerszene" u. ä.) werden bei anderen kontrastiert durch eine breite Offenheit „allem" gegenüber und die Ablehnung jeder Fixierung.

Darüber hinaus treten aber – gleichwertig zu den damit genannten – solche Motive auf, die den Wunsch und die Bereitschaft zum Ausdruck bringen, Strukturen des (eigenen) Lebens *selbst* zu setzen oder mitzugestalten. Dies mündet in den Schritten der Realisierung oftmals in sehr konkrete und äußerlich unspektakuläre Formen. Gerade bei den jungen Frauen z. B. dominiert hier das Bedürfnis und die Erwartung, an eigenen Ansprüchen gemessen akzeptable Lebensmodelle zu entwickeln und zu realisieren.

Viele Teilnehmer aus diesem Kreis tragen – in anderer Weise als im vorangegangenen Beispiel dargestellt – das Projekt mit, werden z. B. Experten für einen bestimmten Bereich. Einige bauen sich darin bisweilen eine Art – ausgedehnte Selbstdarstellungen ermöglichende – Bühne und „danken" dem „Publikum" dann durch verbindliche Präsenz; einige überziehen dies auch und überstrapazieren damit die Tragfähigkeit der Einrichtung.

Schließlich gehören hierhin auch solche junge Menschen, deren Orientierung weitestgehend unabgeschlossen und unentschieden zwischen diffusen Ausrichtungen auf Normalformen, Devianz („Drogensub") und Innovation liegt, die mithin Unfixiertheit und Unbezogenheit nicht prinzipialisieren, sondern eher darin verharren, abwarten, mitunter auch mit ihnen in Formen charmanter Hilflosigkeit kokettieren. Letztlich spreizen sie auf diese Weise die biographische und lebenszyklische Übergangsphase, in der sie sich befinden, auf, versuchen, sie auf Dauer zu stellen.

Die meisten der Projektteilnehmer, die wir diesem vierten Typus zugerechnet haben, sind als die naturgemäß sehr unterschiedlichen „Innovateure und Protagonisten" sozialer Veränderungen zu verstehen. Im Hinblick auf die anfallende Arbeit gibt es dabei unter ihnen einige, die den Rahmen der Werkstätten zu instrumentalisieren versuchen für die Verfolgung anderer, z. T. biographischer Ziele (als „lockeren Job", als Chance, z. B. am Rande der Arbeit ein Musikinstrument zu üben, um Musiker zu werden). Andere dehnen die gebotenen Freiheitsgrade weit aus und überstrapazieren sie (im Sinne eines mehr oder weniger reinen „Durchmogelns"). Auch explizite Fluchtbewegungen vor jeder Form strukturierter und normierter Arbeit treten auf. Schließlich finden sich – oft zwischen diesen Polen alternierende – Formen des – zeitweiligen – Lösens vom Arbeitsbereich und (Über-)Betonens des sozial-kommunikativen Aspekts des Projektalltags, sei es unter den Peers der Projektteilnehmer, sei es in Richtung auf die Hauptamtlichen des Teams.

Die Mehrzahl dagegen hat einen, wenn auch spezifischen Bezug zum Arbeitsbereich. Vielfach ist Arbeit allerdings auch hier allein eine akzeptierte Notwendigkeit, diesmal v. a. zur Absicherung und Ermöglichung eines anderen, „alternativen" biographischen Entwurfs. Häufig wird die Arbeit auch akzeptiert und zugleich relativiert in Ansprüchen und Motiven einer Selbstfindung und -verwirklichung. Dies äußert sich z. B. in einem Hereinsteigern in bestimmte Arbeiten bis hin zu Versuchen, von deren Überformung zu einem Medium des Selbstausdrucks („Künstler werden").

Eine andere Form des überproportionalen „Hereinkniens" in die Arbeit folgt dem Ziel, damit normativ Freiheitsräume oder Statuswechsel im Kontext der Projektorganisation durchzusetzen („Ich mach das, aber nur ohne Kontrolle";„Gib mir zwei Leute…").

Deutlicher und radikaler werden hier Forderungen nach Standards der Arbeitsinhalte und -formen gestellt. Diese richten sich sowohl auf die gegenwärtige Praxis des Projektes als auch auf Entwürfe von Berufs- und Beschäftigungsformen in der Zukunft, die für diese Mitarbeiter akzeptabel sind. (Stichwortartige Beispiele dafür sind „keine Hierarchien"; „Selbstentwerfen"; „den Arbeitsprozeß durchschauen und mitbeeinflussen können" u. ä. m.). Im Vergleich zu ähnlichen Erwartungen aus dem Kreis der Mitglieder der Fallgruppe 3 besteht hier zusätzlich die Vorstellung und Bereitschaft, entsprechende Umsetzungen auch in Eigenregie anzugehen bzw. aus ihrer Sicht sich anbietende, etwa alternativ-szenische Räume (Handwerkerkollektiv) dafür aufzusuchen und dabei die dafür typischen Kosten (z. B. einen geringeren Verdienst) zu tragen.

Die Handlungstypen der Sozialarbeit in bezug auf die Mitglieder dieser Gruppe variieren situativ und personenbezogen stärker, als dies bei den zuerst dargestellten Gruppen der Fall war. Interessant sind zum einen Strategien eines „Laufenlassens" ohne Bearbeitung, die sowohl als Kompetenzunterstellung als auch als Unsicherheit diesen Personen gegenüber auftreten bzw. interpretiert werden können.

Weiterhin fällt auf, daß das pädagogisch motivierte, dialogisch-kommunikative Prinzip erweitert wird durch Flexibilisierungen auch in bezug auf die Professionalität der Sozialarbeit. Deren berufliche Kompetenz und ihr Auftrag werden häufiger „funktional entspezifiziert". Sie werden in einem für eine Berufsrolle untypischen Ausmaß mit Merkmalen von Diffusität und Unbestimmtheit ausgestattet, personalisiert. So bieten die Sozialarbeiter oft keine festen Lebens- oder Biographiemodelle (mehr) an, auch realitätsorientierte Konfrontationen mit einem bestimmten „Rat" unterbleiben, werden vielmehr in Formen einer individualisierenden Öffnung und Verantwortungsübertragung überführt. („Das mußt Du selbst wissen." „Vielleicht schaffst Du es.")

Schließlich scheint der Einsatz kreativitätsgenerierender und therapieanaloger Kommunikationsstile aus dieser Logik heraus ebenso plausibel wie in diesem Setting bemerkenswert. Damit entwickelt die Sozialarbeit Formen von „Reflexivitäts-" und Kompetenztrainings angesichts ungewisser Horizonte und – auch aus Eigenmotivation der angesprochenen Personen – offener Zukunft. All dies läßt sich auffassen als Versuch des Angebotes und der partiellen Abstützung experimenteller sozialer Räume mit differierenden „Realbindungen".

In solchen Öffnungen von Möglichkeitsräumen und Angeboten von entsprechenden Trainings und Übungen (Selbstidentifikationen, Kommunikationen, praktische Experimente) wird das Verhältnis zwischen Person, Eigenleben, sozialen Typen und Mustern für Biographie, Identität und Selbstbezüglichkeit reziprok relativiert und damit eine neue experimentelle Qualität der Lebensorganisation auf (begrenzte) Dauer gestellt.

In bezug auf die Arbeit im Projekt wird ein Teil der Mitglieder dieser Gruppe als Exoten oder Unerreichbare fallen- bzw. (mit-)laufengelassen. Diese Reaktion tritt gleichermaßen bei Anleitern wie Sozialarbeitern auf. Lediglich bei eklatanten Regelverstößen sowie expliziter Arbeitsverweigerung wird sanktionierend interveniert, wobei gerade hier ein wechselseitiges Zuschieben der Verantwortung und Zuständigkeit dafür zu beobachten ist. Die Position des Sanktionierenden ist schwach, zumal er auf die weitere Kommunikationsbereitschaft der Betreffenden stärker als in anderen Fällen angewiesen ist bzw. zu sein glaubt.

Der überwiegende Teil der Mitarbeiter dieser Kategorie allerdings gilt als motiviert bzw. motivierbar und trägt für einige Berufsgruppen unter den Anleitern zudem die stärksten Hoffnungen auf eine höherkompetente und u. U. den vorgegebenen bzw. eingespielten Rahmen der alltäglichen Auftragsentwicklung erweiternde Arbeitsbewältigung. Damit verschiebt sich die Position dieser Mitarbeiter in Relation sowohl zur Sozialarbeit als auch zu Arbeitsanleitern. Sie nehmen z. T. einen eigenen, trotz ABM-Finanzierung gleichwertig erscheinenden Status ein. Dieser muß von ihnen selbst zwischen den angesprochenen Polen der Projektstruktur ausbalanciert werden. Damit werden individuelle Versuche unternommen, neue oder eigene oder in eigener Weise selbst angeeignete Formen und (Kommunikations-)Modelle der Integration von Person und Arbeit herzustellen und dies angesichts von bereits bestehenden Belastungen in einer oder beiden dieser Dimensionen. Für diese Versuche gibt das Projekt in erster Linie einen stützenden Rahmen ab.

3. Die Typen im Vergleich

Betrachtet man die vier unterschiedenen Gruppen zusammenfassend nochmals im Vergleich, und zwar zunächst insbesondere mit Blick auf die akzentuierte Dimension von *Arbeit und Hilfe* bzw. *Arbeit und Personenbezug* sowie die entsprechenden *Handlungsstrategien der Sozialarbeit sowie der anderen Berufsgruppen* unter den Hauptamtlichen des Teams, kommt man zu folgenden Ergebnissen.

Beim ersten skizzierten Typus wird offensichtlich – und dies gilt sowohl für die Sozialarbeiter wie für die Praxis-/Arbeitsanleiter – davon ausgegangen bzw. den jungen Mitarbeitern unterstellt, daß Arbeit *und* Person ihnen selbst zu weiten Teilen äußerlich bleiben. Dies drückt sich in relativ reduzierten und rigiden Verhaltensweisen diesen Mitarbeitern gegenüber sowie entsprechenden sich festsetzenden Interaktionsmustern aus. Arbeit und Person bleiben – zumindest in spezifizierterer Weise – aus dem Focus der Interaktionen ausgeschlossen, da angenommen wird, daß kein ausgeprägter innerer Dialog bei den Klienten unterstellt werden kann und deshalb keine Anknüpfungspunkte für personalisierende oder inhaltlich differenzierende Kontaktmuster gegeben sind. Die üblicherweise separierten Sphären werden im Rahmen des Projektes und im sozialen Raum des Projektalltags zwar zusammengeführt, es bleiben aber in unterschiedlichem Ausmaß auch Elemente markierter Differenz bestehen. Diese sind angesiedelt in Kernstrukturen der Handlungstypik der unterschiedlichen Berufsrollenträger.

Bei der an dieser Stelle in Rede stehenden Fallgruppe 1 resultieren derartige Differenzierungen v. a. aus der jeweiligen Arbeitsteilung sowie aus der Natur der Situationen, die sich aus dieser heraus ergeben. So spricht „naturgemäß" z. B. der Meister sowohl in allgemeiner Weise als auch in ganz konkreten Situationen der (Zusammen-)Arbeit Themen aus diesem Bereich an. Und der Sozialarbeiter realisiert z. B. häufiger Tätigkeitselemente einfacher sozialer Hilfe („Gemeinsam zum Arbeitsamt gehen") und kommuniziert entsprechend darüber. Dennoch sind diese Bereichsdifferenzierungen auch hier eben nur in diesen Ansätzen vorhanden, werden Hilfe, Arbeit und Personenbezug als mit dem das Projekt eng verbunden verstanden, aufeinander bezogen enaktiert und durch häufige „Grenzüberschreitungen" der jeweiligen Berufsrollenträger ineinander verwoben. Nicht zuletzt bei dieser Gruppe von Maßnahmeteilnehmern darf etwa die pädagogische Potenz der Arbeitsanleiter und Meister nicht unterschätzt und auf die Arbeitspädagogik reduziert verstanden werden.

Beim zweiten Fall, den „prekären Randständigen", wird die Arbeit alltagspraktisch und normativ vermittelt und in gewisser Weise zu „implantieren" versucht in eine als begrenzt sozialisierbar und steuerbar erscheinende Personenkonstruktion. Diese Personen müssen dabei zugleich als mit nur geringen, partikularen Elementen oder gar ganz ohne Elemente positiver gesellschaftlicher Statusangebote ausgestattet angesehen werden. Nicht zuletzt bestehen damit für sie sozial nur wenig attraktive Identifizierungschancen. Die Identitätsbildung findet kaum Anhaltspunkte und Beziehungsangebote, die stabil über die Grenzen des (Rand-) Milieus, in dem sie leben bzw. sich stützpunktförmig verankern, hinausreichen. Das Ziel der Projektarbeit ist hier vor allem, eine sowohl im Arbeitsbezug als auch in den anderen Bereichen der Lebenspraxis tragfähige minimale und dennoch möglichst stabile Ausrichtung auf gesellschaftliche Normalitäts- und Konformitätsstandards zu erreichen. Da diese, wie gezeigt, nur begrenzt und partiell zugänglich bzw. realisierbar sind, eine Entlastung durch eine auch außengestützte und routinisierte Alltagsnormalität daher in bezug auf sie nicht stattfindet, ist ein weiterer Zielpunkt der Projektarbeit die Vorbereitung auf zu erwartende dauerhafte Belastungssituationen in Arbeitswelt und Privatleben. Diese Vorbereitung beinhaltet nicht zuletzt die Aufforderung, in Notlagen oder an den als solche wahrgenommenen Grenzen der Belastbarkeit einfachere Formen institutioneller sozialer Hilfe aufzusuchen.

Nicht zuletzt aufgrund differenzierterer und mehrschichtigerer Kommunikations- und Kontaktformen wird im Verhältnis zur Fallgruppe 1 in bezug auf die Realisierung von Handlungselementen aus den Dimensionen von Arbeit und Hilfe bzw. Arbeit und Persönlichkeit noch weniger eindeutig identifizierbar unterschieden zwischen den Berufsrollenträgern. Entsprechende Handlungstypen fließen vielmehr ineinander. In der einfachsten Form geschieht dies etwa, wenn der Meister ausgedehnte Lebensprognosen stellt, die sich nicht (allein) auf die berufsbiographische Entwicklung beziehen und diese anreichert durch „Charakterdiagnosen", Verhaltensqualifizierungen u. ä. m.

Der Grad der Zuordnung der Sphären Arbeit, soziale Hilfe und personaler Bezug zu den verschiedenen repräsentierten Berufsrollen erschließt sich zumeist eher indirekt. So neigt die Sozialarbeiterin, etwa angesichts von auftauchenden Problemen der Grenzbewältigung („Wie lange kann man bei X auf sein Zu-Spät-Kommen noch mit Verständnis reagieren?") zu einem erhöhten Ausmaß der Explikation der anstehenden Schwierigkeiten. Sie tendiert aufgrund ihres von ihr so verstandenen Auftrags und ihrer professionellen Identität dazu, derartige Konfliktlinien eher und expliziter zu thematisieren als die Anleiter. Außerdem, und dies ist ein weiterer Indikator für Bereichsdifferenzierungen, beziehen sich die handwerklichen Berufspraktiker in ihren diesbezüglichen Äußerungen primär in allgemeiner Weise auf gesellschaftliche Normativität, Normalität und Typik, während die Sozialarbeiterin eher sich auf die entsprechende Person ausrichtende Verständigungsbegrifflichkeiten zur Anwendung bringt und diese dann in einem zweiten Schritt der Verallgemeinerung auf explizite professionell gehaltene typische Struktur- und Verlaufsmuster etwa von Lebensläufen bezieht.

Derartige Indikatoren (z. B. der Explikationsgrad, das jeweils einbezogene Orientierungssystem) differenzieren die genannten Handlungssphären und -typen aber u. U. nur scheinbar, oberflächlich oder sogar nur im Blick des externen Beobachters. Denn gerade bei dieser Fallgruppe 2 wird oftmals sichtbar, daß die Betreffenden sich durch die einfache, normgewisse und wertende Ansprache eines Meisters personal unmittelbarer angesprochen fühlen. Sie erleben dies dann u. U. als eine – positive oder negative – Integration in das Projekt als wesentlich werdender (Gesamt-) Lebenszusammenhang. („Die Werkstatt als soziale Heimat.")

Bei den der 3.Fallgruppe zugeordneten Projektteilnehmern ist die oben bereits genannte mit positiven Konnotationen versehene Orientierung des sozialarbeiterischen Handelns auf etablierte „Normalformen" des Lebens vorherrschend. Hier dominiert eine (für die Sozialarbeit traditionelle) Orientierung auf die Arbeitswelt, und dies unter Verwendung der Arbeit als pädagogisches Instrument. Bei den an dieser Stelle gemeinten Projektmitarbeitern besteht das ausgeglichenste Verhältnis zwischen den Sphären von Hilfe, Arbeit und Person und der höchste Eigenanteil bei deren Integration. Dieses so zu realisieren gelingt diesen Teilnehmern v. a. durch das *Konstrukt einer veralltäglichten biographischen Ausnahmesituation*. Sie siedeln diese – im Kontrast zu anderen Teilnehmern – *im* Projekt an, das im Sinne eines *biographischen Time-Out* explizit biographiebezogen und -relevant erlebt wird.

Die Orientierung auf Normalformen birgt für sie angesichts des sozialen Wandels bestimmte, besondere Risiken. Auch und gerade in dieser Gruppe müssen deren Mitglieder vorbereitet werden auf mögliche Belastungen ihrer Lebenssituation. Diese bestehen hier allerdings im Unterschied zu der für Gruppe 2 gekennzeichneten Situation (nämlich derjenigen der Dauerbelastung) in möglichen Krisen oder sogar Zusammenbrüchen einer *entwickelten* oder zumindest realistisch erreichbaren Lebenskonstruktion, einer Berufs- und Familienbiographie etwa, durch Erwerbslosigkeit, Qualifikationsentwertung, Auflösung der Familie usw.

In den – primär präventiven – Teil der Projektangebote für diese Gruppe gehören

– die Einführung subjektivierender Elemente der Arbeit („Mach mal das, was du gern machst");

– der Verweis und auch das konkrete Angebot, bei Belastungen auf professionelle Milieus zuzugehen und deren differenzierte Unterstützungen in Anspruch zu nehmen bzw. dies zu lernen sowie

– ganz allgemein verstärkte Übungen, die eigene Biographie und Befindlichkeiten bewußt selbst zu steuern, in die Reflexion hineinzuholen und damit sowohl für Belastungen bzw. Belastungspotentiale biographischer Linien als auch für Befindlichkeitsstörungen innerhalb einer äußerlich normal und stabil erscheinenden Lebenssituation sensibel zu werden.

In bezug auf die Relationierung von Arbeit und Person folgt aus letzterem, daß Persönlichkeitsanteile, motivierende und subjektivierende Elemente der Person zunächst in die Arbeitswelt und den Arbeitsbezug eingebracht werden sollen, um so die Arbeitssituation stabil und persönlich zumindest gut ertragbar zu gestalten und Chancen für die aktive Ausformung einer eigenen Berufsbiographie zu erschließen. Letzteres gilt in beschränktem Maße auch für die Antizipation denkbarer Krisen. In dem Moment dagegen, in dem weitere Belastungen hinzutreten, sollen diese nicht mehr im Bereich der Arbeitswelt angegangen werden. Vielmehr soll die Person, die nun u. U. zum Problem*zentrum* wird, möglichst aus dieser herausgenommen und die entstandenen, kumulierten Probleme separiert in professionellen Milieus bearbeitet werden.

Damit wird auch hier eine Balance eingeübt, diejenige nämlich, personale Elemente bzw. die Person jeweils „adäquat" in die Arbeitswelt einzubringen sowie im richtigen Moment herauszuziehen. Hergestellt werden soll diese Balance auf der Grundlage einer Erhöhung der Sensibilität für Kontexte und Auslöser derartiger Selbststeuerungsnotwendigkeiten.

In der vierten hier unterschiedenen Fallgruppe ist die Integration zwischen Arbeit und Person – allerdings auf einem hohen Differenzierungsniveau – prekär und wird auch weitgehend so belassen. Hier besteht sowohl die Chance als auch das Risiko, die Ebenen zu vermischen, auch: zu verwechseln. Dabei werden u. U. neue Formen von deren Integration entwickelt und erprobt. Hier geht, wie gezeigt, der Kompetenzvorsprung der Sozialarbeiterinnen – etwa in bezug auf Lebensorientierungen – tendenziell verloren. Einige neigen ebenso wie einige der Anleiter dazu, sich persönlich dieser Gruppe anzunähern, bisweilen sich mit deren Selbst- und Problemverständnissen zu identifizieren. Dies ist dadurch mitbegründet, daß auch einige dieser Mitarbeiterinnen ihre eigene Situation und berufliche Position und Rolle als höchst ungeklärt und ungewiß erleben, eine Tatsache, die nicht zuletzt verstärkt wird durch den Umstand, daß auch sie selbst oftmals über ABM-Mittel finanziert werden. Zudem entsprechen die Orientierungen der Fallgruppe 4 in einigen Teilen durchaus bestimmten Grundorientierungen der Milieukultur in sozialen Berufen („Deinen Weg suchen"). Derartige Identifikationsneigungen lösen aber den professionellen Kompetenzvorsprung weiter auf.

So werden dem (handwerklichen) Berufspraktiker von den Projektteilnehmern hier u. U. größere bzw. „echtere" berufliche Kompetenzen zugesprochen, die häufig höher bewertet werden. Aus diesem Grunde kann es passieren, daß Arbeitsbezüge hier größere Chancen haben, als inhaltlich bestimmt und in ihrem substantiellen Gehalt gewürdigt und akzeptiert zu werden, während die Sozialarbeit oftmals als „kleine Kunst" verstanden wird, ausgestattet allein mit formalen Instrumenten aus den Bereichen der Kommunikations-, Psycho- und Sozialtechniken. Es dominiert bei ihr in dieser Perspektive dann das im Personenbezug wenig glaubwürdige Technische, nicht das substantiell Orientierende. In Konflikten allerdings wird – aus Teilnehmersicht und auch tatsächlich – „mangels ausgewiesener Autorität" gegebenenfalls auf die Rollendifferenz („Wer ist hier der ‚Klient'"?) und die in der Projektstruktur verankerte Hierarchie und Weisungsbefugnis zurückgegriffen.

In den bislang dargestellten Handlungsstrategien der Sozialarbeit kommen deutlich jeweils strukturell bestimmte Vermittlungsaufgaben zum Ausdruck. Diese liegen etwa zwischen sozialer Integration und Selektion, zwischen Person und in Bewegung befindlicher Sozialstruktur, zwischen alten (normierten) und neuen (experimentellen) sozialen Lebensformen und Biographiemustern und schließlich zwischen bislang in spezifischer Weise ausdifferenzierten und separierten gesellschaftlichen Teilbereichen und nunmehr in Ansätzen neu entstehenden Strukturen ihrer Vermittlung.

Die beschriebenen Handlungsstrategien verweisen implizit immer auch auf die Wahrnehmung und das Faktum sehr unterschiedlicher Beziehungen und *Haltungen* der jeweiligen Gruppenmitglieder *zu* den gesellschaftlich vorherrschenden *Norm- und Orientierungsbeständen*.

Eine weitere, im bisher Gesagten bereits angesprochene Dimension des Vergleiches wird daher hergestellt durch die *differierenden Bezüge auf soziale Typik und Normalität* .

Betrachtet man die von uns unterschiedenen Fallgruppen unter dem Gesichtspunkt ihres Bezuges zu etablierten Normalformen gesellschaftlichen Lebens, so ergeben sich zwischen ihnen weitere aufschlußreiche Berührungen und Differenzen.

Die praktische und kommunikative Einbindung in soziale Typen und Strukturen ist zunächst einmal sehr unterschiedlich ausgeprägt. Kann sie bei den Mitgliedern der Fallgruppe 3, den „Konformen" als voll ausgebaut gelten, so scheinen in Gruppe 1 viele Teilnehmer grundsätzlich nur gering über Kommunikationen in differenzierter Weise (re-)sozialisierbar zu sein. Dahingegen sind wiederum Personen aus der Fallgruppe der „prekären Randständigen" – nicht zuletzt aufgrund ihrer objektiven Lage – selbst nur in reduziertem Ausmaß dazu bereit, sich auf konforme und als normal etablierte Lebensorientierungen und -muster einzulassen. Die Innovateure und Protagonisten schließlich suchen im Kontrast zu diesen oder aber auch in Versuchen von deren Ignorierung nach eigenen Wegen und (persönlichem) Sinn.

So wirken soziale Normalitätsvorstellungen bei den Fallgruppen 1 und 3 quasi naturwüchsig. Für 1 stellen sie u. U. die Kriterien ihrer sozialen Ausgrenzung bereit, die dabei von den Betreffenden bzw. Betroffenen oftmals nicht durchschaut, sondern eher als Ausdruck bzw. Elemente diffuser Heteronomie „empfunden" werden. Im Kontrast dazu besteht für die „Konformen" das ausdrücklich positive Ziel im Erreichen eines etablierten Lebensmodelles, dessen *Zusammenbruch* wiederum für sie ein erhebliches persönliches Risiko- und Belastungspotential birgt.

Die Fallgruppen zwei und vier wiederum erweisen sich als vergleichbar in ihren Versuchen der *Virtualisierung* des Bezuges auf gesellschaftliche Normalitätsvorstellungen. Wie gezeigt ist die Strategie der Innovateure dabei, sich von diesen zu lösen oder distanziert zu halten, um so Raum für die Entwicklung neuer Optionen zu erschließen, während bei den Vertretern des zweiten Typus die Distanz – sieht man einmal von gegebenenfalls entsprechend filternden und prägenden Milieueinflüssen ab – nicht zuletzt Ausdruck der Wahrnehmung restringierter Mittel und Chancen darstellt.

4. Resümee und Ausblick

Die Projekte des zweiten Arbeitsmarktes stehen im Fadenkreuz heterogener struktureller Bezüge. Diese finden einen Niederschlag in den Handlungstypen und Handlungsfunktionen der unterschiedlichen (Berufsrollen der) Projektmitarbeiter, den resultierenden Interaktionsmustern im Alltag der Projekte sowie deren Codierungen. Neue Entwicklungen in diesem Zusammenhang sind neue Formen sozialer Selektion, neue Formen der

Hilfe im Grenzbereich von Sozialarbeit und Arbeitswelt sowie neue Arrangements von Person und Arbeit.

Insbesondere die zuletzt genannten Aspekte bestimmen einen großen Teil der Handlungssituationen im Rahmen der Projekte mit. Sie liegen als oft unterschwellige, aber dennoch zentrale Strukturierungslogik quer zu den unterschiedlichen struktur- und berufsrollengeprägten Handlungstypen und -vollzügen.

Derartige Versuche neuer Institutionalisierungen, wie sie die Projekte des zweiten Arbeitsmarktes z. T. darstellen, entstehen i. d. R. angesichts neuer, veränderter und/oder neu aufgefaßter sozialer Probleme. Sie sollten an dieser Stelle nicht als bereits fertig entwickelte und übernehmbare Lösungen dargestellt, sondern vielmehr in ihren impliziten Logiken, in ihrer Problematik, aber auch in ihren Potentialen erörtert werden. Denn sie sind, daran besteht angesichts der aktuellen gesellschaftlichen Dynamik kein Zweifel, dringend erforderlich, will man nicht angesichts neuer (Problem-)Konstellationen beim Rückgriff auf traditionelle und nicht mehr gegenstandsadäquate Handlungsansätze der Sozialarbeit und Sozialpolitik stehenbleiben. Nicht zuletzt sollte als Argument gelten, daß das, was im industriellen Bereich der Gesellschaft längst als überfällige Innovationsaufgabe[8] verstanden und angegangen wird, von (Hilfs-)Institutionen im öffentlichen Sektor trotz aller Schwierigkeiten dabei nicht ignoriert werden darf. Es geht mithin auch um die Suche nach neuen Wegen sozialer Arbeit in einer sich wandelnden Gesellschaft, die sich nicht allein auf die Ebene der Erörterung *sozialpolitischer Grundsatzfragen* beschränkt, sondern sich zudem den resultierenden veränderten *Handlungs- und Institutionalisierungsproblemen* stellt.

Die Projekte sind im Bereich sozialer Arbeit *qualitative Institutionalisierungen*, d. h. v. a., sie sind als flexible und lernfähige, ebenso gegenstandsbereich- wie problembezogene Modelle anzulegen. Nur auf diese Weise lassen sich Versuche realisieren, Definitions- und Institutionalisierungsdilemmata zu entgehen, die angesichts neuer Aufgabenprofile in Prozessen mehrdimensionalen Wandels auftreten. Zugleich deuten sie hin auf neue Formen sozialer Integration, etwa indem sie versuchen, im Modus *„hybrider Institutionalisierungen"* (Robert 1997) bislang differenzierte und separierte sozialen Sphären und Dimensionen zu überblenden und so neue Mischungen und damit neue Qualitäten herzustellen bzw. zu erproben.

Dabei sind entsprechende Projekte gerade auch aufgrund ihrer konkreten Aufgaben und Aufträge, wie Arbeit und Bildung, anzubieten, – keine

---

[8] Arbeit und Person zu rationalisieren; kontinuierliche Bildungs- und Qualifizierungsprozesse zu ermöglichen und gegebenenfalls soziale Hilfestellungen professionell anzubieten (vgl. dazu etwa die Entwicklung von entsprechenden Ausbildungskonzepten sowie der betrieblichen Sozialarbeit).

„reinen" Labors. Vielmehr treten in ihrem Umfeld und in ihrem Rahmen Phänomene auf, die oft eher einen indikativen Charakter haben. Sie können u. U. Auskunft geben über gesellschaftliche Prozesse auch in deren noch nicht wahrgenommenen oder latenten Wirkungen, die „am Rande" vielleicht prägnanter sichtbar werden als in der Routine und Komplexität des gesellschaftlichen Betriebs.

Die angesprochenen Projektentwicklungen fallen in eine Zeit, in der Institutionalisierungen gerade im sozialen Bereich zurückgebaut werden und v. a. für neue Öffnungen und Ansätze kein Platz zu sein scheint. Damit droht angesichts der Quantität des Auftretens von Arbeitsmarktproblemen in den neuen Bundesländern der qualitative Institutionalisierungsansatz aufgegeben zu einem der im Einigungsprozeß verlorengehenden Themen zu werden.

Es läßt sich allerdings weder erwarten, daß auf den – ohnehin noch mit einer hohen Erwerbslosigkeit ausgestatteten – Arbeitsmarkt auch in den alten Bundesländern keine weiteren und gegebenenfalls andersförmigen Belastungen zukommen werden, noch, daß es zu einem Zurückdrehen der Entwicklungen sozialen Wandels kommen wird, die hier als potentielle Auslöser für das Entstehen neuer sozialer Probleme und entsprechend innovativer Bearbeitungsansätze interpretiert wurden.

Ein Verzicht in diesem Bereich bedeutete sowohl das Fehlen entwickelter Institutionalisierungsansätze bei Kenntnis gegebener und zu erwartender Problemkonstellationen als auch den Verlust und die Entwertung der in den Projekten erarbeiteten Erfahrungen.

Literaturverzeichnis

Baethge, Martin: Arbeit, Vergesellschaftung, Identität – zur zunehmenden normativen Subjektivierung der Arbeit. In: W.Zapf (Hrsg.): Die Modernisierung moderner Gesellschaften. Frankfurt 1991, 260 – 278.

ders., B. Hantsche, W. Pelull, U. Voßkamp: Jugend: Arbeit und Identität. Opladen 1988.

Beck, U.: Jenseits von Stand und Klasse? in: Kreckel, R. (Hrsg.) a.a.O. (1983), 35 -74.

Bonß, W., R.G. Heinze (Hrsg.): Arbeitslosigkeit in der Industriegesellschaft. Frankfurt 1984.

Brock, D., H.R. Leu, C. Preiß, H.R. Vetter (Hrsg.): Subjektivität im gesellschaftlichen Wandel. München 1989.

Brock, D., B. Hantsche, G. Kühnlein, Heiner Meulemann, Karen Schober (Hrsg.): Übergänge in den Beruf. Zwischenbilanz zum Forschungsstand. München 1991.

Brose, H.G. (Hrsg.): Berufsbiographien im Wandel. Opladen 1986.

ders. u. B. Hildenbrand (Hrsg.): Vom Ende des Individuums zur Individualität ohne Ende. Opladen 1988.

Frey, H.P., K.F. Haußer (Hrsg.): Identität. Entwicklungen psychologischer und soziologischer Forschung. Stuttgart 1987.

Gildemeister, R.: Institutionalisierung psychosozialer Versorgung. Wiesbaden 1989.

Gildemeister, R., G. Robert: Identität als Gegenstand und Ziel psychosozialer Arbeit. in: Frey, Haußer a.a.O. 1987, 219 – 232.

dies.: Arbeit, Arbeitswelt und soziale Therapie. Ms.: UGhK, Kassel 1993.

dies.: Aus soziologischer Sicht. Soziale Therapie aus interdisziplinärer Perspektive, dargestellt am Beispiel multiprofessioneller Zusammenarbeit. Ms.: UGhK, Kassel 1995.

dies.: „Ich gehe da von einem bestimmten Fall aus." Professionalisierung und Fallbezug in der sozialen Arbeit. in: Jakob, G., H.J. v. Wensierski (Hrsg.): Rekonstruktive Sozialpädagogik. München 1997, 23 - 38.

Kern, H., M. Schumann : Das Ende der Arbeitsteilung? Göttingen 1984.

Kieselbach, Th., P. Voigt, (Hrsg.): Systemumbruch, Arbeitslosigkeit und individuelle Bewältigung in der Ex-DDR. Weinheim 1993.

Kieselbach, Th., A. Wacker (Hrsg.): Bewältigung von Arbeitslosigkeit im sozialen Kontext. Programme, Initiativen, Evaluationen. Weinheim 1995.

Kohli, M.: Institutionalisierung und Individualisierung der Erwerbsbiographie. in: Brock, D. (Hrsg.), a.a.O. 1989, 29 – 278.

Kreckel, R. (Hrsg.): Soziale Ungleichheiten. Göttingen 1983.

Leibfried, St., F. Tennstedt (Hrsg.): Politik der Armut und die Spaltung des Sozialstaates. Frankfurt 1985.

Makarenko, A.S.: Ein pädagogisches Poem. (Der Weg ins Leben), Werke, Bd.1, Berlin 1970.

Müller, S., Th. Olk, H.-U. Otto (Hrsg.): Sozialarbeit als kommunale Sozialpolitik. Neue Praxis, Sonderheft 6 1981.

Offe, C. (Hrsg.): Opfer des Arbeitsmarktes. Neuwied, Darmstadt 1977.

Olk, Th., H.-U.Otto (Hrsg.): Lokale Sozialpolitik und Selbsthilfe. Gesellschaftliche Perspektiven der Sozialarbeit, Bd.4, Neuwied, Darmstadt 1985.

Peukert, D.J.K.: Grenzen der Sozialdisziplinierung. Aufstieg, Krise und Fall der deutschen Jugendfürsorge von 1878 – 1932. Köln 1986.

Robert, G.: Ich kenne meine Fehler, aber ich finde sie nicht. Über die Problematik der Veralltäglichung von Metaperspektiven. in: Neue Praxis 4, 1989, 315 - 323.

ders.: Junge Erwachsene. Widersprüche, Paradoxien und neue Strukturelemente ihrer Lebenssituation. Neue Praxis 2, 1990, 99 - 110.

ders.: Subventionierte Arbeit. Projekte des zweiten Arbeitsmarktes als Elemente neuer Übergangsinstitutionen im Lebenslauf? in: Brock, D. u.a. (Hrsg.) 1991, a.a.O. 1991, 307 – 326.

ders.: Sozialisation im Bereich sozialer Ausgrenzungen und neuer sozialer Zwischenlagen. in: Treu u.a. (Hrsg.): 1994.

ders.: Wer Arbeit kennt und sich nicht drückt, der ist … in: Wagner, H. (Hrsg.) a.a.O. 1997, 45 – 48.

Schmidt, G.: Weil uns die Arbeit nicht ausgeht. in: Soziologische Revue 2, 1991, 186 – 191.

Schütze,F.: Kognitive Figuren des autobiographischen Stegreiferzählens. in: Kohli, M., G. Robert (Hrsg.): Biographie und soziale Wirklichkeit. Stuttgart 1984, 78 – 117.

Spector, M. J.J. Kitsuse: Constructing social problems. NY 1977.

Stooß, F.: Übergangsmuster im Wandel. Von der einen Berufswahl zur abgestuften Abfolge von Entscheidungen über Ausbildung und Beruf. in: Brock, D. u.a. (Hrsg.) a.a.O. 1991, 56 – 68.

Treu, M., P. Salustowicz, u.a. (Hrsg.): Theorie und Praxis der Bekämpfung der Langzeitarbeitslosigkeit in der EG. Weinheim 1994.

Wagner, H. (Hrsg.): Der Sozialstaat im Spiegel der Zeit. Dresden 1997.

Wittwer, W.: Übergang wohin? Kann die duale Ausbildung in Zukunft noch für eine berufliche Tätigkeit qualifizieren? in: Brock, D., u.a. (Hrsg.), a.a.O. 1991, 69 – 78.

Peter Wild und Volkmar Hadamus

Täter-Opfer-Ausgleich

Ziele und Methoden eines konfliktschlichtenden
Ansatzes im (Jugend-) Strafrecht

1. Einleitung

Viele Straftaten hinterlassen einen Konflikt zwischen Tätern und Geschädigten. Materielle Schäden und psychische Belastungen sind entstanden
und bedürfen einer Bearbeitung. Diese Probleme können weder durch
eine Strafanzeige noch durch eine Bestrafung vor Gericht gelöst werden.
Schlichtungsstellen für Täter-Opfer-Ausgleich (TOA) machen deshalb den
Tätern und den Geschädigten einer Straftat das Angebot, mit Hilfe eines
Vermittlers die Folgen einer Straftat in einem gemeinsamen Gespräch aufzuarbeiten und den Konflikt eigenverantwortlich zu regeln.

Der TOA, als eine neue Möglichkeit des Umgangs mit Straftaten, hat in
den letzten Jahren breite Anwendung gefunden.

Die Arbeiterwohlfahrt Kreisverband Chemnitz e. V. hatte sich 1994 zur
Aufgabe gestellt, ein TOA-Projekt für Jugendstraftaten aufzubauen. Im
Rahmen einer Diplomarbeit[1] erhielt Peter Wild die Möglichkeit, einen
konzeptionellen Grundstein für dieses Projekt zu legen. Inzwischen hat
sich die Schlichtungsstelle für TOA der AWO in Chemnitz etabliert und
wird von den Betroffenen und der Justiz angenommen.

Umstritten ist die Frage, ob TOA für den Bereich nach der Verurteilung
zu einer Freiheitsstrafe ein ebenso erfolgversprechendes Verfahren zur
Wiedergutmachung sein kann und von welchen Bedingungen dies abhängt. Die Möglichkeiten und Grenzen des TOA im Justizvollzug hat
Volkmar Hadamus in einer Diplomarbeit[2] untersucht. Dieser Aufsatz ist
ein Versuch, die Essenz der beiden Diplomarbeiten darzustellen.

2. Was ist ein Täter-Opfer-Ausgleich?

Mit TOA wird der Interaktionsprozeß bezeichnet, welcher Probleme,
Belastungen und Konflikte nach einer Straftat zwischen dem Täter und
dem Geschädigten bereinigt. Dieser Prozeß wird von einem neutralen Vermittler begleitet, welcher Einzelgespräche mit den Betroffenen führt und

---

[1]   Wild 1995.
[2]   Hadamus 1996.

114

eine persönliche Begegnung zwischen Täter und Geschädigtem in einem Ausgleichsgespräch anregt. Im Mittelpunkt dieser Gespräche stehen die Aufarbeitung der Tat, deren Folgen und die Suche nach einer Wiedergutmachung des Täters dem Geschädigten gegenüber. Durch diese Konfrontation wird dem Täter die von ihm verletzte Norm verdeutlicht. Indem der Täter die Verantwortung für sein Verhalten und die Tatfolgen übernimmt, kann eine juristische Sanktion entfallen oder gemildert werden.[3]

3. Zum Begriff Täter-Opfer-Ausgleich

Der Begriff TOA hat sich in der Fachsprache etabliert und findet ausdrückliche Erwähnung im Jugendgerichtsgesetz. Uns erscheint er jedoch nachteilig, da er klar polarisierte Positionen zwischen Täter und Geschädigtem suggeriert. Genau diese Polarisierung gilt es im Prozeß der Konfliktschlichtung zu hinterfragen. Auch scheint uns diese Abgrenzung eine eventuelle Tatmitverantwortung des Geschädigten (z.B. Provokation vor einer Körperverletzung) auszuschließen. Der Opferbegriff assoziiert uns ein eher ohnmächtiges, wehrloses Wesen und keinen mündigen Menschen, welcher eigenverantwortlich einen Konflikt aufarbeiten kann. Um diese Assoziationen zu vermeiden, werden wir in unserer Arbeit den Begriff Opfer durch den Begriff Geschädigter ersetzen. Die in Österreich gefundene Bezeichnung „Außergerichtlicher Tatausgleich" scheint den Kern des TOA besser zu treffen.

4. Ziele und Chancen des Täter-Opfer-Ausgleiches

Die eigenverantwortliche Konfliktbearbeitung wird den Beteiligten, nach Kenntnisnahme durch die strafverfolgenden Institutionen, aus der Hand genommen. Polizei und Staatsanwaltschaft untersuchen, und Richter verurteilen das Handeln eines Konfliktbeteiligten. In der Gerichtsverhandlung wird der Geschädigte in die Rolle eines Beweismittels degradiert. Ein Urteil hat zwischen Beschuldigten und Geschädigten kaum Klärung oder Veränderung bewirkt. Bei der Durchführung eines TOA wird der Konflikt von den Strafverfolgungsbehörden in die Eigenverantwortlichkeit der Konfliktbeteiligten zurückgegeben. Täter und Geschädigter entscheiden selbst, ob sie die Tat und deren Folgen miteinander aufarbeiten wollen oder ob für sie der gerichtliche Weg angemessener erscheint.

Ein TOA soll eine Konfliktschlichtung durch eine persönliche Begegnung zwischen Täter und Geschädigtem als konstruktiven Tatfolgenaus-

---

[3] Vgl. Bieri/Ferel 1994, S. 25.

gleich ermöglichen. Es kann mit Hilfe eines Vermittlers eine von allen akzeptierte und mitgetragene, faire Lösung zwischen den Beteiligten gefunden werden. Um eine Aussöhnung zu erreichen, orientiert sich der TOA am subjektiven Konflikterleben und an den Bedürfnissen des Geschädigten. Die Tat, Hintergründe und Folgen sowie die Beteiligung der Betroffenen werden aufgearbeitet. Auch finanziell nicht ausweisbare Schäden wie psychische Beeinträchtigungen (Ängste, Ärger) erfahren eine Bearbeitung und Wiedergutmachung. Ein TOA dient der Herstellung des sozialen Friedens zwischen Täter und Geschädigtem. Der Vermittler sollte dabei immer die Persönlichkeit und Situation von Täter, Geschädigtem und die Tatfolgen angemessen berücksichtigen. Er muß Unsicherheiten, Befürchtungen, negative Gefühle und Ängste thematisieren und damit verarbeiten und überwinden helfen. Es soll eine Gesprächsatmosphäre entstehen, die das Kennen- und Verstehenlernen der Sichtweise des Gegenübers ermöglicht.

Die Konfrontation des jugendlichen Täters mit den Konsequenzen seiner Tat sollen bei diesem Veränderung anregen. Dies wirkt der Verdrängung und Neutralisation der Tat beim Täter entgegen. Der Jugendliche kann erleben, daß er selbst einen wesentlichen Beitrag zur Konfliktbereinigung leisten kann. Diese Erfahrung fördert die aktive und legale Bewältigung von künftigen Problemen. „Diese Effekte sind vor allem deshalb zu erwarten, weil in der Konfliktregelung ein aus Tätersicht gravierendes Problem (Tat, Strafverfahren, drohende Verurteilung) unter hoher psychischer Beteiligung (Konfrontation mit dem Opfer und den Tatfolgen) konstruktiv durch Wiedergutmachung gelöst wird."[4]

Im Prozeß der Konfliktschlichtung wird den Geschädigteninteressen stärker Rechnung getragen. Der Geschädigte wird wesentlich aktiver einbezogen, als dies im gängigen Strafverfahren möglich ist. Er kann zügiger seine Wiedergutmachungsansprüche geltend machen. Ein TOA hilft die psychischen Tatfolgen des Geschädigten aufzuarbeiten. Ängste, Ärger, Ohnmacht oder Aggressionen werden ausgesprochen und damit nicht verdrängt. Um mögliche Vorurteile straffälligen Jugendlichen gegenüber abzubauen, wird der Geschädigte mit dem konkreten Täter und seiner Entwicklung konfrontiert. Beide, Täter und Geschädigter, können eigene Lösungsideen und ihre individuellen Gerechtigkeitsvorstellungen einbringen. Eine spätere Begegnung kann ohne Vorbehalte stattfinden.

TOA ergänzt die ambulanten Maßnahmen der Justiz nach § 10 JGG und erweitert somit deren Spielraum. Durch die Wiedergutmachung beim TOA erfolgt die Entlastung der Justiz. Es wird das Ziel der Einstellung, mindestens aber der Strafmilderung verfolgt. Damit leistet der TOA einen Beitrag zur Entkriminalisierung.

---

[4]   Schreckling 1991, S. 16.

5. Der Vermittler im Täter-Opfer-Ausgleich

5.1 Allgemeine Voraussetzungen

Die Tätigkeit als Vermittler im Prozeß des TOA ist eine anspruchsvolle und verantwortungsvolle Tätigkeit. Konfliktschlichtung sollte nur von ausgebildeten Sozialarbeitern/-pädagogen, Psychologen oder Pädagogen durchgeführt werden. Die Teilnahme an dem einjährigen berufsbegleitenden Kurs „Grundqualifizierung zum Konfliktberater im Arbeitsfeld TOA" ist notwendig. Diese Zusatzausbildung wird von der Deutschen Bewährungshilfe e.V. angeboten und stellt eine wichtige Möglichkeit dar, das Handwerkszeug des Vermittlers zu erlernen.

Vermittler arbeiten konfliktorientiert mit Menschen in einer Kurzintervention. Dies erfordert Fähigkeiten im Umgang mit Konflikten. Die eigene Konfliktfähigkeit wird dabei ständig angefragt. Eine supervisorische Begleitung, zur Auseinandersetzung mit seiner eigenen Person und den Schwierigkeiten des eigenen Umgangs mit Konflikten, stellt eine wichtige Grundlage fachlicher Tätigkeit dar.

Die Vermittlungsgespräche erfordern von dem Vermittler ein hohes Maß an Sensibilität und Empathie. Er sollte verschiedene Formen der Gesprächsführung beherrschen, um sachgerechtes Verhandeln zu ermöglichen. Der Vermittler muß fähig sein, den verschiedensten Artikulations- und Verstehensmöglichkeiten von Beteiligten gerecht zu werden. Der Konfliktschlichter sollte über Kenntnisse in Konflikttheorie, Straf- und Zivilrecht, Kriminologie und Viktimologie verfügen. Diese Bereiche stellen den Hintergrund für den TOA dar und schwingen in jedem Einzelfall mit.[5]

5.2 Das Rollenverständnis der Vermittler

Die ersten TOA-Projekte arbeiten nun fast zehn Jahre. Damit ist ein neues sozialarbeiterisches Arbeitsfeld im Schnittpunkt zweier Professionen – Justiz und Sozialarbeit – entstanden. Um ein Berufsbild des Konfliktschlichters wird noch gerungen. Der gängigen Negativdefinition (kein Ermittler, kein Richter, kein Erzieher usw.) steht noch keine Positivbeschreibung gegenüber.

Ein wichtiger Grundpfeiler des TOA ist seine Freiwilligkeit. Deshalb muß der Vermittler das Selbstbestimmungsrecht der Beteiligten und ihre Fähigkeit zur Einigung ernst nehmen und fördern. Er wird den Einigungsprozeß nicht inhaltlich beeinflussen oder sogar festlegen. Seine Aufgabe ist es, die Gesprächsfähigkeit herzustellen und die Vereinbarungen zu kontrollieren.

---

[5]   Vgl. AG TOA Standards in der DBH 1994, S. 4.3.

Vermittler sind keine Betreuer. Sie können keine Betreuungsaufgaben wahrnehmen, da sie innerhalb eines kurzen, begrenzten Zeitraums den beiderseitigen Interessen gleicherweise gerecht werden sollen. Ein Betreuungsangebot würde diese Balance stören.

Es ist nicht Aufgabe des Konfliktschlichters, Wertungen und Belehrungen auszusprechen. Der Täter kann Verantwortung für seine Tat übernehmen. Der Geschädigte hat ein Recht auf wertfreie Akzeptanz. Vermittler sind keine Erzieher.

Sie suchen auch nicht nach dem objektiven Tatgeschehen, sondern orientieren sich an der subjektiven Sichtweise des Einzelnen. Diese ist zu respektieren und ernst zu nehmen. Ziel ist es, eine gemeinsame, tragfähige und faire Einigung zu erreichen. Vermittler sind keine Ermittler.

Vermittler verfügen über keinerlei Entscheidungsmacht. Eine strafrechtliche Würdigung fällt nicht in ihre Zuständigkeit und würde ihrer Intention auch widersprechen. Vermittler sind keine Richter.

Nach diesen Abgrenzungen möchten wir nun etwas zur Arbeitsauffassung und Arbeitsweise der Konfliktschlichter sagen. Vermittler agieren aus einer neutralen Grundeinstellung heraus, können aber dabei auch einzelne Beteiligte kurzzeitig unterstützen, um z.B. ein rhetorisches Gefälle zwischen den Parteien auszugleichen. Es ist für den Ausgleichsprozeß notwendig, daß der Schlichter von beiden als neutral erlebt wird. Es darf deshalb nicht zu Doppelfunktionen des Vermittlers kommen. Dies ist gegeben, wenn zusätzlich noch Betreuungs- oder Kontrollaufgaben für einen Beteiligten im selben Fall beim Schlichter vorliegen. Diese Gefahr liegt bei interner oder teilspezialisierter Durchführung des TOA, z.B. im Rahmen der Jugendgerichtshilfe, vor.

Im gesamten Verlauf des Schlichtungsprozesses beläßt der Vermittler die Verantwortung der Konfliktlösung bei den Beteiligten. Seine eigenen Werte und Normvorstellungen werden nicht thematisiert. Damit beugt er der „Gefahr einer normativen Verführung"[6] vor.

Der Vermittler muß sein Angebot, seine Arbeitsweise, seine Möglichkeiten und Grenzen klar benennen, um die Beteiligten vor Mißverständnissen und nicht erfüllbaren Erwartungen zu schützen. Es muß ebenso den Konfliktparteien deutlich sein, wie die Vereinbarungen kontrolliert und welche Konsequenzen ein Nichteinhalten für den Täter hat. Der Schlichter moderiert und strukturiert das Vermittlungsgespräch. Es ist seine Aufgabe darauf zu achten, daß keine Beleidigungen, Diskriminierungen, Angriffe und Entwürdigungen während dieses Gesprächs stattfinden können. Trotz möglicher hochgradiger Emotionen, muß eine menschenwürdige Gesprächsform gefunden werden. Es versteht sich von selbst, daß der Vermittler Schweigepflicht gegenüber dritten Personen hat.

---

[6] Effinger 1994, S. 3.

Eine Mitteilung geht lediglich an den zuständigen Staatsanwalt oder Richter. Auch Konfliktschlichter haben, wie alle Sozialarbeiter, kein Zeugnisverweigerungsrecht und müssen im Extremfall vor Gericht aussagen.

Ein weiterer wesentlicher Punkt für das Rollenverständnis des Vermittlers, ist der Umgang mit rechtlichen Fragen. Auch hier ist zuerst eine Abgrenzung zu rechtsanwaltlichen Aufgaben wichtig. Vermittler sind keine Juristen. Sie bieten keine Rechtsberatung an, dies würde auch gegen das Beratungsgesetz verstoßen. Konfliktschlichter benötigen dennoch ein rechtliches Grundwissen, um die Beteiligten über die zivil- und strafrechtlichen Hintergründe ihres Problems ausführlich zu informieren. Diese Informationen sind für die Beteiligten unerläßlich, um zu einer eigenen und tragfähigen Entscheidung, für oder gegen einen Schlichtungsversuch, zu gelangen.

Ein rechtliches Grundwissen stellt auch die Grundlage für eine sinnvolle Kooperation mit der Justiz dar. Besonders in zivilrechtlichen Fragen muß der Vermittler seine Möglichkeiten gegenüber den Konfliktparteien klar abgrenzen. Für die Ausgleichsarbeit mit jugendlichen Tätern sind Grundkenntnisse über Strafmündigkeit, Geschäftsfähigkeit, Deliktsfähigkeit, Schadensersatzpflicht, gesamtschuldnerische Haftung und den Umgang mit eventuellen Spätfolgen wichtig. Den Konfliktparteien muß klar sein, daß eventuelle Anwaltskosten zum zivilrechtlichen Schaden zählen. Der Vermittler klärt schon in den Erstgesprächen ab, ob Anwälte eingeschaltet sind oder dies beabsichtigt wird. Ist dies der Fall, werden die Anwälte vom geplanten TOA informiert und bei der Vereinbarung von Leistungen hinzugezogen.

Bei umfangreichen und schwierigen Fällen sind Bedenkzeiten für beide Parteien vorteilhaft. Diese Vorgehensweise unterstützt die Eigenverantwortung der Beteiligten und gibt Zeit, die Realisierbarkeit der Vereinbarung zu prüfen.

6. Bewertungskriterien für einen gelungenen TOA

Ob ein Ausgleich als gelungen bezeichnet werden kann, wird deutlich an der Zufriedenheit der Beteiligten. Ein Ausgleich gilt als erfolgreich, wenn sich beide Konfliktparteien zufrieden äußern und eine einvernehmliche Regelung getroffen wurde, die fair und eigenverantwortlich ausgehandelt wurde. Beide sollen darin einen Teil ihrer Interessen berücksichtigt wissen. Weitere Konfliktfolgen und Strafbedürfnisse sollen gemindert oder ganz abgebaut werden. Bestenfalls steht am Ende einer Schlichtung die Bereinigung des Konfliktes und die Aussöhnung der Beteiligten.

Schwierigkeiten bei der Bewertung eines Ausgleiches werden dem Konfliktschlichter trotz dieser klaren Kriterien nicht erspart bleiben. So stellen Äußerungen und Gesten der Beteiligten eine Grundlage für den Ausgleich dar. Wie bewertet ein Schlichter nun Fälle, wo ihn spontan Bedenken an der

Echtheit und Aufrichtigkeit dieser Äußerungen überkommen? In seiner Wahrnehmung erscheint das Schlichtungsgespräch wie ein „Schlichtungstheater".[7] Die Wertungskriterien des Vermittlers werden dabei von seinen eigenen Ansprüchen bestimmt. Oft spielen dabei Erwartungen, wie sichtbare Einsicht des Täters, soziale Einfühlung der Beteiligten, Erziehungs- und Präventionsgedanken eine wichtige Rolle. Nun wird in vielen Fällen unklar bleiben, ob bei den Beteiligten Einsicht geweckt und deren soziale Kompetenz verbessert wurde. Vermittler sollten dabei ihr „Unwohlsein" nicht zum Kriterium machen, den Fall an die Justiz zur weiteren formalen Bearbeitung zurückzugeben. Sie sollten aber im Schlichtungsgespräch ihre Wahrnehmungen aussprechen und die Beteiligten damit konfrontieren. Es bleibt dann in deren Verantwortlichkeit, darauf einzugehen. Dem Vermittler bleibt nur die Möglichkeit, auf die Erweiterung der sozialen Kompetenz durch die Begegnung zu vertrauen. Dies ist natürlich nur richtig, wenn in dem Schlichtungsprozeß keiner übervorteilt wurde. Es erscheint eine Trennung von der Bewertung der konkreten Vereinbarung und der eigenen Beurteilung von Verhalten und Persönlichkeiten als wichtig. Um diese Diskrepanz auszuhalten und eigene Empfindungen nicht zu stark in die Bewertung einfließen zu lassen, ist regelmäßige Supervision unerläßlich.[8]

7. Voraussetzung für einen Täter-Opfer-Ausgleich

7.1 Rechtliche Grundlagen

Nach der Erprobungsphase in den Modellprojekten wurde dem TOA, durch die erste Jugendgerichtsgesetzänderung, eine tragfähige rechtliche Grundlage gegeben. Auch wenn der TOA nicht ganz seiner Intention entsprechend eingefügt wurde, so ist seine explizite Nennung ein großer Erfolg. Seit 1994 ist der TOA auch für Erwachsene im § 46 a StGB festgeschrieben. Damit ist den TOA-Projekten und der Justiz eine klare Basis für eine gemeinsame Arbeit gegeben.

7.2 Kriterien zur Durchführung eines TOA

7.2.1 Falleignungskriterien

Die Falleignungskriterien beziehen sich auf die praktische Durchführbarkeit der Konfliktschlichtung. Über diese Kriterien herrscht in Literatur und Praxis überwiegend Einigkeit.[9]

---

[7] Beyer 1990, S. 118.
[8] Vgl. Beyer 1990, S. 117–126.
[9] Vgl. Bannenberg 1993, S. 89.

Um einen TOA durchzuführen, muß ein persönlich Geschädigter vorhanden sein. Der TOA setzt auf die Wirkung der persönlichen Begegnung zwischen Täter und Geschädigtem. Persönlich Geschädigte können in das Ausgleichsgespräch ihre Gefühle und Befindlichkeiten einbringen und der Begegnung somit eine wichtige Dimension eröffnen. Von einem TOA sind deshalb u.a. Kaufhausdiebstähle, Beförderungserschleichung und Straßenverkehrsdelikte ausgeschlossen. Wenn der Sachverhalt und der Bezug zur Tat eine sinnvolle Konfrontation zulassen, so ist es in Ausnahmefällen auch möglich, überschaubare Institutionen wie kleine Läden oder Cafés einzubeziehen. Voraussetzung dafür ist, ein Interesse an Wiedergutmachung eines personifizierbaren Vertreters dieser Institution, der über Verhandlungsspielräume verfügt, und zu einer persönlichen Begegnung mit dem Täter bereit ist. Bei kleinen Geschäften oder Firmen kann leicht wirkliche Betroffenheit über die Schädigung der Tat entstehen, so daß einer „wirklichen" Konfliktschlichtung nichts im Wege steht.

TOA setzt einen geständigen Täter, mindestens aber einen klaren Sachverhalt voraus. Dieses Kriterium ist deshalb so wichtig, weil damit sichergestellt ist, daß Vermittlungsarbeit nicht zu Ermittlungsarbeit wird. Die Rechte des Beschuldigten, den Sachverhalt abzustreiten oder keine Angaben zu machen, dürfen nicht beeinträchtigt werden. Es gilt immer die Unschuldsvermutung. Da aber dem Konfliktschlichtungsversuch kein richterlicher Schuldspruch vorausgeht, muß die Feststellung der Schuld durch das Selbstbekennen des Täters ersetzt werden. Nun ist in der Praxis nicht immer sofort sichtbar, ob der Beschuldigte die Tat abstreitet, nicht zugibt oder seine subjektive Sichtweise einbringt. Es muß zwischen Täter und Geschädigtem ein Grundkonsens über den vorgefallenen Sachverhalt (Tat und ihre Folgen sowie Ursachen und Hintergründe) vorhanden oder zumindestens herstellbar sein.[10] Als ein Ziel von Konfliktschlichtung wird die Tataufarbeitung mit den Jugendlichen beschrieben. Dies wird aber nur dann geschehen können, wenn der Jugendliche die Tat wirklich verursacht hat und dies selbst so sieht.

Für einen TOA sind keine Bagatellstraftaten geeignet. „Falls Fälle in den Bearbeitungsbereich des Projektes gelangen, die bisher ohne rechtliche Reaktion beendet worden sind, so würde dies bedeuten, daß mehr Fälle in den Einflußbereich öffentlicher Reaktionen gelangen; ..."[11] Straftaten, wo die Einstellung des Verfahrens wegen Geringfügigkeit gemäß § 45 Abs.1 JGG oder nach 153 StPO in Betracht kommen, sind für den TOA ungeeignet. Damit wird dem Grundsatz der Verhältnismäßigkeit Rechnung getragen. Wenn ein Projekt auch Bagatellstraftaten bearbeitet, so wird die soziale Kontrolle ausgeweitet, indem Sozialarbeit da eingreift,

---

[10] Vgl. Kuhn (b), 1989, S. 182.
[11] Kuhn (b), 1989, S. 191.

wo die Justiz nicht eingegriffen hat (net windening effect). Dies widerspricht dem Ziel, Sanktionen zurückzudrängen und den Jugendlichen aus einem stigmatisierenden Verfahren herauszulösen. Ein TOA ist eine sozialpädagogisch und emotional intensive Maßnahme, die für Bagatellfälle nicht gerechtfertigt erscheint. Auch für den Geschädigten dürfte der zeitliche und emotionale Aufwand in keinem Verhältnis zu dem in der Regel geringen Schaden stehen. Eine Straftat, bei dem der Staatsanwalt kein Interesse an weiterer Bearbeitung hat, kann aber für den Geschädigten ein belastendes Problem von großer Bedeutung sein. Der Staatsanwalt beachtet bei der Einstellung nur rechtliche Aspekte und das Verhältnismäßigkeitsprinzip. Wenn aber der Geschädigte einer Bagatellstraftat einen ausdrücklichen Wunsch zu einer Konfliktschlichtung äußert, so halten wir einen TOA-Versuch für gerechtfertigt. Dieser ist dann unabhängig von der Justiz durchzuführen. Es ist deshalb wünschenswert, daß das Angebot der Konfliktschlichtung in der Öffentlichkeit bekannt wird und Geschädigte sich direkt an das Projekt wenden können.

Zu den Falleignungskriterien vor dem Schlichtungsversuch kommen noch Kriterien hinzu, die nur in den Erstgesprächen abgeklärt werden können.

Die Teilnahme an der Konfliktschlichtung ist generell freiwillig. Alle Beteiligten müssen dem Ausgleichsversuch aus eigener Überzeugung zustimmen. Es muß vermieden werden, daß Täter oder Geschädigter dabei unter Druck gesetzt wird. Dem Täter dürfen aus einer Ablehnung des TOA keine Nachteile im Verfahren erwachsen. Eine Konfliktschlichtung sollte nicht per Urteil und gegen den Willen des Betroffenen angewiesen werden. Eine Konfliktschlichtung beinhaltet eine konstruktive Aufarbeitung des Konfliktes. Dies setzt die Bereitschaft der Beteiligten voraus. Eine Entschuldigung unter Zwang verliert ihre Ernsthaftigkeit und kann von den Geschädigten erfahrungsgemäß nur schwer angenommen werden. Zur Konfliktschlichtung sind beide Parteien auf Mitarbeit und Interesse an Wiedergutmachung aufeinander angewiesen. Der Vermittler muß durch ausreichende und verständliche Informationen die Beteiligten in die Lage versetzen, selbst und kompetent über ihre Teilnahme zu entscheiden. Erst wenn sich der Geschädigte und der Täter dazu bereit erklären, kann ein gemeinsames Schlichtungsgespräch stattfinden.

TOA ist keine Therapie. Stellt die Tat für den Täter oder den Geschädigten ein traumatisierendes Erlebnis dar, oder es erscheint therapeutische Hilfe aus anderen Gründen notwendig, so ist der Fall ungeeignet. Der TOA ist als Kurzintervention konzipiert und setzt voraus, daß die Beteiligten den Konflikt in einem überschaubaren Zeitrahmen bewältigen können. Therapien sind meist langfristig angelegt und bedürfen speziell dafür ausgebildeter Psychologen oder Sozialarbeiter. Dies ist im TOA nicht leistbar und würde den anderen Beteiligten ebenfalls überfordern. Der Vermittler sollte in diesen Fällen auf geeignete Einrichtungen verweisen.[12]

Keine Konfliktschlichtung bei Suchtverhalten des Täters. Stellt ein Suchtverhalten die Ursache für Straftaten dar (z.b. Beschaffungskriminalität), so ist eine Konfliktschlichtung für den Täter zweitrangig. Die Ursache der Sucht kann und soll in dem begrenzten TOA-Rahmen nicht bearbeitet werden. Hier besteht die Gefahr, daß der Geschädigte für die Belange des Täters (z.b. Strafmilderung) instrumentalisiert wird. Nur auf ausdrücklichen Wunsch des Geschädigten ist ein TOA vertretbar. Dabei müssen aber Möglichkeiten und Grenzen thematisiert werden.[13]

7.2.2 Geeignete Delikte

Es ist festzustellen, daß die meisten TOA-Projekte keine Einschränkung auf bestimmte Delikte treffen. Dies ist aus unserer Sicht sinnvoll, denn eine Konfliktschlichtung und Wiedergutmachung, vorausgesetzt beide wollen dies, ist unabhängig von dem Delikt immer eine konstruktive und friedensstiftende Maßnahme. Der Deliktbereich umfaßt leichte bis mittelschwere Kriminalität. Bagatelldelikte sind ausgeschlossen. Nun wird eine abstrakte Trennung zwischen leichten bis mittelschweren Delikten den subjektiven Empfindungen der Beteiligten nicht gerecht. „Das Opfer hält nicht eine bestimmte Straftat für schwer, sondern nur die spezifische Form, wie sie begangen wurde."[14] So kann z.b. das Entreißen einer Handtasche für den Geschädigten einen Stellenwert eines „normalen" Diebstahls haben. Polizei und Rechtssprechung reagieren aber sehr stark auf dieses Delikt. Einen Wohnungseinbruch betrachtet die Justiz jedoch nur als Eigentumsdelikt, obwohl der Geschädigte dies als ein gewaltiges Eindringen in seine Privatsphäre erlebt. Das subjektive Betrachten des Geschädigten ist bei der Deliktbetrachtung mit einzubeziehen.

Folgende Delikte wurden 1995 in der Schlichtungsstelle in Chemnitz bearbeitet:

Körperverletzung	55,55 %
Diebstahl	12,50 %
Nötigung	8,33 %
Bedrohung	6,94 %
Sachbeschädigung	6,94 %
räuberische Erpressung	4,16 %

---

[12] Vgl. Delattre 1989, S. 139.
[13] Delattre 1989, S. 139.
[14] Bieri/Ferel 1994, S. 39.

8. Akzeptanz von Schlichtungsversuchen bei Tätern und Geschädigten

Von den Tätern und Geschädigten, welche 1995 durch die Chemnitzer Schlichtungsstelle nach ihrer Bereitschaft zu einer Teilnahme an einem TOA gefragt wurden, waren 78,4 % aller Geschädigten und 86,2 % aller Täter zu einem TOA-Versuch bereit. Diese hohe Bereitschaft der Beteiligten dokumentiert unseres Erachtens eine große Akzeptanz der Konfliktschlichtung und Wiedergutmachung im Bereich des Jugendstrafrechts.

Folgende Gründe gaben Täter oder Geschädigte an, die zu keinem TOA bereit waren:

Ablehnung durch Geschädigte:

- Geschädigte äußern Unsicherheiten, Ängste bezüglich der Begegnung mit dem Täter (4x)
- Geschädigte entscheiden sich für gerichtlichen Weg und äußern ein Strafbedürfnis (2x)
- Versicherung hat Schaden bereits beglichen (2x)
- erscheint nicht zum Schlichtungsgespräch, obwohl dies vorher vereinbart war (1x)
- räumliche Entfernung durch Arbeit in anderer Stadt (1x)
- Geschädigter empfindet sich nicht als Opfer (1x)
- bei Gegenanzeige war ein Beteiligter nicht bereit, da er sich nicht verantwortlich fühlte (1x)
- ohne Angabe von Gründen (1x)

Ablehnung durch die Täter:

- keine Reaktion auf zwei Einladungen (4x)
- fühlten sich nicht als Täter (3x)
- befindet sich in U-Haft (1x)
- erscheint nicht zum vereinbarten Schlichtungsgespräch (1x)
- erklärt, daß sich Problem längst erledigt habe (1x)

Die überwiegende Mehrheit aller Beteiligten stimmte einem Konfliktschlichtungsversuch zu und zeigte damit, daß dies eine ihnen entsprechendere Vorgehensweise als Reaktion auf eine Straftat sei.

9. Praktische Umsetzung des TOA

9.1 Kontaktaufnahme

Die Kontaktaufnahme mit den Beteiligten stellt bereits die ersten Weichen, ob eine Bereitschaft zum TOA möglich wird oder nicht. Meist ist den Tätern und Geschädigten das Angebot der außergerichtlichen Schlichtung und Wiedergutmachung unbekannt, oder sie haben falsche Vorstellungen, die sich auf die Schiedskommissionen der DDR beziehen.

Bekommt die Schlichtungsstelle den Fall von Staatsanwalt oder Gericht zugewiesen, nimmt sie immer zuerst Kontakt mit dem Täter auf. Dessen Bereitschaft stellt die Grundvoraussetzung zur Einleitung eines Schlichtungsversuches dar. Der Erstkontakt soll prinzipiell schriftlich erfolgen. Verschiedene Projekte haben in ihrer Modellphase die telefonische Kontaktaufnahme favorisiert, in der Hoffnung im Telefongespräch eher Ängste und Vorbehalte abbauen zu können. Dies hat sich nicht bewährt. Bei den Beteiligten stellte sich ein „Überrumpelungseffekt" ein. Sie fühlten einen Druck, sich sofort entscheiden zu müssen, und hielten später ihre Zusagen nicht ein. Ist in Ausnahmefällen ein Erstkontakt nur telefonisch möglich, so muß eine Bedenkzeit und die Gelegenheit für Rückfragen eingeräumt werden.

Bei der schriftlichen Kontaktaufnahme ist auf eine allgemeinverständliche Sprache zu achten und eine Wegbeschreibung mit Nahverkehrsanbindung beizufügen. Dies baut Schwellenängste ab und hilft benachteiligten Jugendlichen und Erwachsenen dieses Angebot anzunehmen. Dem Erstkontaktschreiben ist ein Faltblatt beizulegen, in dem alle wichtigen Informationen über Ziele, Arbeitsweisen und Wiedergutmachungsmöglichkeiten enthalten sind. Dieses Faltblatt stellt eine Grundlage für die Beteiligten dar, sich für oder gegen einen TOA zu entscheiden. Die Freiwilligkeit des Angebotes muß aus dem Schreiben hervorgehen und die neutrale Haltung des Vermittlers deutlich werden. Um Rückfragen zu erleichtern, ist der Name eines Ansprechpartners zu nennen. Bei Minderjährigen ist das Schreiben an die Eltern zu adressieren. Sie haben das Recht, über den Konfliktschlichtungsversuch mit ihrem Kind informiert zu sein. Dem Brief für den Beteiligten liegt dann ein kurzes Anschreiben für die Eltern bei. Weiterhin ist in dem Schreiben zu empfehlen, den Rechtsanwalt, sofern einer eingeschaltet ist, von dem Schlichtungsversuch zu informieren. Im Schreiben wird ein konkreter Gesprächstermin in der Schlichtungsstelle vorgeschlagen und um Rückinformation gebeten, falls der Termin nicht eingehalten werden kann. Die Projektmitarbeiter sollten dabei flexibel sein und nach Möglichkeit auch nachmittags und abends Termine anbieten.

9.2 Das Vorgespräch

Das ausführliche Vorgespräch ist sinnvoll, weil es den Beteiligten ermöglicht, den Vermittler kennenzulernen und Vertrauen sowie Sicherheit für den weiteren Ablauf zu gewinnen.

Das Vorgespräch findet zuerst mit dem Täter statt. Der Geschädigte wird erst kontaktiert, wenn der Täter seine Bereitschaft zum TOA deutlich signalisiert hat. Dadurch wird sichergestellt, daß der Geschädigte sich nicht unnötig bemühen muß und ihm zusätzliche vermeidbare Frustrationen erspart bleiben.[15] Es ist für den Geschädigten möglicherweise ein hochgradig emotionaler Prozeß, sich zu einem Konfliktschlichtungsversuch durchzuringen. Bei einer Zurückweisung des Versuches durch den Täter, würde sich der Geschädigte noch einmal betrogen fühlen. Opferhilfeorganisationen kritisieren allerdings in diesem Verfahren, daß sich mit dieser Reihenfolge schon formell die Zweitrangigkeit der Bedeutung des Opfers in diesem Arrangement symbolisiert[16], und vermuten darin eine Instrumentalisierung des Geschädigten für die Täterinteressen.[17] Aus unserer Sicht stellt diese Reihenfolge einen Opferschutz dar. Eine täterorientierte und geschädigtenmißbrauchende Tendenz können wir darin nicht entdecken.

Die Vorgespräche mit Täter und Geschädigten finden getrennt statt. Die Inhalte der Vorgespräche sind identisch. Der Vermittler sollte Störungen vermeiden. Es ist eine bequeme, offene Gesprächsatmosphäre zu schaffen. Den Beteiligten ist jeder Zeitdruck zu nehmen. Eine Bedenkzeit oder die Möglichkeit für weitere Gespräche können jederzeit eingeräumt werden. Die Beteiligten bestimmen das Tempo. Allerdings erscheint es günstig, die Zeit für ein Gespräch gemeinsam auf etwa eine Stunde einzugrenzen. Dieser Zeitrahmen hilft die Gesprächsinhalte zu bündeln und ermöglicht die Planung mehrerer Gespräche hintereinander.

Nach der Begrüßung und einem kurzen Gesprächseinstieg beginnt die Informationsphase. Hier informiert der Vermittler mit einfachen Worten über Strafverfahren, Zivilverfahren, die Möglichkeiten des TOA, die Rolle des Vermittlers, Arbeitsschritte und die Freiwilligkeit der Teilnahme. Besonders bei routinierten Vermittlern besteht die Gefahr, diese Gesprächsphase schnell „abzuhaken" und dabei zu übersehen, daß dieses Wissen die Grundlage für eine kompetente Entscheidung für oder gegen den Schlichtungsversuch bildet. Ist der Beteiligte zu einem Versuch bereit, klären beide den momentanen Ausgangspunkt ab. So muß der Vermittler wissen, ob bereits Forderungen gestellt oder beglichen und ob Eltern bzw. An-

---

[15] Vgl. Kuhn (b) 1989, S. 194.
[16] Schädler 1991, S. 27.
[17] Vgl. Eppenstein 1992, S. 37.

wälte informiert sind. Dem Vermittler liegen häufig nur unzureichende Informationen über die Tat vor. Deshalb soll in der nächsten Gesprächsphase der Beteiligte seine subjektive Sichtweise zur Tat schildern. Emotionen sind erwünscht und ernst zu nehmen. Vom Vermittler erfolgt keinerlei Wertung. Das ausführliche Schildern des Tatgeschehens, die Beziehung der Beteiligten untereinander und die Tatfolgen sind Schwerpunkte dieses Teils. Da sie zunächst unbelastet von der Anwesenheit des anderen dem Vermittler ihre eigene Sicht schildern können, erleben die Betroffenen dies oft als eine Erleichterung. Meist äußern sie danach Interesse an der Sicht des anderen.

Jetzt werden die Bereitschaft und die Vorstellungen zur Wiedergutmachung thematisiert. Dabei sollen erste Vorschläge herausgearbeitet und überdacht werden. Auf Täterseite geht es vor allem darum, herauszufinden, was leistbar ist und ab wann eine Überforderung eintritt. Für den Geschädigten ist es wesentlich, sich vor dem gemeinsamen Schlichtungsgespräch klar zu werden, welche Wiedergutmachungsmöglichkeiten für ihn in Betracht kommen. Dabei sollte ihn der Vermittler vor unrealistischen Erwartungen schützen. Der Blick wird weiterhin auf das gemeinsame Gespräch von Täter und Geschädigten gerichtet. Erwartungen und Ängste bezüglich dieser Begegnung finden Raum, um ausgesprochen und (wenn möglich) geklärt zu werden. Danach wird das weitere Vorgehen vereinbart. Bei Vorgesprächen mit dem Täter ist die Kontaktaufnahme und gegebenenfalls die Weitergabe von Informationen an den Geschädigten abzustimmen.

Während des Gesprächsausstieges wird nach der Zufriedenheit mit den Gesprächsergebnissen und dem Verlauf gefragt. Gegebenenfalls sind noch Bedenkzeiten und Rückfragen einzuräumen.[18]

Diese Reihenfolge ist natürlich nicht in jedem Gespräch einzuhalten. Häufig legen die Beteiligten den Schwerpunkt auf einzelne Gesprächsphasen. Dabei muß der Vermittler flexibel sein und auf diesen Gesprächsbedarf eingehen. Wichtig erscheint uns dennoch, daß alle vorgestellten Inhalte besprochen werden.

9.3 Das Schlichtungsgespräch

Eine persönliche Begegnung von Täter und Geschädigtem ist die Grundlage für einen, über die reine Schadenswiedergutmachung hinausgehenden Ausgleich. Dabei bleibt die Konfliktschlichtung und die Entwicklung eines gewissen gegenseitigen Verständnisses im Blick. Besonders notwendig erscheint uns diese Begegnung bei Straftaten mit einem hohen Konfliktanteil (z.B. Körperverletzung). Erklären sich beide dazu bereit, ist

---

[18] Vgl. Kawamura 1991, S. 71–76; Schreckling 1991, S. 49f.; AG TOA-Standards 1994, S. 3.5.

es die Aufgabe des Vermittlers, einen neutralen Raum für diese Begegnung zu organisieren. In Chemnitz verfügt die Schlichtungsstelle über einen eigenen Raum, in dem ungestörte Gespräche möglich sind. Die Schlichtungsstelle befindet sich in einem Beratungszentrum mit verschiedensten Angeboten, um die Zugangshemmschwelle zu senken.

Zu Beginn der gemeinsamen Begegnung herrscht häufig eine sehr angespannte Atmosphäre. Beide Seiten sind stark emotional beteiligt und empfinden je nach ihrer Position Angst, Wut, Schuld, Ärger oder Scham. Der Vermittler agiert deshalb in der Anfangsphase stärker, er sucht den Einstieg ins Gespräch und hilft beiden, diese schwierige und belastende Anfangssituation zu bewältigen. Ist das Gespräch angelaufen, nimmt sich der Vermittler wieder zurück, um den Betroffenen mehr Raum zu geben. „Die besondere Dynamik eines Dialogs zwischen Konfliktparteien erfordert eine strukturierte und differenzierte Moderation mit Fingerspitzengefühl. Die Akzeptanz einer Schlichtung erhöht sich mit dem Grad der Freiwilligkeit, der Eigenverantwortlichkeit und der fairen Auseinandersetzung."[19]

Ziel der zweiten Gesprächsphase ist das Aufarbeiten der Tat und der Konfliktsituation. Täter und Geschädigter sollen ihre jeweilige Sichtweise artikulieren können und die Sichtweise des anderen kennenlernen. Dies erfordert Kommunikationsformen, die nicht alle Beteiligten gleich gut beherrschen. Dazu gehören, den anderen ausreden zu lassen, zuhören zu können und die eigene Sicht klar und deutlich zu formulieren, ohne dabei den anderen zu verletzen oder zu provozieren. Für die Einhaltung dieser „Spielregeln" sorgt der Vermittler, der darauf achtet, daß der Geschädigte keine sekundäre Viktimisierung und der Täter keine Stigmatisierung erfährt. Bei mißverständlichen Äußerungen übernimmt er die „Übersetzerfunktion". Bei Straftaten mit deutlichem Konfliktcharakter (z.B. Körperverletzung) geht es häufig darum, daß beide Seiten eine Situation unterschiedlich wahrgenommen und gewertet haben. Diese gegenseitigen Vorbehalte können deutlich herausgearbeitet werden. Darin liegt für beide die Chance, Ängste und verfestigte Vorurteile abzubauen und den Konflikt zu bewältigen. Der Vermittler fördert diese konstruktive Auseinandersetzung, die unter Beachtung des Konfliktes beiden einen Weg zeigt, in positiverer Form damit umzugehen und eine spätere Begegnung der Betroffenen ermöglicht.

9.4 Wiedergutmachungsmöglichkeiten

Ist es den Beteiligten gelungen, den Konflikt zufriedenstellend zu bearbeiten, einigen sie sich auf eine Wiedergutmachung. Es dominieren dabei

---

[19] AG TOA-Standards der DBH e. V. 1994, S. 5.3.

Fälle der materiellen Wiedergutmachung. Dennoch findet in etwa jedem zweiten Fall auch eine immaterielle Wiedergutmachung statt. In diesem Bereich reicht das Spektrum von einer Entschuldigung über Besuche und Arbeitsleistungen bis hin zu kleinen Geschenken (Blumen) und gemeinsamen Aktivitäten (z.b. Kino- oder Restaurantbesuche). Dieses Spektrum ist beliebig erweiterbar und sollte in jedem Fall den spezifischen Bedürfnissen des Geschädigten gerecht werden.

Die Auswertung der Schlichtungsstelle für TOA in Chemnitz verdeutlicht, welche Wiedergutmachungsformen 1995 vereinbart wurden. (Mehrfachnennungen möglich)

1. 45,5 % Entschuldigung
2. 18,2 % Schadenersatz
3. 13,6 % Schmerzensgeld
4. 11,4 % gemeinnützige Arbeit
5. 6,8 % Geschenk
6. 2,3 % gemeinsame Aktion (Kino, Essen etc.)
7. 2,3 % Anwaltskosten

Es fällt dabei auf, daß Arbeitsleistungen zur direkten Behebung eines Schadens überhaupt nicht geleistet werden. Wir hatten, gerade bei Jugendstraftaten, das pragmatische „wieder in Ordnung bringen" wesentlich häufiger erwartet. Vielleicht spielt hier ein, von den Geschädigten nicht gewünschter, zu enger Kontakt während der Leistungen (z.b. in Garten oder Haus) eine verhindernde Rolle.

Bei der großen Anzahl von finanzieller Wiedergutmachung ist es besonders wichtig, auch sozial benachteiligten und finanziell schwachen Jugendlichen diese Form zu ermöglichen und damit den Weg zu einem gelingenden TOA zu öffnen. Deshalb hat das Chemnitzer Projekt einen Opferfond installiert. Damit soll bei momentaner Zahlungsunfähigkeit des Täters dem Geschädigten schnell und unbürokratisch Schadenersatz geleistet werden. Der Täter zahlt die Summe dann, in erträglichen Raten, an den Fonds zurück. Ist der Täter völlig mittellos, und der Fonds ist gut gefüllt, kann er diese Summe durch gemeinnützige Arbeit (fiktiver Stundenlohn 10 DM) verdienen.

9.5 Die Vereinbarung

Am Schluß des Schlichtungsgespräches wird mit gegenseitigem Einverständnis eine Vereinbarung erarbeitet. In der Regel sollte diese schriftlich fixiert werden. Die Vereinbarung legt die Form und den Inhalt der Schadenswiedergutmachung fest. Sie kann auch nur mündlich erfolgen, dies ist aber nur zu empfehlen, wenn keine materielle Wiedergutmachung erfolgt. Diese Vereinbarung hilft den Beteiligten, diesen „unangenehmen Vorfall" auch formal als beendet zu betrachten. Alle darin enthaltenen Beschlüsse sind eindeutig und konkret abzufassen. Gibt es in Details noch Unstimmigkeiten, so ist dies ausdrücklich zu erwähnen. Bei hohen Wiedergutmachungszahlungen oder möglichen Folgeschäden ist den Beteiligten vor der Unterzeichnung eine Rücksprache mit den Anwälten oder eine andere juristische Beratung zu empfehlen. Zusätzlich ist eine Rücktrittsfrist einzuräumen. Diese Frist ist allen Beteiligten anzubieten und soll gewährleisten, daß sich wirklich kein Beteiligter „über den Tisch gezogen" fühlt. Bei Geldzahlungen muß festgehalten werden, bis wann die Summe bezahlt werden muß. Bei Ratenzahlung sind der Zeitpunkt und die Höhe der Zahlungen genau festzulegen. Besonders junge Ersttäter entwickeln bei dem Vermittlungsgespräch starke Schuld- und Schamgefühle. Dabei bieten sie häufig freiwillig unverhältnismäßig hohe Wiedergutmachungszahlungen an. Sind Inhalte von Vereinbarungen nicht verhältnismäßig oder deren Umsetzung unrealistisch, so muß der Vermittler dies thematisieren. Beleidigende und entwürdigende Inhalte dürfen keinen Zugang in die Vereinbarung finden. Bei Jugendlichen ist in jedem Fall die Zustimmung eines Erziehungsberechtigten, in Form der Unterschrift, einzuholen.[20] Diese Vereinbarung ist Ergebnis eines Prozesses, den die Beteiligten miteinander bewältigt haben. Eine zusätzliche Unterschrift des Vermittlers würde diese Eigenverantwortlichkeit mißachten und ist zudem juristisch nicht notwendig.

Der Vermittler kontrolliert die Einhaltung der Vereinbarung und ist dem zuweisenden Staatsanwalt oder Richter gegenüber rechenschaftspflichtig. Erst wenn die Vereinbarungen erfüllt sind, gilt der Ausgleich als gelungen.

9.6 Abschlußbericht der Schlichtungsstelle

Nach jedem TOA verfaßt die Schlichtungsstelle einen Bericht an die zuweisende Stelle. Für Berichte an die Justiz muß immer gelten: Soviel Informationen wie nötig – so wenig wie möglich. Aus diesen Gründen ist eine ergebnisorientierte Berichtsform besser geeignet und wird der Intention des TOA besser gerecht. Dabei stehen die ausgehandelten Leistungen und deren Umsetzung im Mittelpunkt. Diese Vorgehensweise entspricht einer Leistungsbeziehung zwischen Justiz und Schlichtungsstelle. Die Justiz erwartet ein Ergebnis, dieser Haltung wird Rechnung getragen. Ein Schwerpunkt bildet das Berichten über die Ausgleichsleistungen. Diese objektiv meßbaren Ergebnisse lassen sich in die formale Vorgehensweise der Justiz gut integrieren.

---

[20] Vgl. AG-TOA Standards der DBH e. V. 1994, S. 5.5.

9.7 Evaluation

Die Praxisreflexion ist ein unverzichtbarer Bestandteil professioneller Schlichtungsarbeit. Nur durch Überprüfung der bewältigten Arbeit können Probleme und Trends für eine weitere Optimierung der Praxis sichtbar werden. Eine supervisorische Begleitung der Fallarbeit hilft dem Vermittler zu erkennen, wo eigene Gefühle in die Fallarbeit einfließen und Handlungen unbewußt beeinflussen. Neben dem wichtigen Beitrag für die Psychohygiene, gewinnt der Schlichter dadurch methodische und persönliche Sicherheit. Eine Auswertung der Fallarbeit muß auch statistisch erfolgen. Hierzu hat das TOA-Servicebüro einen bundesweit einheitlichen Statistikbogen (64 Fragen pro Fall) erarbeitet und bietet für alle TOA-Projekte kostenlos eine Auswertung an. Die Auswertung der Statistik stellt die Grundlage für den jährlichen Projektbericht dar. Dieser Bericht sollte allen kooperierenden Institutionen vorgelegt und mit diesen besprochen werden. Dadurch wird die Arbeit des Projektes transparent und berechenbar. In einer Landesarbeitsgemeinschaft können diese Ergebnisse vorgestellt und begutachtet werden.

10. Täter-Opfer-Ausgleich, Grenzen und Möglichkeiten im Justizvollzug

TOA als Alternative zu gerichtlicher Sanktion und Freiheitsstrafe wird in der BRD seit etwa zehn Jahren erprobt und praktiziert. Dieser bisher beschrittene Weg wird von vielen Seiten als hoffnungsvoll beschrieben. Kann TOA für den Bereich *nach* der Verurteilung zu einer Freiheitsstrafe ein ebenso erfolgversprechendes Verfahren zur Wiedergutmachung sein, und von welchen Bedingungen hängt dies ab? Dieser Fragestellung möchten wir im letzten Abschnitt der vorliegenden Arbeit nachgehen.

Strafgefangene befinden sich in einem Netz von verschiedenen, teilweise widersprechenden, teilweise zusammenhängenden Konfliktfeldern:

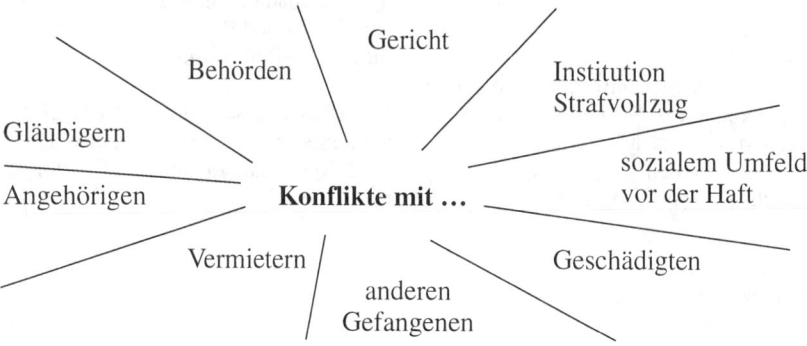

Der durch die Straftat entstandene Konflikt mit dem Geschädigten ist für den Gefangenen lediglich ein Konflikt unter vielen anderen. Der Strafvollzug ist somit ein konfliktträchtiger Lebensbereich, in dem die Durchführung von TOA grundsätzlich problematisch erscheint.

Ein weiterer Punkt, der TOA im Justizvollzug in Frage stellt, ist die Hauptintention des TOA: die außergerichtliche Schlichtung. Der TOA ist eigentlich eine Alternative zu strafrechtlichen Sanktionen. Eine zusätzliche gerichtliche Bestrafung erscheint nach erfolgreich verlaufenem TOA überflüssig. *„Der TOA will den Konflikt zwischen Täter und Rechtsordnung, der durch die Umdefinition des Konfliktes in einen abstrakten Straftatbestand entstanden ist, in einen zwischenmenschlichen Bereich zurückversetzen.“*[21] Wie soll das funktionieren, wenn die Umdefinition des Konfliktes in einen abstrakten Straftatbestand durch die Verurteilung zu einer Freiheitsstrafe endgültig manifestiert erscheint? Kawamura stellt hier die berechtigte Frage, *„inwieweit die Tatsache, daß man als Reaktion auf eine Straftat Menschen die Freiheit entzieht, ihre eingeschränkte Bereitschaft zur Übernahme der Verantwortung für die Tatfolgen überhaupt erst verursacht.“*[22]

Die im TOA für Geschädigte und Täter enthaltenen Chancen erscheinen aus der Perspektive des Strafvollzugs sehr fragwürdig:

Chancen des TOA als „außergerichtlicher Tatausgleich“:	kritische Fragen zum TOA im Justizvollzug:
Schadenersatz und Genugtuung können ohne die Anstrengung eines zivilrechtlichen Prozesses ausgehandelt werden.	Welche Chancen zur materiellen Wiedergutmachung erhält der Gefangene, nachdem er vielleicht erst durch die Freiheitsstrafe seine Arbeitsstelle verloren hat und in der JVA nur geringen Lohn, bzw. keine Arbeit erhält?
Die persönliche und soziale Situation des Geschädigten findet Berücksichtigung.	Im Strafverfahren war der Geschädigte lediglich Zeuge und Prozeßgegner, wird der Geschädigte nun auch noch „Behandlungs- und Resozialisierungsinstrument“ im Strafvollzug?
In der direkten Konfrontation mit dem Täter können Ärger und Verletzung artikuliert, aber auch Vorurteile und Angst abgebaut werden. Durch direkte Auseinandersetzung des	Kann hinter Stacheldraht und vergitterten Fenstern der Geschädigte eine angstfreie Konfrontation mit dem Gefangenen erleben?

---

[21] Kawamura 1994, S. 9.
[22] Kawamura 1994, S. 12.

Täters mit den Tatfolgen kann die Entwicklung sozialer Sensibilität gefördert werden. Der Täter kann lernen, sich zukünftig in Konflikten anders zu verhalten.

Welche Mechanismen der Konfliktbewältigung werden vom Gefangenen in einer Justizvollzugsanstalt erst gelernt und verfestigt?[23]

Der Täter wird mit den Gefühlen des Geschädigten konfrontiert und erhält die Chance, diese ernst zu nehmen.

Welche Rolle spielt der Geschädigte für den Gefangenen, der sich in ganz anderen konflikthaften Auseinandersetzungen mit der Justiz befindet?

Täter muß direkte Verantwortung gegenüber dem Geschädigten übernehmen. Der Täter erhält somit die Möglichkeit, „die Sache selbst wieder ins Lot zu bringen".

Wie kann der Täter in den durch Inhaftierung real entstehenden Bedingungen Verantwortung übernehmen?

TOA beläßt die Konflikte nach einer Straftat im sozialen Nahraum der direkt Betroffenen.

Stehen nunmehr Täter und Geschädigter gleichermaßen dem übermächtigen Konfliktpartner Justiz gegenüber?

Rechtliche Anknüpfungspunkte für einen TOA im Justizvollzug finden sich u.a. im § 2 StVollzG (Vollzugsziel) und im § 7 StVollzG (Vollzugsplan). Im Strafvollzugsgesetz wird der Geschädigte jedoch an keiner Stelle genannt. Lediglich im § 73 StVollzG wird die Hilfe bei der Regulierung des durch die Straftat verursachten Schadens erwähnt. Für den Jugendstrafvollzug gelten die Vorschriften des Strafvollzugsgesetzes. Im Entwurf für ein eigenständiges Jugendstrafvollzugsgesetz[23] sind im § 8 (Erziehungsplan) u.a. Maßnahmen zum Ausgleich von Tatfolgen und notwendige Maßnahmen zur Ordnung der wirtschaftlichen Verhältnisse vorgesehen. Gemäß der Begründung zum Entwurf soll damit sichergestellt werden, *„daß auch die Wiedergutmachung im Rahmen des Möglichen bei der Vollzugsgestaltung berücksichtigt wird."*[24]

Aus den Theorien über Strafvollzug und die Entwicklung des sozialen Verhaltens von Gefangenen lassen sich Erkenntnisse hinsichtlich der Möglichkeiten und Grenzen für TOA und Wiedergutmachung im Justizvollzug ableiten. Besonders die theoretischen Konzepte „Gefängniskultur und Prisonierung", „Totale Institution" und „Deprivation" beschreiben Strafvollzug u.a. als einen Ort der Fremdbestimmung, institutioneller Gewalt und subkultureller Werte- und Normensysteme. Dieser Ort schränkt die Autonomie bei der Konfliktbewältigung erheblich ein.

---

[23] Bundesministerium der Justiz 1991.
[24] Bundesministerium der Justiz 1991, S. 26.

Die spezifischen Rahmenbedingungen einer Justizvollzugsanstalt erfordern bei der Organisation eines TOA im Justizvollzug ebenso spezifische organisatorische, personelle, zeitliche und konzeptionelle Rahmenbedingungen. Die Möglichkeiten und Grenzen einer unmittelbaren Konfliktbearbeitung mit dem Geschädigten aus dem Strafvollzug heraus fassen wir in folgenden Punkten zusammen:

- Die Bedingungen einer Inhaftierung setzen der Perspektive von Wiedergutmachung und TOA enge Grenzen. Die Bereitschaft, Möglichkeit und Fähigkeit Gefangener zur Konfliktregelung ist im Strafvollzug erheblich eingeschränkt. Abgelehnt werden müssen daher Bemühungen, TOA als generellen Bestandteil zur Erreichung des Vollzugszieles und des Behandlungsplanes zu machen.
- Trotzdem gibt es vermutlich einen Teil Gefangener, der an einem TOA interessiert wäre. Dabei lassen sich Zweckmotive und ehrliche Reue nicht immer sauber voneinander trennen.
- Die freiwillige Entscheidung zu einem TOA ist bei Gefangenen auf Grund der Situation Strafvollzug nur bedingt möglich. Die vollzugsrechtliche Würdigung von Ausgleichsbemühungen im Strafvollzug ist daher problematisch.
- Die Motivation und somit die Chancen für erfolgreiche Ausgleichsbemühungen sind bei Gefangenen in der frühen Vollzugsphase am größten. Mit der Zeit und bedingt durch die Haftsituation verblaßt diese Motivation jedoch zunehmend.
- Die Begrenzungen für TOA im Strafvollzug liegen in der Zumutbarkeit, Belastbarkeit und Regelbarkeit. Diese Grenzen werden mit zunehmender Tatschwere immer enger. Enge Grenzen setzen auch die eingeschränkten Möglichkeiten zur materiellen Schadenswiedergutmachung im Strafvollzug.
- Die Sensibilisierung für die Tatfolgen und die Vorbereitung auf einen TOA können, allerdings oft nur unter erheblicher Verstärkung im Bereich der Fachdienste, von der Justizvollzugsanstalt geleistet werden.
- Der unmittelbare TOA muß aber einer neutralen und externen Stelle vorbehalten sein, die TOA *konzeptionell und fachlich abgesichert, als eigenständige Maßnahme und unabhängig von den sozialen und psychologischen Diensten der Justiz* anbietet.
- Unabhängig von TOA und der Person des Schlichters muß es mehr parteiliche Opferbetreuung und Opferhilfe geben. Zumindest muß der Geschädigte genauso wie der Gefangene auf eine Begegnung sensibel vorbereitet werden.
- Eine Instrumentalisierung des Geschädigten zu Zwecken der Täterbehandlung verbietet sich grundsätzlich. TOA im Strafvollzug muß daher in erster Linie als Ausgleichsarbeit und nicht als Täterbehandlung verstanden werden.

– Ein neutraler Raum für die Begegnung zwischen Täter und Geschädigten innerhalb, besser jedoch außerhalb des Strafvollzuges ist wichtig.
– Grundsätzlich darf sich die Möglichkeit der Durchführung eines TOA im Strafvollzug nicht auf die Verhängung von Freiheitsstrafen auswirken. Damit würde Tür und Tor für eine Verschärfung der Sanktionspraxis geöffnet werden. Der TOA als Alternative zur Freiheitsstrafe muß seine Vorrangstellung behalten.

11. Schlußbemerkungen

TOA als außergerichtlicher Tatausgleich hat sich besonders im Jugendstrafrecht bewährt. Das belegen nicht zuletzt auch die positiven Erfahrungen und Ergebnisse nach nunmehr 2 Jahren Arbeit der Schlichtungsstelle der Arbeiterwohlfahrt Chemnitz.

TOA kann für den Bereich *nach* der Verurteilung zu einer Freiheitsstrafe kein so erfolgversprechendes Verfahren zur Wiedergutmachung sein, wie die außergerichtliche Schlichtung. Nur in geeigneten Einzelfällen sollte unserer Meinung nach der TOA auch im Strafvollzug als sozialpädagogisches Angebot zur Konfliktbearbeitung durchgeführt werden.

Versuchen der repressiven und strafenden Verwendung des Wiedergutmachungsgedankens (beim TOA im Strafvollzug als auch im außergerichtlichen Tatausgleich) muß unserer Auffassung nach immer entgegengewirkt werden.

Literaturverzeichnis

AG TOA-Standards in der DBH e.V.: Ein Handbuch für die Praxis des TOAs, Hg. DBH-Servicebüro für TOA, Bonn-Bad Godesberg 1994.

Bannenberg, Britta: Wiedergutmachung in der Strafrechtspraxis, Eine empirisch-kriminologische Untersuchung von Täter-Opfer-Ausgleichsprojekten in der Bundesrepublik Deutschland, Schriftenreihe der DBH, 1993, Bonn, zugl. Univ.-Diss., Göttingen 1993.

Beyer, Jürgen: Bewertung von Ausgleichsergebnissen durch VermittlerInnen und Justiz, in: Täter, Opfer und Vermittler, Vom Umgang mit Problemen in der Fallarbeit beim TOA, AG TOA-Standards in der DBH e.V., Beihefte zum Rundbrief Soziale Arbeit und Strafrecht, 2. Auflage, Bonn 1990.

Bieri, Susanne & Ferel, Alexa: Täter-Opfer-Ausgleich, Ansatz einer kriminalpolitischen Reform im Strafrecht, Soziale Arbeit Band 14, Bern, Stuttgart, Wien 1994.

Bundesministerium der Justiz: Entwurf eines Jugendstrafvollzugsgesetzes und Begründung zu dem Entwurf eines Jugendstrafvollzugsgesetzes, Bonn 1991.

Delattre, Gerd: Falleignung aus Sicht der Ausgleichspraxis, in: Täter-Opfer-Ausgleich, Zwischenbilanz und Perspektiven, Bonner Symposium, eine Dokumentation des Bundesministeriums der Justiz, 2. unveränderte Auflage, Bonn 1992.

Effinger, Herbert: Soziale Arbeit zwischen Einschränkung und Erweiterung der Autonomie von Lebenspraxis, Probevorlesung an der Evangelischen Fachhochschule für Sozialarbeit Dresden, Dresden 1994.

Eppenstein, Dieter: Täter-Opfer-Ausgleich, Zwischenbilanz und Perspektiven, in: Täter-Opfer-Ausgleich, Zwischenbilanz und Perspektiven, Bonner Symposium, eine Dokumentation des Bundesministeriums der Justiz, 2. unveränderte Auflage, Bonn 1992.

Hadamus, Volkmar: Täter-Opfer-Ausgleich – Möglichkeiten und Grenzen im Justizvollzug, Diplomarbeit an der Evangelischen Fachhochschule für Sozialarbeit Dresden, Dresden 1996.

Kawamura, Gabriele (a) : Täter-Opfer-Ausgleich und Wiedergutmachung im Strafvollzug, in: Täter-Opfer-Ausgleich und Strafvollzug, DBH-Materialien Nr. 28, Deutsche Bewährungshilfe (Hg.) , Bonn 1995.

Kawamura, Gabriele (b): Wie wird der Täter-Opfer-Ausgleich praktisch durchgeführt? in: Täter-Opfer-Ausgleich, Zwischenbilanz und Perspektiven, Bonner Symposium, eine Dokumentation des Bundesministeriums der Justiz, 2. unveränderte Auflage, Bonn 1992.

Kuhn, Annemarie (a) : Voraussetzungen für einen Täter-Opfer-Ausgleich, in: „Tat-Sachen" als Konflikt, Täter-Opfer-Ausgleich in der Jugendstrafrechtspflege, Forschungsbericht zum Modellprojekt „Handschlag", Hg. A.Kuhn, M. Rudolph, M. Wandrey, H.-D.Will, Schriftenreihe der DBH e.V., Bonn 1989.

Kuhn, Annemarie (b) : Der Täter-Opfer-Ausgleich beim Projekt Handschlag, in: „Tat-Sachen" als Konflikt, Täter-Opfer-Ausgleich in der Jugendstrafrechtspflege, Forschungsbericht zum Modellprojekt „Handschlag", Hg. A.Kuhn, M. Rudolph, M. Wandrey, H.-D.Will, Schriftenreihe der DBH e.V., Bonn 1989.

Schädler, Wolfram: Den Geschädigten nicht nochmals schädigen. Anforderungen an den Täter-Opfer-Ausgleich aus der Sicht der Opferhilfe, in: Täter-Opfer-Ausgleich, Zwischenbilanz und Perspektiven, Bonner Symposium, eine Dokumentation des Bundesministeriums der Justiz, 2. unveränderte Auflage, Bonn 1992.

Schreckling, Jürgen: Täter-Opfer-Ausgleich nach Jugendstraftaten in Köln, Hg. Bundesministerium der Justiz, 2. Auflage, Bonn 1991.

Wild, Peter: Entwicklung einer Konzeption für einen Täter-Opfer-Ausgleich in Chemnitz, Diplomarbeit an der Evangelischen Fachhochschule für Sozialarbeit Dresden, Dresden 1995.

Wolfgang Deichsel

Die Bedeutung von Rechtskultur als Sprachkultur für die soziale Arbeit

1. Ich fürchte mich so vor des Juristen Wort!
oder: „Rechtskultur" als Sprachunkultur

Sprache ist in Gefahr. Ihre Gefährdungen sind ihr sowohl immanent, wie sie ihr „von außen" aus der „Sprachumwelt" drohen.
Ludwig Wittgenstein hat in seinem „Tractatus Logico-Philosophicus"[1] die Grenzen der Sprache gerade dort, wo die Erfahrungen und das Mitteilungsbedürfnis am intensivsten sind, im Verstummen, in der Sprachlosigkeit ausgedrückt. Aber es gibt immer wieder „Grenzverletzer", die in ihrem Sprachgeklingel immer weniger den Text kennen: „Das Wort sie sollen lassen stahn ..." Und die Benennungswut und Definitionsmacht, das Ertrinken im Wörtersee durch inflationären Gebrauch der Sprache – wer fürchtet sie nicht ?

„Ich fürchte mich so vor der Menschen Wort.
Sie sprechen alles so deutlich aus.
Und dieses heißt Hund und jenes heißt Haus,
und hier ist Beginn und das Ende ist dort.

Mich bangt auch ihr Sinn, ihr Spiel mit dem Spott,
sie wissen alles, was wird und war;
kein Berg ist ihnen mehr wunderbar;
ihr Garten und Gut grenzt gerade an Gott.

Ich will immer warnen und wehren: Bleibt fern.
Die Dinge singen hör ich so gern.
Ihr rührt sie an: sie sind starr und stumm.
Ihr bringt mir alle die Dinge um."[2]

Gefährdungen der Sprache wirken u.a. von außen auf sie ein. Mit einer Rechtschreibreform wird nicht dem „wahrnehmbaren Sprachverfall" (Siegfried Lenz) begegnet, sondern durch einen „Schwachsinn amtlicher Sprachregelung" (Hans Magnus Enzensberger), durch „grauenvolle Moder-

---

[1] Wittgenstein, L., Tractatus Logico-Philosophicus, Berlin 1922.
[2] Rilke, R. M., Ich fürchte mich so, aus: Reich-Ranicki, M. (Hg.), Frankfurter Anthologie, 8. Band, Frankf. a. M. 1984, S. 129.

nisierung" (Walter Kempowski) ein Aufstand der Dichter herbeigeführt: „Rettet die deutsche Sprache!"[3] Sprache ist an Geschichte und Gesellschaft gebunden, die mit ihrer Gestaltungskraft Sprache („langue") wie Sprechen („parole") (zur Unterscheidung siehe Kap. II) grundlegend formen, verändern, schädigen, wenn nicht gar zerstören können. „Wer Sprache sagt, sagt nämlich gesellschaftliche Verhältnisse."[4]

In der gegenwärtigen gesellschaftlichen, geschichtlichen Epoche, die mit ihrer Globalisierung von Wirtschafts- und Informationsmärkten auch tendenziell Auflösungserscheinungen von Gesellschaft hervorbringt[5], verlieren Sprache und Schrift ihre dominierende Kraft an die perfekte Beherrschung der technischen Medien. Das Wort ist den Digitalen altdeutscher Quark, was zählt ist die Information, die weder Kern noch Ziel hat, weil sie immerfort zum Übernächsten hastet.[6] Die visuellen Techniken werden für fähig gehalten, „die Last der Sprache wirklich abzuwerfen und alles, was einst Programm, Bedeutung, ‚Inhalt' hieß, zu liquidieren" (Hans Magnus Enzensberger).

Die Zeit der Gutenberg-Galaxis, einer auf Sprache, Buchstabenschrift, Druck und Lektüre hin orientierten Welt des gebildeten Bürgertums mit „meditativer Privatlektüre als Königsweg der bürgerlichen Individuation" (Jürgen Habermas) wandelt sich – ablesbar etwa an der Veränderung der Literatur durch das Internet[7] – oder scheint gar abgelaufen.[8]

Die deutsche Sprache auch als angeblich gesamtdeutsche hat nicht nur BRD- und DDR-typische Ausdrücke (rund 240 Wörter weist der gesamtdeutsche Duden als DDR-spezifisch aus), sie markiert nicht nur die Lachfront zwischen Ost und West bzw. den innerdeutschen „Komikgraben", sondern „Sprache als Haus des Seins" (Martin Heidegger) ist geteilt in der Geschichte der Bundesrepublik und der DDR, in den Erfahrungen und Wahrnehmungsdifferenzen zwischen Ost und West, im jeweiligen Umgang mit Sprache,[9] im Sprachhumor.

[3]   Der Spiegel 42/1996, Rettet die Deutsche Sprache! Aufstand der Dichter, S. 262–281.
[4]   Lorenzer, A., Sprachzerstörung und Rekonstruktion, Frankf. a. M. 1973, S. 15.
[5]   Heuser, U. J., Rasch gekommen, rasch gegangen. Im digitalen Zeitalter gibt es keine Marktnischen mehr. Ökonomische Sicherheit wird immer teurer, in: Die Zeit 36/1996, S. 20.
[6]   Dieckmann, C., Die heilige Schrift. Opposition in der DDR war Widerstand der Sprache. Auch heute noch liest, schreibt, spricht der Osten ernster als der Westen, in: Die Zeit 35/1996, S. 42.
[7]   Die Zeit 39/1996, Zeitmagazin, Literaten im Netz, S. 6–10.
[8]   Frühwald, W., Vor uns: Die elektronische Sintflut. Wie Sprache und Schrift ihre dominierende Kraft an die perfekte Beherrschung der technischen Medien verlieren, in: Die Zeit 27/1996, S. 38.
[9]   Dieckmann, C., a. a. O., und Hofmann, H., Die profane Demokratie. Hie Öffentlichkeit, da Innerlichkeit – ein Versuch, die West-Ost-Differenz zu benennen, in: Die Zeit 37/1996, S. 48.

Sprache als Sprache der Herrschaft, als Sprachschablonen im uniformierten, staatlich verordneten, legitimierten und lizensierten Gleichschritt mit der Folge der Wirklichkeitsverzerrung und des Wirklichkeitsverlustes oder als oppositioneller Widerstand?

„Opposition in der DDR war Widerstand der Sprache. Auch heute noch liest, schreibt, spricht der Osten ernster als der Westen."[10]

Sprache als „Ware", mit vielen „Plastikwörtern"[11] in der Bewußtseinsindustrie der Großmeister des losgelassenen Wortes am Rednerpult, „an dem der Westen tobt", im Austausch gegen Ansehen, gesellschaftliche Stellung und Honorar, oder als Medium im „Strukturwandel der Öffentlichkeit"[12] einer freiheitlichen Gesellschaft?

„Gedrucktes gilt nicht viel, es verlängert das Gerede. Der westliche Publizist ist meistens kein Erzähler, sondern Polemiker, also Streithansel. Er macht Krach, er versteht absichtlich miß; lieber ist er platt und schrill als unberühmt."[13]

Verzerrungen und Zerstörungen der Sprache geschehen unter anderem durch Konkurrenzsituationen im Kampf um das schnellere, das mit dem größeren Tauschwert ausgestattete Wort, durch die Realisierung der Angst, richtig zu hören und gehört zu werden,[14] durch die Zwangsjacke rollengemäßen, einen restringierten Code hervorbringenden Sprechverhaltens,[15] als Folge neurotischer Sprachverschiebung, durch aufgespaltene Sprachspiele wie das Auseinandertreten der Privatsprache des Patienten und der Allgemeinsprache auf Grund analysierbarer objektiver gesellschaftlicher Bedingungen.[16]

Aus diesen Gefährdungen der Sprache leiten sich Gefährdungen der Identität, des sozialen Zusammenlebens und des Zustandes der Gesellschaft ab, die hier nur angedeutet werden können. Hermeneutik und Identitätsphilosophie stehen in der Weise in einem engen Verhältnis zueinander, als das sprachlich vermittelte gegenseitige Verstehen konstitutiv für die Herausbildung und das (Selbst-)Verständnis eigener und fremder Identität ist.

Sprache prägt das Gehirn, bestimmt das Denkvermögen. Bereits in den 30er Jahren formulierten die amerikanischen Linguisten Lee Whorf und

---

[10] Dieckmann, C., a. a. O.
[11] Pörksen, U., Plastikwörter, Stuttgart 1986.
[12] Habermas, J., Strukturwandel der Öffentlichkeit, 5. Aufl., Neuwied 1971.
[13] Dieckmann, C., a. a. O.
[14] Duhm, D., Warenstruktur und zerstörte Zwischenmenschlichkeit, 2. Aufl., Köln 1974, S. 89–100.
[15] Dreitzel, H. P., Das gesellschaftlichen Leiden und das Leiden an der Gesellschaft, Stuttgart 1972, S. 166–175; Hager, F./Haberland,H./Paris, R., Soziologie und Linguistik, 3. Aufl., Stuttgart 1975, S. 151–161: Der rollentheoretische Ansatz in der Soziolinguistik.
[16] Lorenzer, A., a. a. O., S. 20/21.

Edward Sapir dieses – nicht unumstrittene – linguistische Relativitätsprinzip.[17]

Wirklichkeitssinn und Konstruktionen von Wirklichkeit werden über Sprache geformt.[18] Sprache ist ein Handlung initiierendes Konzept. Da wo die Sprache endet, ist die Gefahr groß, daß die Gewalt beginnt. Manche greifen zur Gewalt, weil ihnen die Sprache gestohlen wurde. Die Pistole ist das Ausdrucksmittel des Analphabeten. Die Gewalt kann oft nur so lange zurückgehalten werden, wie die Sprache wirkt. Und das heißt, daß es nicht nur darauf ankommt, daß die Sprache Medium der Verständigung ist, sondern auch, in welchen Sprachformen diese herzustellen versucht wird, da bekannterweise auch Sprache als Gewalt[19] auftritt.

Die Rechtssprache, das Juristendeutsch ist an dieser doppelten Gefährdung von und durch Sprache maßgeblich beteiligt, die Juristerei wird als „Schlachthof der Sprache" gefürchtet. „Law's violence" (Austin Sarat/ Thomas Kearns), d.h. die Gewalt des Rechts, liegt vor allem auch in der rechtlichen Sprachgewalt.

„The Rhetoric of Law" (Austin Sarat/Thomas Kearns), d.h. die Rhetorik des Rechts, ist oft Ausdruck sinnentleerter und entsinnlichter Sprache.

Die Benennungswut und definitorischen Obsessionen sind dem Recht als Folge der Notwendigkeit der Klarheit des juristischen Ausdrucks immanent, wie sich dies aus der „bahnbrechenden" Legaldefinition der Eisenbahn durch das Reichsgericht (RGZ 1,247) ergibt. Die Kurzform lautet: „Eine Eisenbahn ist eine Bahn von Eisen zwecks Bewegung von Gegenständen auf derselben." Die Langform dieser Juristenprosa lautet: „Ein Unternehmen, gerichtet auf wiederholte Fortbewegung von Personen oder Sachen über nicht ganz unbedeutende Raumstrecken auf metallener Grundlage, welche durch ihre Konsistenz, Konstruktion und Glätte den Transport großer Gewichtsmassen bzw. die Erzielung einer verhältnismäßig bedeutenden Schnelligkeit der Transportbewegung zu ermöglichen bestimmt ist und durch diese Eigenart in Verbindung mit den außerdem zur Erzeugung der Transportbewegung benutzten Naturkräften (Dampf, Elektrizität, tierischer oder menschlicher Muskeltätigkeit, bei geneigter Ebene der Bahn, auch schon der eigenen Schwere der Transportgefäße und deren Ladung usw.) bei dem Betrieb des Unternehmens auf derselben eine verhältnismäßig gewaltige (je nach den Umständen nur in bezweck-

---

[17] Whorf, B. L., Sprache, Denken, Wirklichkeit, Hamburg 1963, S. 7–18.

[18] Berger, P. L./Luckmann, T., Die gesellschaftliche Konstruktion der Wirklichkeit. Eine Theorie der Wissenssoziologie, Stuttgart 1972, S. 36–48: Sprache und Wissen in der Alltagswelt.

[19] Trömel-Plötz, S. (Hg.), Gewalt durch Sprache. Die Vergewaltigung von Frauen in Gesprächen, Frankf. a. M. 1986.

ter Weise nützliche oder auch Menschenleben vernichtende und menschliche Gesundheit verletzende) Wirkung zu erzeugen fähig ist."[20] Rechtliche Sprachformen sind ebenfalls digital, als „Null" oder „Eins" angelegt. Der binäre Code, der nach dem Vorhandensein und dem Nichtvorhandensein eines Merkmals unterscheidet,[21] reduziert komplexe Wirklichkeit auf „glaubwürdig – nicht glaubwürdig", „schuldig – nicht schuldig", „kriminell – nicht kriminell" etc. Versuche, Rechtsausübung durch Computer zu erledigen,[22] scheitern meist noch an der Sprachgebundenheit des Rechts.

Der Einigungsvertrag ist vor allem auch die Einigung, daß und wie Westrecht auch in Ostdeutschland gilt. Die Beantwortung der Frage: „Rechtswissenschaft in der DDR – was wird bleiben ?" (Rosemarie Will): Fehlanzeige. Gesetzesvorlagen finden ihre jeweiligen Berater/innen im Westen. Urteile im Namen des Volkes ergehen durch den Mund von Richtern/ Richterinnen als Leihbeamte/-beamtinnen aus dem Westen. Die Buchstaben der Westgesetze werden von gewieften Rechtsanwälten aus westdeutschen Kanzleien ausgelegt. West-Professoren/-Professorinnen lehren Recht an ostdeutschen Hochschulen.

Juristische Sprache sucht nach Überlegenheit und Durchsetzung der durch sie transportierten Wirklichkeitskonstruktionen, da hiervon das Prozeßergebnis abhängt. Rechtsausbildung ist „education for hierarchy" (Duncan Kennedy), d.h. Erziehung zur Hierarchie mit vorgestanzten Sprachmustern, etwa in der Verwaltungssprache staatlicher Bürokratien. Die Rechtssprache als Kunstprodukt instrumenteller Vernunft entfernt sich von den kommunikativen Wurzeln der Alltagssprache. Sprachstörungen folgen daraus, daß über die Lebenswirklichkeit nicht mehr in der Alltagssprache, sondern in der Kunstsprache des Rechts gesprochen wird. Mit juristischer Fachsprache verbinden oft nur Juristinnen/Juristen irgendwelche Vorstellungen, etwa mit Begriffen wie „Indossament", „Universalsukzession", „dingliches Vorkaufsrecht", „Nießbrauch". Die Rechtssprache ist auch tückisch: „Klage erheben" oder „Erfüllung" haben für Juristinnen/ Juristen einen ganz anderen Sinn als für ‚normale Menschen'. Daraus ergibt sich die geläufige Kritik an der juristischen Fachsprache, gerichtet auf :

„die Verwendung von Rechtstermini mit gegenüber dem Alltag spezifischer Bedeutung (z.B. sind Mensch, Sache, Dunkelheit rechtlich terminologisiert);den Gebrauch unbestimmter Ausdrücke (Ermessensbegriffe wie Interesse des öffentlichen Verkehrs, Generalklauseln wie die guten Sitten oder niedrige Beweggründe); weiter verwendete Archaismen (Kraftdroschke, Mutschierung) und die (verglichen mit anderen Fachwortschätzen nicht so frequenten) nicht-indigenen Ausdrücke

---

[20] Günther, J.-M., Justitia in Verlegenheit, Frankf. a. M. 1995, S. 85.
[21] Barthes, R., Elemente der Semiologie, Baden-Baden 1983, S. 67.
[22] Deutsche Richterzeitung 1993, S. 349–362.

(persona non grata, Poolvertrag, Postulationsfähigkeit); einen komprimierten Stil (durch eine Vielzahl von Attributen komplexe Nominalgruppen; häufige Nominalisierungen; schwer überschaubare komplexe Sätze und logisch zusammengehörige Satzfolgen); schwierig formulierte semantische Relationen (Konditionalstrukturen, Negationen, Disjunktionen etc.)."[23]

Warum es angesichts dieser geballten Ladung von Sprachkritik an der Rechtssprache dennoch nicht vermessen ist, den Spuren einer Rechtskultur als Sprachkultur nachzuforschen, ergibt sich zum einen aus den Aufgaben und Zielen, was das Recht leisten soll, selbst (siehe Kap. 2) wie auch aus sozialer Praxis, in der die Durchsetzung sozialer Anliegen sprachvermittelt ist (Kap. 3).

2. Rechtskultur als Sprachkultur

„Das Verhältnis der Gegenstände von Rechtswissenschaft und Sprachwissenschaft und ihrer Bewandtnisse ist ein aus beiden Blickrichtungen offenbar eher marginales Thema, das im wesentlichen durch die respektvolle Sorge um die Probleme und Schwierigkeiten der sprachlichen Gestalt von Gesetzesformulierungen und juristischen Texten geprägt ist."[24]

Dies ist trotz des Vorliegens theoretischer Arbeiten zum Verhältnis von Sprache und Recht,[25] trotz erkennbarer Fortschritte in Rechtslinguistik,[26] Rechtssemiologie und Rechtsdiskurstheorie[27] um so erstaunlicher, da zwischen Sprache und Recht nicht nur eine Strukturanalogie besteht, sondern dem Recht immer schon sprachliche Texte zugrunde liegen bzw. das Recht hierdurch erst Gestalt annimmt, ist die Rechtsdurchsetzung doch grundsätzlich sprachlich vermittelt. „Die Gesetze, ihre Konkretisierung in Richterrecht und Rechtsdogmatik, ihre Auslegung und Anwendung in justiziellen Entscheidungen und in der Kritik dieser Entscheidungen – alles Sprache."[28]

---

[23] Hoffmann, L., Wie verständlich können Gesetze sein? in: Grewendorf, G. (Hg.), Rechtskultur als Sprachkultur. Zur forensischen Funktion der Sprachanalyse, Frankf. a. M. 1992, S. 122–154; satirisch zur Rechtssprache: Duderstadt, J., In dubio torero. Juristisches Wörterbuch für Rechtsgelehrte und Rechtsuchende, Frankf. a. M. 1996.

[24] Bierwisch, M., Recht linguistisch gesehen, in: Grewendorf, G. (Hg.), Rechtskultur als Sprachkultur. Zur forensischen Funktion der Sprachanalyse, Frankf. a. M. 1992, S. 42–68.

[25] Öhlinger, T., Recht und Sprache, Wien 1986; Wassermann, R./Petersen, J. (Hg.), Recht und Sprache, Heidelberg 1983.

[26] Kniffka, H. (Hg.), Texte zu Theorie und Praxis forensischer Linguistik, Tübingen 1990.

[27] Seibert, T., Zeichen, Prozesse: Grenzgänge zur Semiotik des Rechts, Berlin 1996; Burton, F./Carlen, P., Official Discourse. On discourse analysis, government publications, ideology and the state, London 1979, Kap. 5: The judicial discourse, S. 69–87.

[28] Hassemer, W., Richtiges Recht durch richtiges Sprechen? Zum Analogieverbot im Strafrecht, in: Grewendorf, G. (Hg.), Rechtskultur als Sprachkultur. Zur forensischen Funktion der Sprachanalyse, Frankf. a. M. 1992, S. 71–92.

Für sprachanalytische Zwecke bei der Auseinandersetzung mit Rechtssprache können Grundfragen und Grundlagen der Soziolinguistik und der Semiologie fruchtbar gemacht werden.

Sprache und Recht sind sowohl „langue" (Sprache) wie „parole" (Sprechen) im Sinne von Ferdinand de Saussure.[29] Die systematische Gesamtheit der für die Kommunikation notwendigen Konventionen, Zeichensysteme und Sprachregeln wird als Sprache („langue") bezeichnet. „Im Gegensatz zur Sprache (langue) als Institution und System ist das Sprechen (parole) ein individueller Akt der Selektion und Aktualisierung; es besteht zunächst aus den ‚Kombinationen, durch welche die sprechende Person den Code der Sprache in der Absicht, ihr persönliches Denken auszudrücken, zur Anwendung bringt' (man könnte dieses erweiterte Sprechen Diskurs [discours] nennen)."[30]

Analog unterscheidet man in der Rechtssoziologie zwischen „law in the books", als Grammatik des Rechts, und „law in action", als Sprachausübung,[31] wobei das „Recht in Aktion" sowohl die „parole" wie den „discours" im linguistisch-soziologischen Sinne umfaßt.

Damit das Recht seine durch das Rechtsstaatsprinzip auferlegten Ziele und Aufgaben der Rechtspflege[32] wie der Sicherung des inneren Friedens, der Freiheitssicherung, der Gewährleistung rechtlicher Gleichheit, des sozialen Ausgleichs und der sozialen Sicherheit sowie der Steuerung der gesellschaftlichen Prozesse erreichen kann, ergeben sich sowohl für die in Gesetzeswerken niedergelegten Rechtssätze wie für das Rechtsgespräch Anforderungen im Hinblick auf ihre Sprachkultur.

Die „Pflicht zum guten Gesetz"[33], deren Einlösung durch den Gesetzgeber vielfach beklagt wird und jüngst durch unklare Formulierungen bezgl. der vorrangigen Geltung von Tarifverträgen gegenüber der Einschränkung von Lohnfortzahlung zu politischer Unruhe geführt hat, ist insbesondere auch eine Verpflichtung zum sprachlich klaren, prägnanten und präzisen Gesetzestext, nicht gebremst von der Furcht Rilkes vor präzisen Definitionen. Zentrale rechtsstaatliche Anforderungen an „richtiges Recht" werden erst durch „richtige Sprache" eingelöst.

Das in der Verfassung (Art. 103 Abs.2 GG) und gleichlautend im Strafrecht formulierte Bestimmtheitsgebot als Grundsatz, daß keine(r) für ein Verhalten bestraft werden kann, das nicht vorher im Strafgesetz mit Strafe bedroht ist („Nullum crimen, nulla poena sine lege") zeigt, daß die kon-

---

[29] Schiwy, G., Der französische Strukturalismus. Mode – Methode – Ideologie, Hamburg 1984, S. 166.

[30] Barthes, R., a. a. O., S. 14.

[31] Black, D., The Behavior of Law, New York 1976.

[32] Evangelische Akademie Bad Boll (Hg.), Was kann und muß die Rechtspflege leisten? Bestandsaufnahme nach 50 Jahren rechtspolitischer Tagungen in Bad Boll, 1996.

[33] Burghart, A., Die Pflicht zum guten Gesetz, Beiträge zum Parlamentsrecht, Berlin 1996.

krete Umsetzung des Bestimmtheitsgebotes von der sprachlichen Formulierung bezgl. der Abgrenzung von Verhaltenskategorien abhängt.[34]

Wie schlecht das strafrechtliche Analogieverbot, ein Strafgesetz extensiv auszulegen, den Sinn des Gesetzes zu überschreiten, die tatsächliche Wortbedeutung zu verlassen, durch richtiges Sprechen in der strafrichterlichen Praxis gesichert ist, zeigen folgende Feststellungen der höchstrichterlichen Rechtsprechung:

„Es dürfen etwa gelten: – verdünnte Salzsäure als ‚Waffe‘; – das gewaltlose Beibringen eines einschläfernden Mittels als ‚Gewaltanwendung‘; – der Plan, ein Buch wegzunehmen, um es nach dem Lesen alsbald wieder zurückzubringen, als ‚Zueignungsabsicht‘; – ein Kraftfahrzeug als ‚bespanntes Fuhrwerk‘; – das entschuldigte Wegfahren vom Unfallort trotz späterer Rückkehr dorthin als ‚Unfallflucht‘; – das Versperren einer Durchfahrt durch Sitzenbleiben als ‚Gewalt‘.“[35]

Hierdurch wird gut deutlich, daß nicht nur das Formulieren von Gesetzestexten, sondern auch die interpretative Auslegung des Gesetzes aus dem Normtext und seinem legislativen Entstehungshintergrund, aus der Semantik, den Begrifflichkeiten der sprachlichen Formulierung der Rechtsnormen, aus dem „Telos“ (= Ziel), aus Sinn und Zweck des Gesetzes[36] hohe Ansprüche an die Sprachkultur des Rechts stellen.

Diese sind um so größer, je mehr die sprachliche Gesetzesformulierung Interpretationsspielräume eröffnet. Die Komplexität der Rechtssprache und ihrer Auslegung im Dienste einer adäquateren Wirklichkeitserfassung steht aber paradoxerweise gerade in der Gefahr, die Wirklichkeitsnähe zu verlieren. Daher mehren sich in jüngster Zeit auch die Stimmen, die fordern, die juristische Sprache müsse auf die ihr liebgewordenen Fremdworte und abstrakten Begriffe verzichten, die Gesetze müßten „volksnah“ und „allgemein verständlich“ formuliert werden, denn nur so könne man die Bereitschaft der Bürger, sich den Gesetzen zu unterwerfen, auch innerlich absichern.

Bei dem Rechtsvortrag, der „parole“, beim „law in action“ hängt das vorteilhafte Argumentieren vor Polizei und Gericht von der Fähigkeit ab, die Bedeutung sprachlicher Konstrukte zu erkennen, sprachliche Konstruktionen von Wirklichkeit wirkungsvoll durchzusetzen bzw. zu dekonstruieren. Erfolgreiche (sozial)anwaltliche Tätigkeit ist um so wirkungsvoller, je besser es gelingt, die eröffneten Sprachräume innerhalb der

---

[34] Schroth, U., Präzision im Strafrecht. Zur Deutung des Bestimmtheitsgebotes, in: Grewendorf, G. (Hg.), Rechtskultur als Sprachkultur. Zur forensischen Funktion der Sprachanalyse, Frankf. a. M. 1992, S. 93–109.

[35] Hassemer, W., a. a. O., S. 84.

[36] Haverkate, G., Normtext – Begriff – Telos. Zu den drei Grundsätzen des juristischen Argumentierens, Karlsruhe 1996.

Rechtskultur als Sprachkultur und der Organisation des Gerichts(verfahrens) über strategische Interaktionen und geschicktes „turntaking" (= Sprecherwechsel) im Gesprächsverlauf, durch Angriffe auf die Schlüsselelemente der Geschichten der gegnerischen Partei, durch Umdefinitionen ambivalenter Aussagegehalte etc. auszunutzen.[37]

Ein sprachkonstruktivistischer Ansatz, der Rechtssprache, Rechtsformulierungen, Rechtskonstrukte wie Rechtsideologien und semiologische (Semiologie: Lehre von den Zeichen[systemen]) Mythen (de)konstruktivistisch (er)faßt, steht erst am Anfang. Dabei sind sowohl Rechtsnormen wie Sachverhalte und die Subsumption, d.h. der Akt der Überprüfung, ob ein spezifischer Sachverhalt von einer Rechtsnorm erfaßt wird, sprachlich vermittelte Konstruktionsleistungen.

Eine andere wichtige Unterscheidung in der Saussureschen Terminologie neben der soeben skizzierten Gegenüberstellung von „langue" und „parole" ist die zwischen „Signifikat" und „Signifikant" als die beiden Bestandteile des Zeichens. Während das „Signifikat" das Bezeichnete ist (etwa das Tier „Ochs" oder die Vorstellung hiervon), sind „Signifikanten" das Bezeichnende (das Sprachzeichen: der Laut „Ochs").

„Die Ebene der Signifikanten bildet die Ausdrucksebene und die der Signifikate die Inhaltsebene ... Die Bedeutung (signifikation) läßt sich als Prozeß auffassen; sie ist der Akt, der Signifikant und Signifikat miteinander vereint, ein Akt, dessen Produkt das Zeichen ist."[38] In der Rechtssemiologie lassen sich sowohl in der Bezeichnung (Signifikant) des Sachverhalts (Signifikat) wie in der Interpretation (Signifikant) der Rechtsnorm (Signifikat) derartige Prozesse der „signifikation" ausmachen. Für einen sprachsensiblen Umgang im Bereich des Rechts, für eine Steigerung der Rechtskultur über bewußteres Anstreben einer Sprachkultur, für Handlungs- und Interventionsmöglichkeiten in der sozialen Arbeit (siehe Kap. 3), bedarf es eines sprachanalytischen Verständnisses von Zeichen und Zeichensystemen und ihrer Determination wie sprachlichen Verwendung.

In der amerikanischen Soziolinguistik werden Sprechhandlungen als unterschiedliche Typen von „Sprechakten" („speech acts") charakterisiert, wie Satzbildungen (= „performing utterances"), hin- und verweisende Sprechhandlungen (= „performing propositional acts") und Sprechhandlungen, die durch behaupten, in Frage stellen, befehlen, versprechen (= „performing illocutionary acts") Konsequenzen bzw. Effekte hervorbrin-

---

[37] Deichsel, W., Strafverteidigung als „case lawyering" und „cause lawyering": Konstruktion und Dekonstruktion von Strafrecht? Schritte auf dem Wege zu einem (de)konstruktivistischen Verständnis von Strafverteidigung, in: Frehsee, D./Löschper, G./Smaus, G. (Hg.), Konstruktivismus der Wirklichkeit durch Kriminalität und Strafe, Baden-Baden 1997, S. 285.
[38] Barthes, R., a. a. O., S. 34/41.

gen (= „performing perlocutionary acts").[39] Die Beziehung von „illocutionary acts" und „perlocutionary acts" wird von John L.Austin[40] mit der Frage umschrieben, „wie Dinge mit Worten geschaffen werden" („How to do things with words ?"). Für die Sprachkultur des Rechts sind alle drei Sprechakttypen von besonderer Bedeutung, wobei den Wirklichkeit gestaltenden Sprechakten im Sinne von John L. Austin besondere Bedeutung bei der sprachanalytischen Rekonstruktion von Rechtskultur als Sprachkultur zukommen.

„Langue" und „parole", „Signifikant" und „Signifikat", die Variabilität von Sprechakten werden von einer Sprachgemeinschaft hervorgebracht, die wiederum diese gleichzeitig mitgestalten und verändern. Das Verständnis von „parole", der Rede, nach Ferdinand de Saussure als „discours" (Diskurs) verweist auf diese Sprachgemeinschaft. Von ihrer Organisation hängt es ab, ob die Sprachgrammatik („langue") der (freien) Rede („parole") Spielräume eröffnet und beläßt, ob Zeichensysteme stereotyp als feste Anordnung von Signifikantenketten vorgegeben und vorprogrammiert sind oder Phantasien der Ausdruckskraft ermöglichen, ob Handlungsfolgen von Sprechakten über technologisch-instrumentelle Arrangements oder kommunikative Verständigung hergestellt werden, ob kommunikatives oder strategisches Handeln möglich ist.

„Untersuchungsmodell für das kommunikative Handeln sind die Sprechakte und bei ihnen der performative (= darstellende) Anteil. Untersuchungsgegenstand sind die Bedingungen kommunikativen Handelns, was an Kants Untersuchungen zum Apriori der Vernunft erinnert. Habermas unterscheidet zwischen strategischem und kooperativem Verhalten (Habermas, 1973, 220). Kommunikative Interaktionen sind nach Habermas jedoch nie interesselos, sondern erheben je für sich schon einen Geltungsanspruch, den es zu erhellen gilt. Kritische Aufklärung dieses Geltungsanspruchs geschieht in der Form des Diskurses. Aufgeklärte Kriterien des Diskurses sind Verständlichkeit, Wahrheit, Richtigkeit der Regel und Norm, Wahrhaftigkeit der Subjekte. Strategische Kommunikation würde diesen Ansprüchen nicht genügen, und Sprache würde täuschen (Habermas, 1981, 580). Wenn die Kommunikation nicht strategisch, sondern kooperativ verläuft, setzt sie einen verständigungsorientierten Sprachgebrauch voraus. (Habermas, 1981, 580 ff.) ..."[41]

Aus dem offensichtlichen Spannungsverhältnis einer idealen Kommunikationsgemeinschaft, in der alle Meinungsverschiedenheiten, alle Sinn-

[39] Searle, J. R., Speech Acts. An essay in the philosophy of language, London 1977, S. 24/25.
[40] Austin, J. L., How do do Things with Words, Oxford 1962.
[41] Pfeifer-Schaupp, H. U./Schwendemann, W., Sozialarbeit und Diskursethik. Kommunikation als Quelle ethischer Normen, Archiv für Wissenschaft und Praxis der sozialen Arbeit 2/1994, S. 124–149.

und Wahrheitsansprüche nur durch konsensfähige Argumente aufgelöst werden sollten, und den realen Sprechsituationen, in die normative, unhinterfragte und unhinterfragbare Vorgaben eingehen und die durch strategisches Handeln gekennzeichnet sind, ergibt sich die Aufgabe einer Diskursethik, am motivierenden Gehalt und Geltungsanspruch idealer, repressionsfreier und verständigungsorientierter Kommunikation festzuhalten und sich um ihre Realisierung zu bemühen.[42]

Da dieses Spannungsverhältnis zwischen idealer und realer Kommunikations- und Sprachgemeinschaft gerade im Bereich des Rechts besonders ausgeprägt ist,[43] bedürfte der forensische Handlungsbereich noch verstärkter ethnographischer Sprachstudien[44] und das Interesse an der Sprache des Rechts verlagert sich gerade auch für die soziale Arbeit, die weniger Kompensations- und Therapiegeschäfte betreibt und stärker gerechtigkeitsorientiert[45] ist, hin zum Recht auf Sprache im rechtlichen Kontext. Die sprachanalytische Durchdringung des Rechts dient dabei der sprachpragmatischen Befähigung („rechtslinguistisches empowerment") von Sozialarbeit, Rechtssprache zu beherrschen, Transformationsleistungen zwischen juristischer Fach- und Kunstsprache und „sozialer Sprache" wie Alltagssprache vollbringen zu können, um über rechtliche Argumentation sozialarbeiterische Anliegen durchzusetzen und um sich der Sprache des Rechts mittels dialogischer und verständigungsorientierter Sprachformen auch widersetzen zu können.

3. Die Sprache des Rechts und das Recht sozialer Arbeit auf Sprache im rechtlichen Kontext

Die Sprache des Rechts zwingt die Sozialarbeit in für sie ungewohnte und deshalb nur schwer zu kontrollierende Sprachspiele, etwa durch binär schematisierte Entscheidungsstrukturen (z.B. entweder rechtskonform oder widerrechtlich) oder durch rechtlich-administrative Begrifflichkeiten (s. etwa § 8 Abs.2 StVollzG: „Überstellung", als vorübergehende Unterbrin-

---

[42] Apel, K. O., Diskurs und Verantwortung. Das Problem des Übergangs zur postkonventionellen Moral, Frankf. a. M. 1990.

[43] Apel, K. O./Kettner, M. (Hg.), Zur Anwendung der Diskursethik in Politik, Recht und Wissenschaft, Frankf. a. M. 1992.

[44] Hymes, D., Foundations in Sociolinguistics. An Ethnographic Approach, University of Pennsylvania Press 1974.

[45] Huber, W., Gerechtigkeit und Recht. Grundlinien christlicher Rechtsethik, Gütersloh 1996; Bommes, M./Scherr, A., Soziale Arbeit als Exklusionsvermeidung, Inklusionsvermittlung und/oder Exklusionsverwaltung, in: Merten, R./Sommerfeld, P./Koditek, T. (Hg.), Sozialarbeitswissenschaft – Kontroversen und Perspektiven, Neuwied 1996, S. 93–119.

gung eines Strafgefangenen in einer anderen Strafvollzugsanstalt). Durch die Fremdbestimmtheit der kommunikativen Form wird ihr die Verständlich- und Geltendmachung selbstdefinierter Relevanzen erschwert. Ihre Kommunikation wird fragmentiert. Sozialarbeiter(n)/innen werden solche Sprachmuster aufoktroyiert, die der Glaubhaftigkeit ihrer Äußerungen gleichzeitig dienen sollen wie abträglich sein können. Kommunikationstheoretisch betrachtet vollzieht sich die Inklusion der sozialen Arbeit in das rechtliche Verfahren häufig auf der Grundlage sprachlicher Exklusion.

Eine soziale Arbeit, die gerade als gemeinschaftsorientierte soziale Advokatur Ausschließungsprozesse („Exklusion") zu vermeiden oder zumindest die von Exklusionen Betroffenen zu betreuen und die Wirkungen der Ausgrenzung abzuschwächen sucht, die die Integration („Inklusion") randständiger Menschen zu verwirklichen beabsichtigt,[46] kann ihre Aufgaben nur erfüllen, wenn sie ihrer eigenen sprachlichen Exklusion durch Rechtssprache entgegenwirkt.

Die rechtliche Sprachgemeinschaft ist ein geschlossener Bereich und es ist schwierig, aus ihm durch rechtsfremde sprachliche Äußerungen herauszutreten. Dabei hat sich soziale Arbeit nicht in erster Linie zu befleißigen, sich juristisch korrekt auszudrücken (obwohl dies sicherlich auch erstrebenswert ist), sondern es sind zunächst Verständigungsprozesse darüber zu ermöglichen, wie die Sprachen unterschiedlicher Professionen, hier der sozialen Arbeit und der Juristerei, miteinander kommunizieren (können), inwiefern disziplinäres Wissen und Theorien Entscheidungen für Begriffe sind (etwa bezgl. psychiatrischer Fachtermini), inwiefern kommunikatives Handeln als konstitutioneller Bestandteil beruflichen Handelns ermöglicht werden kann.

Die zunehmende Verrechtlichung des Sozialen,[47] die Formalisierung und Reglementierung des zulässigen Austausches von Sprechakten durch Verfahrensordnungen, der Übergang von einer Kultur des Wortes zu einer Kultur des Rechtszeichens, des Rechtskürzels, haben eine Hermetik, d.h. Abgeschlossenheit der Rechtssprache zur Folge. Rechtlicher Argumentation ist die Reduzierung sozialer Komplexität durch die vorgegebene „Blickrichtung" des „zwischen Rechtsnorm und Sachverhalt hin und her wandernden Blicks" (Niklas Luhmann), die „Blickverengung", immanent. Demgegenüber führen sozialkonstruktivistische Ansätze, die Rechtssprache als hochkomplexe Konstrukte zu dekonstruieren versuchen,[48] immer mehr von einer normativ-ontologisierenden zu einer interaktiv-interpretativen Sprachgrammatik („langue"), eröffnen sie gegen-

---

[46] Bommes, M./Scherr, A., a. a. O.

[47] Teubner, G., Verrechtlichung – Begriffe, Merkmale, Grenzen, Auswege, in: Kübler, F. (Hg.), Verrechtlichung von Wirtschaft, Arbeit und sozialer Solidarität, Frankf. a. M. 1985.

[48] Deichsel, W., a. a. O.

über der Geschlossenheit technologischen Sprachgebrauchs immer weitere Sprachräume für das Rechtsgespräch („parole") bzw. den Rechtsdiskurs („discours").

Nicht nur „heilige Kühe" des Verfahrensrechts wie die prozessuale Wahrheit, die nicht mehr materiell, d.h. ontologisch aufgefaßt, sondern als interaktiv-konsensual hergestellt gilt,[49] werden stärker Verständigungsprozessen geöffnet, sondern auch formell gesetztes Recht wird immer deutlicher durch informelle Gespräche und Absprachen unterlaufen und gerade dadurch auch vor dem Erstarren bewahrt. Deshalb wird auch zunehmend von einer „Informalisierung des Rechts" (Peter-Alexis Albrecht) gesprochen, wovor aus rechtsstaatlichen Gründen auch gewarnt wird.

„Nichtsdestoweniger bleibt bedenklich, wenn sich die strafprozessualen Vorschriften und deren Handhabung in der Praxis als so starr erweisen, daß es zu einem Aufblühen der Gesprächskultur nur außerhalb der Verhandlungen in Absprachen kommen kann. Diesen informellen Abmachungen und Aussprachen, die hierzulande unbekümmert totgeschwiegen werden, liegt nämlich jedenfalls auch ein Bedürfnis nach konsensualen Vorgangsweisen zugrunde…"[50] Derartige konsensuale Verhandlungs- und Sprachkulturen werden innerhalb und außerhalb der Schranken des Rechts gesucht.

Hilfeplankonferenzen im Sinne von § 36 des Kinder- und Jugendhilfegesetzes sollen zur konsensualen Vereinbarung von erzieherischen Hilfen führen, wobei den hieran zu beteiligenden Betroffenen, den Personensorgeberechtigten wie dem Kind bzw. dem Jugendlichen selbst ausreichend Gelegenheit gegeben werden soll, ihre Bedürfnisse zu artikulieren. Sozialer Arbeit kommt die entscheidende Aufgabe zu, sich darum zu bemühen, derartige wie andere administrativ-justizielle Sprachräume zu öffnen, sie verständigungsorientiert, d.h. sprachsensibel und im Sinne gegenseitiger Verständigung auszufüllen und der sprachlichen Artikulationsfähigkeit der Betroffenen dabei besondere Aufmerksamkeit zukommen zu lassen. Das ernüchternde Fazit einer empirischen Studie zu Hilfeplankonferenzen,[51] daß sich die Mitwirkung der Klienten in der Regel auf wenige Ausnahmen beschränkt, verweist möglicherweise gerade auch auf Sprachgräben, die schwerlich hin zu einer Kommunikation zu überbrücken sind, als notwendige Voraussetzung eben dieser Mitwirkung. Auch wenn es keine scharfe

---

[49] Soyer, R., Strafprozeß und Tatausgleichsverfahren im Spannungsfeld von divergierenden Wahrheitsansprüchen, in: Hammerschick, W./Pelikan, C./Pilgram, A. (Hg.), Ausweg aus dem Strafrecht – Der „außergerichtliche Tatausgleich", Baden-Baden 1994, S. 193.

[50] Soyer, R., a.a.O., S. 194/195.

[51] Sander, C., Praktische Umsetzung der Klientenrechte in der Jugendhilfe anhand von Hilfeplänen – eine empirische Studie, in: Nachrichtendienst des Deutschen Vereins 7/1995, S. 220–227.

lexikalische Trennung von Begriffen der Rechtssprache einerseits und der Umgangssprache andererseits gibt, so folgen Rechtssprache (hier des Jugendrechts) und Alltagssprache in zahlreichen Sprachformen unterschiedlichen Regeln.[52]

Der Täter-Opfer-Ausgleich dient dem Ziel, soziale Konflikte aus ihrer (straf-)justiziellen staatlichen Verarbeitung wieder an die Konfliktparteien zurückzugeben, so weit wie möglich rechtliche Konflikte in soziale Konflikte zurück zu transformieren und damit alternativen interaktiven Formen der Konfliktbewältigung zuzuführen. „Den Ausgangspunkt für den Gedanken des Täter-Opfer-Ausgleichs bildet die folgende Überlegung. Das Strafrecht beruht auf einer Umdefinition: Einen Konflikt zwischen Personen definiert es um in einen Konflikt zwischen einer Person – der Straftäterin oder dem Straftäter – und der Rechtsordnung. Eine konkrete Schädigung einer anderen Person wird dadurch zum abstrakten Straftatbestand. Der Täter-Opfer-Ausgleich will den Konflikt von der Ebene des Verstoßes gegen die Rechtsordnung wieder auf die Ebene der sozialen Interaktion zwischen den beteiligten Personen transponieren."[53]

Sowohl dieses Transponieren und Transformieren rechtlich erfaßter sozialer Lebensereignisse zurück in den Sprachraum des dialogischen Denkens und Sprechens[54] wie die Aufgaben der/des Mediatorin/Mediators selbst als Mittler dialogischer Sprachhandlungen und des Austausches von Perspektiven bezüglich des konflikthaften Geschehens stellen hohe Anforderungen an Sprachkompetenz. Diese Fähigkeit, mit Sprache umzugehen, ist die Voraussetzung für Sprachperformanz, d.h. durch sprachliche Gestaltungskraft, durch Sprechakte Wirklichkeit zu gestalten, „Dinge mit Worten zu schaffen" (siehe Kap. 2 zur Unterscheidung von „illocutionary" und „perlocutionary acts").

Für soziale Arbeit, die beratend, sozialanwaltschaftlich, betreuend, in gesetzlicher Vertretung oder (sozial-)verwaltend in rechtlichen Handlungsbereichen tätig ist, bedeutet dies, die hierin ausgeübte Rechtsgrammatik („langue") wie die hierauf beruhende Rechtssprache („parole") zu beherrschen, um hierüber, etwa durch das Ausnutzen von rechtlichen Interpretationsspielräumen oder das Rechtsmittelrecht, soziale Anliegen überzeugend und effizient transportieren zu können.

Dies setzt auch voraus, den „first code", d.h. das „Recht in den Büchern" oder die Rechtsgrammatik, in seiner Abhängigkeit von dem oft

---

[52] Neumann, U., Juristische Fachsprache und Umgangssprache, in: Grewendorf, G. (Hg.), Rechtskultur als Sprachkultur. Zur forensischen Funktion der Sprachanalyse, Frankf. a. M. 1992, S. 110–121.

[53] Huber, W., a. a. O., S. 347.

[54] Schrey, H.-H., Dialogisches Denken, Darmstadt 1970.

wirkungsmächtigeren „second code"[55], d.h. den ungeschriebenen Regeln des „Rechts in Aktion", zu erkennen und in den eigenen Sprachgebrauch aufnehmen zu können. Denn auch die Juristen/Juristinnen haben nicht nur eine Art Rechtslexikon für die Bedeutung der Wörter und eine Grammatik für die Entschlüsselung der Rechtssyntax im Kopf, sondern zugleich verfügen sie über eine Fülle von Regeln darüber, wer was in welcher Situation wie meint. Jede dieser Regeln ist hochspeziell, sie gilt vielleicht nur für diesen einen Fall. Erst wenn dieses Feld rechtssprachlicher Kompetenz und Performanz der verschiedenen Sprachcodes bestellt ist, können die Richter in ihren forensischen Vorträgen Dichter und Advokaten Literaten werden, gilt auch für Sozialarbeiter/innen: „Dichter sammeln Wörter wie Zweige für Neste." (Graham Greene).

Der Notwendigkeit, sich eine weitestmögliche rechtliche Sprachkompetenz und Sprachperformanz anzueignen, steht das Erfordernis diametral gegenüber, sprachliche Rechtskonstrukte, die soziale Wirklichkeit ausschnitthaft und reduktionistisch dekontextualisieren, d.h. aus dem systematischen Zusammenhang reißen, „Rechtszeichen", die degradieren und fragwürdige Theorieverständnisse einführen, wirkungsmächtige Rechtsmythen (z.B. die ‚kriminelle Karriere' beginnt bei den ersten Rechtsverletzungen) subversiv zu dekonstruieren.

Subversiver Rechtssprachgebrauch setzt allerdings die Aneignung der sprachlichen Rechtsgrammatik und der rechtssprachlichen Artikulationsfähigkeit notwendigerweise voraus. Hierbei kann es nicht um „semantische Kosmetik" gehen, sondern um Umformulierungen von Begrifflichkeiten, die auf ein anderes Verständnis des Phänomens (z.B. „Salutogenese" anstatt „Pathogenese" in forensisch-psychiatrischen Gutachten, „Wohnungslosigkeit" anstatt „Obdachlosigkeit"), um „semantischen Abolitionismus", d.h. die Abschaffung diskriminierender rechtlicher Ausdrücke im schriftlichen und mündlichen Rechtsvortrag.

Daß eine derartige Umgehung stigmatisierender Rechtssemantik (z.B. „andere seelische Abartigkeit" im Sinne des § 20 StGB, „schädliche Neigungen" im Sinne des § 17 Abs.2 JGG) und die Zurückweisung von Negativzuschreibungen in der sozialen-forensischen Praxis einen Eiertanz bedeuten kann, zeigt die folgende Aussage eines Jugendgerichtshelfers: „Manches Mal wird lange Zeit gebraucht, um das richtige Wort mit passender Nuance, den besten Satzbau, die hilfreichste Formulierung, die optimistischste Ausdrucksweise zu finden, um das Vokabular ‚schädliche Neigungen' zu umgehen, bis Satzkapriolen entstehen, wie: kann nicht mit

---

[55] MacNaughton-Smith, P., Der zweite Code. Auf dem Wege zu einer (oder hinweg von einer) empirisch begründeten Theorie über Verbrechen und Kriminalität, in: Lüderssen, K./Sach, F. (Hg.), Seminar: Abweichendes Verhalten II – Die gesellschaftliche Reaktion auf Kriminalität 1, Frankf. a. M. 1975, S. 197–212.

Bestimmtheit gesagt werden, daß seine Sozialprognose ungünstig ist."

Die berechtigte Furcht vor des Juristen Wort (und vor den vielen Fuß-
noten, dies zu begründen und zu widerlegen) hat daher über die Suche
von Rechtskultur als Sprachkultur für soziale Arbeit die mehrfache Folge-
rung: Rechtsräume als Sprachräume interaktiv und kommunikativ zu öffnen, über das Beherrschen von Rechtssprache auf den verschiedenen Ebenen von Sprachkompetenz und Sprachperformanz soziale Anliegen zu
transportieren und aus „sozialer Sprache" subversiv „Gegenzeichen"
gegen diskriminierend-stigmatisierende Rechtssemantik zu setzen.

Sprechen über Sprache ist insofern befangen, als zu vermeiden gilt, was
es an Sprache bemängelt, als es einzulösen hat, was es von dieser einfor-
dert. Deshalb wird auch das abstrakte Wort „Meta-Sprache" für dieses
Unternehmen tunlichst vermieden, die Befürchtung von Rainer Maria
Rilke allerdings bestätigt.

Zu den Autoren

Prof. Dr. Wolfgang Deichsel

Studium der Rechtswissenschaft und der Soziologie an der Universität München mit Abschluß des Assessorexamens und als Diplomsoziologe. Beruflich tätig in der Jugendsozialarbeit und als Rechtsanwalt. Promotion zum Dr.jur. an der Universität München. Ab 1984 wissenschaftlicher Mitarbeiter im Aufbau- und Kontaktstudium Kriminologie an der Universität Hamburg. Seit 1993 Professor für Recht und Verwaltung an der Evangelischen Fachhochschule für Sozialarbeit Dresden.

Prof. Dr. Herbert Effinger

Studium der Sozialpädagogik an der Fachhochschule in Hamburg und an der Universität Bremen. Mitarbeit in der Jugend- und Erwachsenenbildung. Forschung über alternative und selbstorganisierte Projekte und Selbsthilfeinitiativen im intermediären Bereich. Professor für Soziale Arbeit an der Evangelischen Fachhochschule für Sozialarbeit Dresden.

Volkmar Hadamus

Diplom-Sozialarbeiter (FH)
Werkzeugmacher, Arbeit in der sozialdiakonischen Jugendarbeit bei der Inneren Mission Karl-Marx-Stadt, Arbeit in einem Selbsthilfeverein, seit 1991 Arbeit bei der Arbeiterwohlfahrt Chemnitz (Beratungsstelle für Inhaftierte, Haftentlassene und deren Angehörige), 1996 Abschluß berufsbegleitende Ausbildung zum Diplomsozialarbeiter an der Evangelischen Fachhochschule für Sozialarbeit Dresden.

Prof. Ulfrid Kleinert

Ulfrid Kleinert studierte von 1961 – 68 Theologie im Hauptfach sowie Soziologie, Erziehungswissenschaften und Philosophie im Nebenfach an den Universitäten Mainz, Tübingen und Zürich. Danach war er Vikar an der Elisabethkirche in Marburg. Von 1970 – 72 ist er Studienleiter beim Evangelischen Studienwerk Villigst gewesen. Ab 1972 war er Professor an der Evangelischen Fachhochschule für Sozialpädagogik Hamburg mit den besonderen Schwerpunkten Arbeit mit Randständigen und Diakonie in Kirchengemeinden, 1973 – 76 als Prorektor. Von 1987 – 89 hat er dort den Kontaktstudiengang Gemeindediakonie aufgebaut. 1991 kam er als Gründungsrektor an die Evangelische Fachhochschule für Sozialarbeit Dresden und ist dort seit 1.9.95 Professor für Theologie und Rektor.

Prof. Dr. Ingemarie Neufeldt

Nach dem Studium der Soziologie an der Freien Universität Berlin Mitarbeiterin am Institut für Ostmarktforschung GmbH, Hamburg, Sozialkundeunterricht am Berufsförderungswerk, Hamburg, wissenschaftliche Mitarbeiterin im Sonderforschungsbereich der DFG „Industrialisierung und Gesellschaft in der Sowjetunion" am Osteuropa-Institut der FU Berlin, Projektleiterin am Katholischen Sozialinstitut Freising, Studium der Sozialpädagogik FH München, 6 Jahre Familienberatung im Kinderschutzzentrum München, Referentinnentätigkeit in der Fortbildung „Gewalt gegen Kinder", Supervision, 1986 – 93 Professorin für Sozialpädagogik und Soziologie an der Kath. Stiftungsfachhochschule München, seit 1993 Professorin für Soziale Arbeit an der Ev. Fachhochschule für Sozialarbeit Dresden.

Prof. Günther Robert

Forschung und Lehre an den Universitäten Bielefeld, Essen, Nürnberg und Kassel sowie der Evangelischen Stiftungsfachhochschule Nürnberg. Außeruniversitäre Tätigkeiten in Modellversuchen der Jugendhilfe, des zweiten Arbeitsmarktes und der Schule, in Bildung und (Projekt- bzw. Institutionen-)Beratung. Seit 1996 Professor für Soziologie an der Evangelischen Fachhochschule für Sozialarbeit Dresden. Aktuelle Arbeitsschwerpunkte: Interpretative und rekonstruktive Sozialforschung; Biographie-, Interaktions und Institutionenanalyse; Sozialer Wandel: Arbeit, Arbeitswelt und Soziale Therapie; Sozialarbeitsforschung. Veröffentlichungen u. a. zu den Bereichen von Jugend, Identität, Professionalisierung, Arbeitslosigkeit.

Sabine Schmerschneider

Diplom-Sozialarbeiterin (FH)
Ausbildung zur stomatologischen Schwester und mehrjährige Tätigkeit in diesem Beruf. Gleichzeitige Suche nach Arbeits- und Ausbildungsmöglichkeit zur Sozialfürsorgerin. Zweijähriger Katechetischer Fernunterricht am Burkhardthaus Potsdam.
Von 1989 bis 1991 pädagogosche Mitarbeiterin in einer Fördertagesstätte für schwerstmehrfachbehinderte Kinder und Jugendliche des Diakonischen Werkes in Dresden. Wendebedingte berufliche Neuorientierung und anschließendes Studium der Musiktherapie an der Hochschule für Musik Dresden – 1992 Abwicklung des Studiengangs. 1992 bis 1996 Studium an der Evangelischen Fachhochschule für Sozialarbeit Dresden.
Inhaltliche (Arbeits-)Schwerpunkte: Krankheit und Behinderung im Kontext der Gesellschaft, Kirche und Sozialarbeit; Frauen- und Jugendsozialarbeit.

Peter Wild

Diplom-Sozialarbeiter (FH)
Instandhaltungsmechaniker, Arbeit als Erzieher in der Körperbehindertenschule Karl-Marx-Stadt, Ausbildung in der Ausbildungsstätte für Gemeindediakonie und Sozialarbeit Potsdam bis zu deren Schließung, 1991 Wechsel zur Evangelischen Fachhochschule für Sozialarbeit Dresden, 1995 Abschluß Ausbildung zum Diplomsozialarbeiter an der Evangelischen Fachhochschule für Sozialarbeit Dresden, seit 1995 Arbeit bei der Arbeiterwohlfahrt Chemnitz (Schlichtungsstelle für Täter-Opfer-Ausgleich).

Verzeichnis wissenschaftlicher Arbeiten

Wolfgang Deichsel

Beiträge zu Sammelwerken und Fachzeitschriften

W. Deichsel, J. Hufeland, T. Kunstreich, G. Löschper, Das Aufbaustudium Kriminologie: Erstens Planung und Programme, zweitens kommt es anders als man denkt, in: Kriminologisches Journal, Weinheim 1985, 17, 1, S.69-76

W. Deichsel, T. Kunstreich, G. Löschper, Das Aufbaustudium Kriminologie – ein Bericht in theoretischer Absicht, in: Heribert Ostendorf (Hg.), Integration von Strafrechts- und Sozialwissenschaften, Festschrift für Lieselotte Pongratz, München 1986, S.171-185

Jugenddelinquenz als Verarbeitungsform von Jugendarbeitslosigkeit durch Jugendliche und staatliche Interventionen, in: „Und wenn es künftig weniger werden – die Herausforderung der geburtenschwachen Jahrgänge", Schriftenreihe der Deutschen Vereinigung für Jugendgerichte und Jugendgerichtshilfen, Neue Folge, München 1987, Heft 14, S.220-231

Kriminologie und gesellschaftliche Verwertungsinteressen, in: G. Löschper, G. Manke, F. Sack (Hg.), Kriminologie als interdisziplinäres Hochschulstudium, Hamburger Studien zur Kriminologie, Bd.1, Pfaffenweiler 1986, S.228-232

Rechtsberatung „vor Ort" im Jugendzentrum, Protokoll über eine vierjährige Tätigkeit, in: Bundesministerium der Justiz (Hg.), Verteidigung in Jugendstrafsachen, Kölner Symposium, Bonn 1987, S.161-169

Strafverteidigung – Verteidigung des Mandanten vor Strafe oder Verteidigung des Strafrechts?, in: Sicherheitsstaat und Strafverteidigung, Schriftenreihe der Strafverteidigervereinigungen, Köln 1989, S.175-186

Lenkt Jugendliche ab vom Kriminaljustizsystem, aber lenkt den Blick nicht ab von den hiermit verbundenen Implikationen, Risiken und Gefahren! Reflexionen anläßlich des Hamburger Diversionsmodells, Monatsschrift für Kriminologie und Strafrechtsreform, Köln 1991, 74, 4, S.224-235

Kriminologie und kriminologische Ausbildung – Gebrauchsartikel im Strafverteidigeralltag? in: Kriminologisches Journal, Weinheim 1991, 23, 1, S.2-15

W. Deichsel, H. Hellhake, Ch. Meyer-Helwege, Jugenduntersuchungshaft und polizeiliche Zuführungspraxis in Hamburg, in: Bewährungshilfe, Mönchengladbach 1990, 37, 2, S.147-157

Kriminalpolitik auf dem Prüfstand: Niedersachsen, Von solider Werkstattarbeit zur Generalüberholung? in: B. Maelicke/H. Ortner (Hg.), Kriminalpolitik – Bilanz und Perspektiven, Baden-Baden, 1991, S.96-113

W. Deichsel, Kriminologische Lehre und Ausbildung, in: Kleines Kriminologisches Wörterbuch, 3.Aufl., Heidelberg 1992, S.316-324

F.Sack/W.Deichsel, Stichwort: Strafrechtssoziologie, in: Kleines Kriminologisches Wörterbuch, 3.Aufl., Heidelberg 1992, S. 500-507

Intendierte, nicht so intendierte, nicht so unintendierte Folgen von Diversion, in: H. Peters (Hg.), Muß Strafe sein? Opladen 1993, S.171-183

Central Issues in Comparative Analysis of Criminal Justice Systems and Criminal Policy: The Need for a Comparative Approach, in: R. Baker (Ed.), Comparative Public Management, 1994, S.185-206

Ambulante Maßnahmen im „zwischen", Zwölf Zwischenräume, in DVJJ-Journal, 1/1995, S. 46-50

„Ex oriente lux" oder Kritische Kriminologie „going east"?, in: T.v.Trotha (Hg.), Politischer Wandel, Gesellschaft und Kriminalitätsdiskurse, Beiträge zur interdisziplinären wissenschaftlichen Kriminologie, Festschrift für Fritz Sack zum 65. Geburtstag, Baden-Baden 1996, S.183-203

Chancen und Risiken kritisch-kriminologischer Theoriepotentiale in einer sozialen Umbruchsituation, in: K.-D. Bussmann/R. Kreissl (Hg.), Kritische Kriminologie in der Diskussion, Theorien, Analysen, Positionen, Opladen 1996, S.263-293

Diversion – eine Alternative zum Strafrechtssystem? in: H. Janssen/F. Peters (Hg.), Kriminologie für Sozialarbeit, Münster 1997, S. 206-234

Strafverteidigung: Konstruktion („case lawyering") oder Dekonstruktion („cause lawyering") von Strafrecht, in: D. Frehsee/G. Löschper/G. Smaus, Konstruktion der Wirklichkeit durch Kriminalität und Strafe, Baden-Baden 1997, S. 283-301

Monographien

W. Deichsel, Die offene Tür – Jugendberatungsstellen in der Bundesrepublik Deutschland, in Holland und in den Vereinigten Staaten. Eine vergleichende empirische Untersuchung, München 1987 (publiziert mit Unterstützung der Deutschen Forschungsgemeinschaft)

Herausgeberschaft

W. Deichsel, T. Kunstreich, W. Lehne, G. Löschper, F. Sack (Hg.), Kriminalität, Kriminologie und Herrschaft, Hamburger Studien zur Kriminologie, Bd.2, Pfaffenweiler 1987

Herbert Effinger

H. Effinger/L. Döring: Arbeit als solche – zur Pädagogisierung abstrakter Arbeit in: Widersprüche – Zeitschrift für sozialistische Politik im Bildungs-, Gesundheits- und Sozialbereich, Heft Nr. 10, Offenbach 1984

Lokale Beschäftigungsinitiativen in der Grauzone zwischen Markt und Staat, in: Forschungsjournal Neue Soziale Bewegungen, Nr. 2, Marburg 1989

Individualisierung und neue Formen der Kooperation. Bedingungen und Wandel alternativer Arbeits- und Angebotsformen, Opladen 1990

Totgesagte leben anders. Oder: Was wurde aus der Alternativbewegung?, in: Christoph Butterwegge und Hans G. Jansen (Hg.), Neue Soziale Bewegungen in einer alten Stadt, Bremen 1992

Von der politischen zur professionellen Identität. Professionalisierung personenbezogener Dienstleistungen in Kooperativen des intermediären Sektors als biographisch gesteuerter Prozeß, in: Journal für Sozialforschung Heft 1, Wien 1993
Neue soziale Bewegungen und personenbezogene Dienstleistungen im Intermediären Sektor, Tagungsband II des 26. Deutschen Soziologentages 1992, 1993
Soziale Dienste zwischen Gemeinschaft, Markt und Staat. Herausforderung bei
der Produktion Sozialer Dienstleistungen im Intermediären Bereich, in: H. Effinger, D. Luthe, (Hg.), Sozialmärkte und Management, Forschungsreihe des
Forschungsschwerpunktes „Arbeit und Bildung" Bremen 1993
Neue Soziale Bewegungen und personenbezogene Dienstleistungen in der Risiko-
gesellschaft: Partizipativ strukturierte Kooperativen als intermediäre Organisationen. Erschienen in der Reihe „Studien zur vergleichenden Sozialpädagogik
und internationalen Sozialarbeit" Band 7, herausgegeben von Rudolph Bauer:
Intermediäre Nonprofit-Organisationen im Neuen Europa, Rheinfelden und Berlin 1993
H. Effinger, K. Körber, Zeit zum Erwachsenwerden – Zur Verberuflichung und
Professionalisierung in Kooperativen des Intermediären Bereichs, in: SOCIAL-
management, Magazin für Organisation und Innovation, Nr. 4, Baden-Baden
1994
H. Effinger, K. Körber, Sozialunternehmer, Freiberufler oder Bedienstete? Profes-
sionalisierung im Intermediären Bereich, in: neue praxis Heft 1, Neuwied 1994
Am Anfang war das Wort. Zur Kontroverse um die Konstitution einer Sozialarbeitswissenschaft, in: Sozial Extra 7-8, Wiesbaden 1994
Polygamie oder Autonomie. Anmerkungen zu den Perspektiven der Sozialen
Arbeit als Wissenschaft, in: Nachrichtendienst des Deutschen Vereins für öffent-
liche und private Fürsorge Nr. 8, Frankfurt a. M. 1994
Soziale Arbeit als Kundendienst – Innovation oder Regression? Professionelle
Begleitung in schwierigen Lebenspassagen als personenbezogene Dienstlei-
stung in intermediären Organisationen, in: Widersprüche – Zeitschrift für sozia-
listische Politik im Bildungs-, Gesundheits- und Sozialbereich, Heft Nr. 52,
Offenbach 1994
Zur Professionalisierung von personenbezogenen Dienstleistungen in intermediären Organisationen, in: Grundlagen der Weiterbildung Heft 6, S. 347-352.
zusammen mit Klaus Körber, Neuwied 1995
Sozialarbeitswissenschaft als Teildisziplin einer Wissenschaft personenbezogener
Dienstleistungen im Wohlfahrtsdreieck, in: R. Merten, P. Sommerfeld, T. Kodi-
tek, Kutzner (Hg.), Sozialarbeitswissenschaft. Kontroversen und Perspektiven
der Sozialarbeitswissenschaft. Neuwied, Kriftel, Berlin 1996
Kundenorientierung Sozialer Arbeit – Ökonomische Engführung oder Erweiterung
des Sozialen? in: Sozialmagazin 11, Weinheim 1996
Dialogorientierung Sozialer Arbeit. Thesen zur fachlichen Bedeutung der Dienst-
leistungs- und Kundenorientierung, in: Nachrichtendienst des Deutschen Vereins für öffentliche und private Fürsorge Nr. 3, Frankfurt a. M. 1997

Ulfrid Kleinert

I Monographien und Sammelwerke

Strafvollzug – Analysen und Alternativen, Reihe Gesellschaft und Theologie, Abteilung Praxis der Kirche, Bd. 10, München/Mainz 1972
Seelsorger oder Bewacher? – Pfarrer als Opfer der Gegenreform im Strafvollzug, rororo aktuell 4116, Reinbek bei Hamburg 1977
Gewaltfrei widerstehen – Brokdorf-Protokolle gegen Schlagstöcke und Steine, rororo-aktuell 4851, Reinbek bei Hamburg 1981
Sozialarbeit gehört zum Glauben – Berufspraxis der Gemeindediakonie, Freiburg 1991
Mit Passion und Profession: Zukunft der Gemeindediakonie – Markierungen und Perspektiven, Neukirchen 1992
Dresdner Dialogpredigten, Stuttgart 1996
U. Kleinert, M. Leutzsch, H. Wagner, Herausforderung neue Armut – Motive sozialer Arbeit, Leipzig 1996

II Beiträge zu Sammelwerken, Lexika und Fachzeitschriften

1. Zu Strafrecht und Strafvollzug

Artikel Strafgefangen. In: O. Seeber/Y. Spiegel (Hg.) Behindert – süchtig – obdachlos. Projektarbeit mit Randgruppen. Reihe Gesellschaft und Theologie, Abteilung Praxis der Kirche Bd. 12, München/Mainz 1973, S. 68-81 und 184-189
Chancen und Grenzen – Erwägungen zur Strafvollzugsreform, in: H. Ch. v. Hase/P. Meinhold (Hg) Reform von Kirche und Gesellschaft 1848 – 1973. Wichernstudien, Stuttgart 1973, S. 259 – 263 und 288 X – 288 XIII
Die Strafvollzugsreform als Anfrage an Theologie und Kirche, in: Zeitschrift für Evangelische Ethik 18/1974, S. 65 – 77
Überlegungen zur Struktur des Gerichtsverfahrens aus der Sicht der Sozialarbeit. Bericht aus einer Arbeitsgruppe anläßlich einer Fachtagung zum 50jährigen Bestehen der Gerichtshilfe Hamburg, in: Bewährungshilfe 23/1976, S. 230 - 232
Aufbruch aus der Isolation – Zusammenarbeit mit jugendlichen und erwachsenen Strafgefangenen, in: ThP 13/1978, S. 47 – 60
„Strukturen und Tendenzen legen uns lahm – über die Schwierigkeit, heutzutage Anstaltsbeirat im Strafvollzug zu bleiben." In: Neue Praxis 1/1981, S. 70 – 77
Artikel Gefangene, in: V. Drehsen u. a. (Hg.): Wörterbuch des Christentums, Gütersloh/Zürich 1988, S. 388 – 389

2. Zu Sozialarbeit und Diakonie

Dialog zwischen Theologie und Sozialpädagogik – Versuch einer neuen Studienkonzeption für eine Evangelische Fachhochschule, in: Wissenschaft und Praxis in Kirche und Gesellschaft 62/1973. S. 433 – 443
Sozialpädagogik als „Integrationswissenschaft" – im Ausbildungskonzept der Evangelischen Fachhochschule für Sozialpädagogik Hamburg, in: Neue Praxis 4. Jg./1974. S. 85 – 93
Thesen zum Thema: Professionalisierung des Diakons und Diakonisierung der Ge-

meinde – schließt das eine das andere aus?, in: Diakonie 2. Jg./1976, S. 180 – 183
Rückzug der Kirche aus der sozialen Arbeit? Eine evangelische Fachhochschule kämpft um ihre Existenz, in: Junge Kirche 43/1982, S. 3 – 5
Partner des Pastors zur Erbauung der Gemeinde – zur Rolle der neuen Diakone in der Gemeindearbeit, in: Pastoraltheologie 71/1982, S. 99 – 107
(Be-)Schluß nach 150 Jahren? Der Streit in der Ev. Luth. Kirche Nordelbien um die Ev. Fachhochschule für Sozialpädagogik des Rauhen Hauses in Hamburg. In: Junge Kirche 44/1983, S. 4 – 14
Rettung nach 20 Monaten Kampf? Zweiter Teil des Streites um die Evangelische Fachhochschule des Rauhen Hauses in der nordelbischen Kirche, in: Junge Kirche 44/1983, S. 73 – 80
Erste Schritte zu einer Theologie der Armen in der Bundesrepublik Deutschland, in: Zeitschrift für Mission 10/1984, S. 35 – 47
Der Beruf der Gemeindediakonin. In: Nordelbische Stimmen November 1985, S. 235f.
Aufstand des Lebendigen – Wege der Sozialarbeit heute. In: Der Brüderbote 76/ 1987, Nr. 2, S. 23 – 34
Das Erbe Wicherns weiterentwickeln: Diakonie als Integrationswissenschaft, in: Hans H. Reimer (Hg.) Religionspädagogik und kirchliches Amt – Festschrift für Enno Rosenboom, Breklum 1987, S. 444 – 450
Salz der Erde – Themaheft Neue Armut – Wachsender Reichtum Nr. 1/86
Gewachsenes entwickeln und gestalten – zum Studium an der Evangelischen Fachhochschule für Sozialarbeit Dresden, in: Profession und Wissenschaft, Band 2, hg. von Armin Wöhrle, Centaurus-Verlag, Pfaffenweiler 1997

3. Zu Kirche und Gesellschaft

Zur Rolle der Kirche zwischen Bürgerinitiativen und Staatsautorität, in: WPKG 66/1977, S. 266 – 278
Botschaft Jesu bleibt auf der Strecke – eine Analyse der „Friedensdenkschrift" der Ev. Kirche in Deutschland, in: Graswurzelrevolution Nr. 61/1982, S. 38-40
„Schwerter zu Pflugscharen" – ein Brief an die nordelbischen Christen zur Friedensbewegung in der DDR, in: Der Brüderbote Nr. 3/1982, S. 37 – 42
Basiskirche angesichts einer „reformunfähigen" Amtskirche, in: Ferdinand-Tönnies-Gesellschaft (Hg.) Neue soziale Bedürfnisse, Würzburg 1983, S. 35 – 51
Besuchsgruppenarbeit in Hamburger Kirchengemeinden, in: Der Brüderbote Nr. 2/1984, S. 20 – 26
Die Eigenmächtigkeiten durchschauen – Abteilung kirchenleitendes Verhalten, in: Kirche im Kapitalismus, ein Arbeitsbuch, entstanden aus der Versammlung von Christen in Wuppertal-Barmen vom 1. bis 3. Juni: „Barmen 1984 – Bekenntnis zu Jesus Christus – Widerstand und Befreiung", hg. von der Evangelischen Studentengemeinde in der BRD, Stuttgart 1984, S. 130 – 132
Strategie für eine gott- und weltlose Kirche – kritische Analyse des Alt-Hamburger Kirchenkreisvorstands-Papiers zur Prioritätensetzung in der Kirche, in: Salz der Erde, Ökumenische Zeitung für Nordelbien Nr. 1/1985, S. 16f.
Marketing statt Theologie – zur Perspektivlosigkeit der „missionarischen Doppelstrategie" in der Nordelbischen Kirche, in: Salz der Erde NR 4/1985, S. 5f., daselbst These 6 zur Ökumenischen Herausforderung, S. 19
Asyl ist lebensnotwendig, in: Salz der Erde Nr. 2/1986. S. 3f.

Salz der Erde, Themaheft Nr 3/4. 1987. Darin:
Meine Zeit ist in Jahwes Händen, S. 3f.
Fest des Glaubens, S. 21f.
Was uns verbindet und was uns trennt – Evangelikale im Gespräch mit der SALZ- Redaktion, S. 23f.
Preussen Electra im Gespräch mit der Solidarischen Kirche, S. 26 – 30.
Genötigt sind wir alle..., S. 32 – 36.
Konflikt in Sarau – Verdrängung ist der Boden neuer Schuld, in: Salz der Erde Nr. 3/1988, S. 18 – 22
Kirche in Lettland: Gefragt, überfordert und lebendig, in: Junge Kirche 53/1992. S. 353 – 355 (auch in: ZdZ 46/1992, S. 171f.)

4. Zu Gottesdienst, Predigt, Bibel

Gottesdienst – konkret und umstritten, Bericht über „Gottesdienste mit Information" in Marburg, in: Pastoraltheologie (Wissenschaft und Praxis) 58/1969, S. 516 – 532
„Stärker als eine heilige Krankheit"- Predigtstudie für den Sonntag Invokavit zu Markus 9, S. 14 – 29 (zusammen mit Lenore Kleinert und Martin Kruse), in: R. Roessler (Hg.) Predigtstudien V/1, Stuttgart/ Berlin 1976, S. 133 – 139/142
„Kennenlernen – Bekennenlernen"- Predigtstudie für den Pfingstsonntag zu Matthäus 16, 13 – 20 (zusammen mit Diakonen des Rauhen Hauses und Vikaren des Predigerseminars Preetz), in: R. Roessler (Hg.) Predigtstudien V/2, Stuttgart/ Berlin 1977, S.72/76 – 79
„Dem ganzen Ort vergeben" – Predigtstudie zu 1. Mose 18, 17f., 20f., 22b-33 (zusammen mit Lenore Kleinert und Gerd Heinrich). In: R. Roessler (Hg.) Predigtstudien VI/2, Stuttgart/Berlin 1978, S.254 – 262
„Die Füße, nicht den Kopf waschen" – Predigtstudie zu Johannes 13, S. 1-15 (zusammen mit Gerd Heinrich). In: R. Roessler (Hg.) Predigtstudien I/1, Stuttgart/Berlin 1978, S. 209 – 217
„Auf Widerspruch gefaßt sein" – Predigtstudie zu Johannes 15,26 – 16,4 (zusammen mit Paul Löffler). In: R. Roessler (Hg.) Predigtstudien I/2, Stuttgart/Berlin 1979, S. 73 – 80
Wider die Militärpolitik – ein Prophet setzt auf innere Sicherheit, Beitrag V/7 S. 1 bis 5. In: Materialsammlung für die Werkstattgruppen der Friedenswerkstatt des Pädagogisch-Theologischen Instituts, Hamburg 1979 und in: Der Brüderbote (Mitteilungsblatt der Brüderschaft des Rauhen Hauses in Hamburg) Nr. 1/2, 1981, S.39 – 42
„Aufstehen, es ist schon hell!" – Predigtstudie zu Epheser 5, 8 – 14 (zusammen mit Lenore Kleinert und Gerd Heinrich), in: R. Roessler (Hg.) Predigtstudien II/2, Stuttgart/Berlin 1980, S. 156-163
„Brennen ohne zu verbrennen" (Das Feuer im Dornbusch) – Predigtstudie zu 2. Mose 3,1-12a (zusammen mit Hans-Theo Wrege), in: R. Roessler (Hg.) Predigtstudien III/1, Stuttgart/Berlin 1980, S. 105 – 113 und in: Der Brüderbote Nr. 4/1981, S. 5 – 7
Anfänge neuen Lebens – über einen Gottesdienst, in: Fürchte dich nicht, Materialien und Modelle für die Gemeindearbeit zur Vorbereitung auf den 19. Deutschen Evangelischen Kirchentag 1981, Gütersloh 1980, S. 180 – 183
„Gottes erwachsene Kinder" – Predigtstudie zu 1. Johannes 3, 1-6 (zusammen mit

Hans-Theo Wrege), in: R. Roessler (Hg.) Predigtstudien IV/1 Stuttgart/Berlin 1981, S. 45 (48) – 52

Abendmahl am Palmsonntag 1979 in der von Atomkraftgegnern besetzten Hamburger Petri-Kirche, in: Alle an einen Tisch – Forum Abendmahl 2, hg. von R. Christiansen und P. Cornehl, Gütersloh 1981 (GTB 382), S. 79 – 82

„Der Prophet, der nicht schweigen konnte: Jeremia und der Untergang des Reiches Juda" – ein Seminarbericht, in: Der Brüderbote (Mitteilungsblatt der Brüderschaft des Rauhen Hauses) Nr. 4/1981, S. 16 – 24

Erneuerung des Bundes – Predigtstudie zu 2. Mose 34, 1-10 (zusammen mit Paul Löffler), in: R. Roessler (Hg.) Predigtstudien VI/2, Stuttgart/Berlin 1984, S. 240-42

Salz der Erde. Themaheft Apokalypse Nr. 1/1989. Dürer – Interpretation, S. 5 und Thesen zur Offenbarung des Johannes, S. 10 – 11

„Wenn mich mein Trommeln ins Gefängnis bringt" – Predigt über Jesaja 7, 2-7, in: Publik Forum Journal Nr. 21/1996, S. 50-53

Zeichen der Zeit 1993 – 1995. Predigtmeditationen zu Lukas. 24, 36 – 45 (Ostermontag 1993. S. P 81f.), 2. Mose 13, 21 (Altjahresabend 1993. S. P 8f.) und Sprüche 16, 1–9 (Neujahr 1994. S. P 11 – P 13) und 2. Korinther 8, 9 (zweiter Christtag 1995. S. P 7 f.)

Entsetzliche Ostern, Predigtmeditation über Markus 16, 1-8, in: Zeichen der Zeit 51/1997, S. P 33 f.

Liebe und Sexualität – fünf Thesen im Anschluß zu Geschichten der hebräischen Bibel, in: Schnack-Hefte 2, Sexualität, Dresden 1997, S. 19-28

5. Verschiedenes

Noch einmal 40 Jahre Knechtschaft? Einschätzungen nach einem deutschen Exodus, in: Junge Kirche 51/1990, S. 409 – 418

Kirche und Gemeinwesenarbeit, Sammelrezension, in: Lutherische Monatshefte 13/1974, S. 584 – 586

Die Kirche in der Kommune, Sammelrezension zu Kirche und Gemeinwesenarbeit, in: Lutherische Monatshefte 14/1975, S. 625 – 628

Zu J. Degen, Diakonie und Restauration, Neuwied 1975, in: Neue Praxis 6. Jg./ 1976, S. 178 – 182

Ökologie und Theologie – ein Buchbericht. In: WPKG 68/1979, S. 46 – 58

Ingemarie Neufeldt

I. Neufeldt, Die wissenschaftlich-technische Intelligenz in der Entwicklung der sowjetischen Gesellschaft, Philosophische und soziologische Veröffentlichungen des Osteuropa-Instituts der Freien Universität Berlin, Band 17, Berlin 1979

N. Fackler/B. Kensy/I. Neufeldt, Kinderschutzzentrum München – Ein ursachenorientierter Zugang zum Problem „Gewalt gegen Kinder", in: Faltermeier/ Sengling (Hg.): Wenn Kinder und Jugendliche an ihren Lebenswelten scheitern – Herausforderung für die Sozialpädagogik, Frankfurt/Main 1983

I. Neufeldt, Organisation und Inhalte sozialer Arbeit mit Kindern, Jugendlichen und Familien in der Bundesrepublik Deutschland, in Social'naja Rabota, Vypusk Nr. 4, Moskva 1992

I. Neufeldt, Sozialarbeit und Sozialpädagogik in Rußland, in: Osteuropa – Zeitschrift für Gegenwartsfragen des Ostens, Stuttgart, Dez. 1992

I. Neufeldt, Soziale Arbeit auf dem Wege zu einer eigenständigen Profession und Wissenschaftsdisziplin, in „NW Magistr" – Pädagogische Zeitschrift, Moskau 1994

Günther Robert

1975: Selbstbilder von Mitgliedern krimineller und normaler Gruppen. (Mit Hans Haferkamp und Peter Boy), in: MschrKrim: 3

1977: Was will der Schüler uns damit sagen?, in: betrifft: erziehung: 9

1979: Alltagstheorien von Schülern und Lehrern über Schulversagen. (Mit: Arbeitsgruppe Schulforschung), in: betrifft: erziehung: 5

1979: Interpretative Schulforschung. (Mit: Arbeitsgruppe Schulforschung.), in: B. Schön und K.Hurrelmann: Schulalltag und Empirie, Weinheim

1980: Leistung und Versagen. (Mit: Arbeitsgruppe Schulforschung.) München: Juventa

1980: Widersprüche in der Berufsrolle und Probleme der Weiterbildung in sozialen Berufen. (Mit:R. Gildemeister), in: A. Weymann (Hg.): Handbuch für die Soziologie der Weiterbildung, Darmstadt

1981: Arbeitslosigkeit und Handlungskompetenz. (Mit: Forschungsgruppe Arbeitslosigkeit und Lebenslauf.), in: Matthes u.a. (Hg.): Biographie in handlungswissenschaftlicher Perspektive, Nürnberg

1981 – 1984: Studienbriefe: Kommunikatives Handeln (Mit R. Gildemeister und J. Matthes)

I, 1 Einführung und Überblick

I, 2 Kommunikative Kompetenz

II,1 Kommunikatives Handeln im Alltag

II,2 Alltag, Biographie und Institution

II,3 Handeln in Institutionen

Fernuniversität Hagen

1982: Workshop Biographieforschung. (Herausgegeben zusammen mit M. Kohli), Berlin

1982: Biographieforschung. Theoretischer Hintergrund und Ziele, in: M. Kohli und G. Robert (Hg.): Workshop Biographieforschung

1982: Bericht aus einem laufenden Forschungsprojekt, in: Kohli/Robert: Workshop

1983: Biographie, Arbeit und (Lebens-)Krise. (Mit: Projektgruppe Arbeitslosigkeit und Lebenslauf.), in: F. Heckmann und P. Winter (Hg.): 21. Deutscher Soziologentag. Beiträge der Sektions- und ad hoc-Gruppen

1984: Biographie und soziale Wirklichkeit. (Herausgegeben zusammen mit M. Kohli) Stuttgart

1984: Einleitung. (Mit M. Kohli), in: Kohli/Robert: Biographie

1984: Arbeitslosigkeit. Biographische Prozesse und textstrukturelle Analyse. (Mit S. Heinemeier), in: Kohli/Robert: Biographie

1984: Weiterbildung in sozialen Berufen. (Mit R. Gildemeister), in: Eyferth/ Otto/ Thiersch: Handbuch zur Sozialarbeit/Sozialpädagogik, Neuwied

1986: Biographieforschung und narratives Interview, in: E. Schlutz und E. Siebert (Hg.): Stand und Aufgaben der empirischen Forschung zur Erwachsenenbildung. Bremen

1986: Zum Wandel der Wahrnehmung von Handlungszentren, in: B. Lutz (Hg.): Technik und sozialer Wandel. Verhandlungen des 23. Deutschen Soziologentags Hamburg

1987: Probleme beruflicher Identität in professionalisierten Berufen. (Mit R. Gildemeister), in: H. P. Frey und K. Haußer (Hg.): Identität. Stuttgart 1987: Identität als Gegenstand und Ziel psychosozialer Arbeit. (Mit R. Gildemeister), in Frey/ Haußer: Identität

1988: Jugendarbeitslosigkeit in Erlangen. Hintergründe, Teilnehmer, Projekterfahrungen, Erlangen

1989: „Ich kenne meine Fehler aber ich finde sie nicht." Über die Problematik der Veralltäglichung von Metaperspektiven, in: Neue Praxis: 4

1989: Bericht zur sozialwissenschaftlichen Begleitung der Projekte und Maßnahmen zur Bekämpfung der Jugendarbeitslosigkeit, Erlangen

1990: Blindsein und Autismus. Selbst- und Weltbezüge geburtsblinder Kinder als Schlüssel zum Verständnis ihrer Wirklichkeit. (Mit M. Gahbler), in: Gestalttherapie: 2

1990: Junge Erwachsene. Widersprüche, Paradoxien und neue Strukturelemente ihrer Lebenssituation, in: Neue Praxis: 2

1991: Subventionierte Arbeit. Projekte des zweiten Arbeitsmarktes als Elemente neuer Übergangsinstitutionen im Lebenslauf?, in: D. Brock u.a. (Hg.): Übergänge in den Beruf, München

1991: Professionalisierte Bearbeitung von Biographie und Beruf. (Mit R. Gildemeister), in: W. Glatzer (Hg.): Die Modernisierung moderner Gesellschaften,Opladen

1991: Blinde Wirklichkeiten. Geburtsblinde Kinder und ihre Weltbezüge als Schlüssel zu einem anderen Verständnis autistisch anmutender Phänomene. (Mit M. Gahbler), in: blind. sehbehindert: 2

1993: Sozialisation im Bereich sozialer Ausgrenzungen und neuer sozialer (Zwischen-) Lagen. Unterschiedliche Handlungstypen und -funktionen der Sozialarbeit in Projekten des zweiten Arbeitsmarktes, in: E. Treu u.a. (Hg.): Theorie und Praxis der Bekämpfung der Langzeitarbeitslosigkeit in der EG, Weinheim

1995: Psychosomatik im Krankenhaus: Institutionalisierung mehrschichtiger Selbstbezüge. (Mit R. Gildemeister), in: M. Corsten und E. Hoerning (Hg.): Institution und Biographie – Die Ordnung des Lebens, Pfaffenweiler

1997: „über der elbe ein dürstender mond/eisgrau/gegossen in wasser. Sprache und Identität, in: Schnack 3: Sprache, Dresden

1997: „Wer Arbeit kennt und sich nicht drückt, der ist ...?" Jugendarbeitslosigkeitsprojekte: Konzepte und Erfahrungen, in: H. Wagner (Hg.): Der Sozialstaat im Spiegel der Zeit, Dresden

1997: „Ich gehe da von einem bestimmten Fall aus..." Professionalisierung und Fallbezug in der sozialen Arbeit. (Mit R. Gildemeister), in: G. Jakob und H. J. v. Wensierski (Hg.): Rekonstruktive Sozialpädagogik. Konzepte und Methoden sozialpädagogischen Verstehens in Forschung und Praxis, Weinheim

1997: Vom Nutzen der Unterschiede. Über Typisierungsarbeiten im Grenzland von Ost und West, in: Gruppendynamik, H.